GDM で英語の授業が変わる

── 英語脳を育てる理論と実践 ──

伊達民和（監修・執筆）

片桐ユズル・相沢佳子・松浦克己・唐木田照代

黒瀬るみ・松川和子・吉沢郁生・中郷 慶

近藤ゆう子（執筆）

大阪教育図書

巻頭のことば

伊達 民和

　これまで GDM セミナーや実際の授業準備のために長年にわたって重宝されてきた teachers' guides がある。それは、吉沢美穂編 *Teachers' Handbook for English Through Pictures* である。また、もう 1 つの resource book は、片桐ユズル＆吉沢郁生編『GDM 英語教授法の理論と実際』（松柏社、1999）である。多くの人が、これらの本から恩恵を受けてきた。しかし、両書とも出版されて以来、かなりの年月が経っており、英語教育の実態の変化に即した改訂版の必要性が、いろいろな機会に話題になっていた。とは言え、誰が、その労を取るか。単独で改訂版に取り組もうとするのは、ドン・キホーテが巨大な風車に立ち向かうように無謀なことである。また、便宜的に寄せ集められた執筆者陣による本には、首尾一貫した理念と内容が期待できない。整合性に欠ける内容の本は、百害あって一利なしである。改訂作業には、何と言っても共通の理念、信念、献身で結ばれたチーム結成が必要である。幸いにも、今回の出版プロジェクトには、実績経験が豊富な最高のチームが揃った。執筆者たちは、事前の協議から脱稿の段階に至るまで、何度も綿密に意見交換を重ねてきた。一般に、監修者の任務は何かと煩雑で神経を使うものであるが、今回の出版に限って言えば、それは、海面を順風満帆で走る船の舵取りするようなものであった。

　今日まで多くの会員が蓄積してきた実践経験と英知は、まさに GDM 英語教授法研究会にとって宝であり、後世にも残しておきたい遺産でもある。それらは、セミナーなどで口頭で伝えられるべきものであるとともに、形あるものとして出版される必要がある。今年になって、その機が熟した。

　ある年、初めて GDM のサマーセミナーに参加した中学校教員が、次のような感想文を寄せた。

　　教科書をいろいろ工夫してしっかり教えてはいるが、どうしても生徒に定着させられないことがいくつかあり、自分の教え方について自信がなくなり悩んでいた。最近よく話題になっているマーク・ピーターセン著の『日本人の英語』には日本人の苦手な文法項目が書いてあった。上位 5 つは、自分が定着させづらいと感じていたことと同じあった。自分の教え方のせいだけではないことが分かった。しかし対策は分からないので、このサマーセミナーに参加してみた。GDM という教え方を今回はじめて知り、天動説が地動説に変わったような衝撃を受けた。この教え方を自

分の授業にどう活かせばよいかまだ分からないが、これからの方向性がなんとなく
見えたような気がしている。

数年後のサマーセミナーで、彼は、次のような趣旨のことを語った。

授業に GDM を取り入れてから生徒の反応がまったく違う。今までいくら説明し
ても定着させられなかったことが、言葉でいちいち説明をしていないのに、GDM
を取り入れたら、生徒は自分で気づくようになった。「おもしろい」とか「何だ、
そういうことか」という反応があった。そのときの生徒の表情は、私を励まし、さ
らなる努力へのモチベーションとなっている。

これは、ほんの 1 例にすぎないが、私は、これまで同じような感想を何度も聞
いてきた。2010 年代から文科省が求めている「英語で授業を」という指導を、
クラスルーム・イングリッシュを使い、今まで日本語で説明していたことを英
語で言う授業という誤解が多く見られる。GDM は、このような表面的な指導
ではなく、まさしく「英語で英語を教える」教授法そのものである。GDM
では、教師がくどくど説明をしない。生徒は、英語を使う現実の場面を通し
て、ルールを発見し、理解していく。最初、このような指導法のことを聞い
た教師は、それを疑ってかかるだろう。しかし、GDM では、このことを実際
の授業で何十年と実践している。

　GDM で使われている『絵で見る英語』*English Through Pictures*（EP）は、
1945 年に出版されて以来、その表紙こそ変わっているが、中身はほとんど同
じである。EP と検定教科書とは体裁も考え方も大きく違うが、互いに対立す
るものではないし、またそうあってはならない。共に、英語学習者のための教
材と指導法であり、アプローチは違っていてもゴールは同じである。

　本書は、まず理論編では GDM の理論を概観し、それに基づいて EP Book 1
の教え方を具体的に示している。

　次に、実践編では、学校、主に中学校現場で活用するためのさまざまな方策
を提示している。2019 年に実施された全国学力調査の結果を考察し、今、英
語の授業に求められていることを明確にし、GDM の必要性、それを活用する
ためのカリキュラムが提示している。その他、授業案の形式で、中学校の主な
文法項目の扱い方や、GDM の実際的な活用方法を紹介している。

　最後になるが、本書には、*English Through Pictures*（Book 1）の朗読 CD が
付いている。音源はハーバード大学の Language Research 所長 I. A. Richards
吹き込みの LP レコードである。

目　次

```
---- 13 の動詞 -------------------------------
 is / am / are（14）　 take（24）　　 put（29）　　 give（32）　　 go（38）　　 see（50）
 have（58）　 say（58）　　 come（69）　　 get（75）　　 do（78）　　 make（83）
 keep（86）
```

```
---- 18 の方向や位置をあらわす語（前置詞など）------------
 in（21）　　 on（21）　　 off（24）　　 to（32）　　 of（35）　　 at（38）　　 after（40）
 from（42）　　 with（48）　　 between（58）　　 over（58）　　 under（58）
 before（61）　　 out（69）　　 through（69）　　 up（77）　　 down（77）　　 for（86）
```

<授業案>

① I You He She It They（11）　　② is am are here there（14）

③ in / on（21）　　④ will take / taking / took（24）

⑤ will put / putting / put（29）　　⑥ will be（43）

⑦ see / do not see / sees / does not see（51）

♠♠ 中学校での活用例 ♠♠

① 集中力をコントロールするには（20）

② 代名詞の一覧表より実際に手で持って "its"（36）

③『will ＋動詞の原形 be』では英語脳は作れない（44）

④ 日本語を使わずに language を教えるには（46）

⑤ 70 年も前からアクティブ・ラーニング（54）

⑥ 3 単現より see / sees を合い言葉に（55）

⑦ on foot や逆立ちを丸暗記より早く覚える方法（66）

実践編：GDM を使って英語脳を作る学校の授業

※Year Book は GDM 英語教授法研究会のホームページで読むことができる。

理論編 II：広がる GDM の世界

理論編 I

English Through Pictures（EP）の使い方

第1章　GDMとは

松浦 克己

　本章はGDM Publicationsから発行されている *Teachers' Handbook for English Through Pictures* Books I, II（1980年改訂版）から抜粋、そして語句を一部変更している。

1　GDMとBasic English

　GDM（Graded Direct Method）はBasic Englishにもとづいて、I.A.リチャーズとクリスティン・ギブソンによりハーバード大学で1940年代から60年代にかけて開発された教授法である。1951年にハーバード大学に留学してGDMを学んだ吉沢美穂が帰国後、講習会を始め、やがてそれがGDM英語教授法研究会となり、GDMはその後いろいろなところで実践されている。

　Basic Englishは英国Cambridge大学のC.K.オグデンによってつくられた特別のsystemであって、いわゆる一般的な意味の「基礎の英語」というものとは違う。小文字ではなく大文字で始まるBasic Englishとはどんなものか。まずおおづかみの説明としてリチャーズ自身の言葉を引用する。

Basic English is English made simple by limiting the number of its words to 850, and by cutting down the rules for using them to the smallest number necessary for the clear statement of idea. And this is done without change in the normal order and behavior of these words in everyday English. This is the first point to make clear. Basic English, though it has only 850 words, is still normal English. It is limited in its words and its rules, but it keeps to the regular forms of English. And though it is designed to give the learner as little trouble as possible, it is no more strange to the eyes of my readers than these lines, which are in fact in Basic English.

この文によってBasic Englishがどんなものか、だいたいのことは分かると思うが、それと同時にBasic Englishで書いた文章の1例を見ることもできたわけである。ここにも書いてあるようにBasic Englishは、

① ふつうの英語の文法の規則に従った正確な英語である。

② vocabularyとruleに制限があるだけで、特別の語、規則等はない。

③ ふつうの英語として誤りのあるものは、正しいBasic Englishではない。

要するにしばしば誤解されているように、不自然な変則英語ではない。

（1）Basic English の目的

　まず International Second Language として世界の文化交流の役に立たせる。次に英語学習の入門段階として利用する。第 1 の目的については教授法とは直接の関係が薄いので、ここでは扱わない。Basic English を習得すれば、これをさらに広い英語に発展させるのは非常にやさしいことであるので、GDM は第 2 の目的を英語初歩の教授法に利用している。

（2）Basic English の vocabulary

　Basic English は 850 の head words からなっている。Basic English Word List（巻末のリストを参照）をみると、第一に Operations として 100 語があげてある。Operations とは動詞、助動詞、代名詞、前置詞等いわゆる働く語で、英語を教える時、もっとも難しく、しかも重点をおかなければならないものである。次の Things というのは名詞であり、一般的な名詞 400、実物または絵で示すことのできる名詞 200 が含まれている。次の 150 語の Qualities は主として形容詞である。以上計 850 語となるわけであるが、これは head words であって、これから作られる種々の変化は 850 語には含まれていない。またすべての personal pronouns は I, he, you, who によって代表されていて、この 4 つの head words の中に my, their, him, yours, ourselves 等すべての形が含まれている。

　これらの 850 の単語はどんなふうにして選んだものであるかというと、頻度の高いものからではなく、最も必要性の高いものから選んである。ひとつの単語が多くの他の単語の意味を表現することができる時、その単語は必要性の高い単語ということができる。多くの単語は必要だから頻度が高い。しかし頻度の高い単語が必ずしもすべて必要な言葉であるとはいえない。たとえば chair という語は非常に頻度の高い名詞であるが、頻度の少ない seat と比べてみると seat の方が必要性の高い言葉ということができる。seat は chair, bench, stool 等をひとつの言葉で表現することができるし、-ed, -ing をつけて動詞的な扱いをすることもできる。それで chair よりも seat が選ばれている。これは必要性が頻度と必ずしも一致しないという 1 例であるが、実際はこの両者は一致することが多い。850 語のうち Operations の 100 語はすべて Thorndike 第一表 1000 語のなかに含まれているし、Operation 以外の単語も大部分は各種の使用頻度表の上位を占めるものである。

『絵で見る英語』（*English Through Pictures*）Book1, 2 にはこの 850 語のなかの約 500 語が使用されているが、これは現代英語で書かれたふつうの平均的なページに出る単語の半分以上を占めている。英語で書かれた文のうち、約 30％は少数の非常に役にたつ種類の単語が何回も使われていることには、あまり気がつかない人が多いが、Basic English を応用した教材は、これらの単語の使い方を教えようとしている。

（3）Basic English の規則

　前にも述べたように、ふつうの英語の規則と同様であるが、こまかい点にわたっては種々の制限が加えられている。

① sentence structure はふつうの英語と同じである。

② 複数形は規則的、不規則的すべてふつうの英語のとおりに変化する。

③ Things のうち 300 語には -er, -ed, -ing をつけて用いることができるが、本動詞として使用できない。本動詞は Operations の 16 の動詞だけである。

④ 形容詞には -ly をつけて副詞をつくることができる。

⑤ 動詞、代名詞、形容詞等は、すべてふつうの英語のとおりに変化する。

⑥ un- をつけて反対語を作ることもできるし、2 つの言葉から compound word を作ることもできる。

2　GDM における Grading とは

　GDM と呼ばれているように、grading ということがもっとも重要な要素のひとつになっている。リチャーズの言葉によれば、grading とは単なる word または sentence structure の積み重ねであってはならない。それは植物がひとつの種から次第に根を張り、茎をのばし、枝を増し、葉や花をつけるように育っていくものでなければならない。GDM は word と sentence structure についてよく計画され、これらを一定の制限のある順序に従って配列してある。教師は、この順序を乱さない範囲で各段階に適した word や sentence の応用を補うことによって、その効果をいっそう迅速かつ確実にすることができる。

　この grading は、まず word においては widely useful word から先に教えることになっている。useful word とは、

① 生徒が自分の知識を発表するのに、もっとも早く広く役に立つ語、

② 次に教えることの準備となる語、

③ その語を使って別の useful word を説明できるような語

と言うことができる。これらの語は Basic English の語表のなかの Operations と、実物または絵などではっきり示すことのできる名詞や形容詞等を指している。実際の授業では、Operations と次に述べる sentence structure に注意を払い、その grading に従えば、内容語は生徒の能力に応じて身近なものを使ってさしつかえない。必ずしも Basic English に制限する必要はない。ある単語の基本的な意味で使われる文がまず示され、だんだんその単語の意味の範囲が広げられ、さらに比喩的に使用されていくことも grading と言える。

　次に sentence structure の grading は、生徒を混乱におとしいれないことに注意を払い、次のような主旨にもとづいて順序立ててある。

① はっきりとした situation（教えようとする語や文にもっとも適した場面）の中で sentence（教えようとする文や教えようとする語や語句を含む文）を教える。この組み合わせを SEN-SIT と呼ぶ。

② 次に教える SEN-SIT の下ごしらえになるようなものから教える。

③ 次に教える SEN-SIT によって、前に教えた SEN-SIT をいっそう確実にすることができるように順序立てる。

④ 新しい SEN-SIT を教える時はすでに教えたものと比較して、新しい要素をできるだけ少なくし、またすでに教えた SEN-SIT を乱さないように注意する。

3　授業の作り方

　GDM はいわゆる oral method ではない。一方、direct method は、新しい言葉とその表現する意味との間に、母語を仲介に用いない方法を指すのであって、listening と speaking だけでなく、reading と writing をも用いる方法である。oral method は、ふつう reading と writing を伴わず、listening と speaking だけを教える方法を指している。GDM では毎時間の授業において listening と speaking がよくできるようになった後、それを reading と writing でしっかり裏付けをしていくのである。このようにして listening, speaking, reading, writing の四つの要素を、建物の四つの壁のように同時に組み立てていく。この教授法では sentence と situation を直接にむすびつけて SEN-SIT として教えていくので、母語での説明は一切おこなわない。リチャーズは、初歩

の段階では母語を用いることは害があるのみならず、よく grading された教材を用いれば、母語を用いる必要がないと言っている。しかし、リチャーズは、これは初歩の段階においてのことで、程度の高い外国語の授業では母語を用いることが効果をあげることもあるし、翻訳ということは特別の技能として練習を要することも認めている。この初歩の段階とは、彼によれば、はじめの 4 年間と言っているが、授業時間数やその他の条件によって異なるものであるから、実際的には中学の間、または高校初年級ぐらいを指すと思えばいいであろう。この初歩の授業に母語を用いることの害をリチャーズは次のように要約している。

① sound system に混乱を起こす原因となる。英語と日本語の sound system はまったく異なるものなので、英語の発音を日本式発音にする原因となる。

② word の意味を正しく理解しない原因となる。英語と日本語の各 word の意味範囲は、同じところも多いが、その範囲は一致しない場合が多い。たとえば、The book is on the table. という文の on は、ふつう「上に」と訳されるが、on は物の表面に接している状態を指すので、「上に」というのは on の持っている意味の一部にすぎない。日本語の「上に」というのは、英語では on で表す状態のほか over という場合もある。これを図で示せば右図のようになる。意味の共通なのは A の部分だけであるのに母語で説明すると B と C も同じであるという誤った知識を与えるおそ

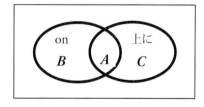

れがある。これは一つの word の場合であるが、このように意味のくいちがった word が次から次へと積み重ねられるとき、これは英語らしくない英語を話したり書いたりする重大な原因となる。

③ sentence structure に混乱を起こす原因となる。各言語の sentence structure は違っているので、これを母語で説明しながら教えると、word order が完全習得されないことが多く、誤った sentence structure が不自然に思えなくなるおそれが高い。これが broken English になる大きな原因である。リチャーズは broken English の悪習は一度できたらその矯正は非常に困難で、それは不治の病のようなものであると言っている。

4　授業の進め方

（1）GDM が他の教授法と異なる最大の点は、生徒に自発的に発言させることができることである。教師の問いに答える、あるいは教師の与えるキューによって文を作るというようなことでなく、生徒は situation に応じて自分の言えることを何でも発表するようになる。発表する文そのものは、教師の問いに答える文と結果的には同じかもしれないが、生徒が自発的に発表するというところに進歩の原因がある。従って教師はまずは自分は何も言わず situation を示すだけで、生徒がどんどん発表するような習慣を作らなくてはならない。不必要にしゃべらないこと。（編者注：この考え方は、今日求められている「主体的で深い学び」に直接つながることである。）

（2）教師は常に自分の言葉に注意して、その発言を生徒の進度と合わせなければならない。GDM においては、教師は常に自分の単語および文型をすでに生徒に教えたことの範囲内に制限しなくてはならない。生徒は常に教師の言うことは全部理解できる状態にあり、教師の発言中に新しい語、文型があれば、それがその日の学習事項であることを自分で見分けられるようになり、その点に注意を集中するようになる。教師は生徒の進度に合わせて自分の発言を制限し、授業を進めていかなければならない。たとえば、I will give a book to you. という文型を教えている間は、教師は I will give you a book. と口をすべらせてはならない。同様に question の形を教えるまでは、教師も question を用いてはならない。question をはじめから用いないということは、この教授法が他のものとちがっている点の一つとして注意を要する。

（3）教師および生徒の発言は、第一歩から situation に応じたものであり、決してただの口まね、丸暗記であってはならない。

（4）授業の進度は、はじめの間できるだけ遅くする。はじめ時間を十分にかければ、それだけあとの進みが速くなるので時間的には決して損をしない。

（5）重要語句（動詞や前置詞など）の練習が不足と思われるときには新しい内容語を教えて生徒の興味をつなぎながら、十分に反復練習する。

（6）situation および教師の身振りはできるだけ明確に示さなければならない。これは教師として工夫、準備を要する点である。

（7）speaking の速度は、はじめはゆっくり、その文がよく理解されたら速めて natural speed にする。生徒の speaking も同様に指導する。生徒の発言には思考を伴うので、発言が不自然におそくなりやすいことに留意すること。

（8）生徒の発音および発言のリズムは第一歩から正しく指導する。

第2章　英語脳を作る13の動詞と18の前置詞
―EP（絵で見る英語）1の世界で―

唐木田 照代・黒瀬 るみ

1　be動詞の世界：EP Book1　pp.1-13

PP. 1-3	I　You　He　She　It　They が英語脳の第一歩

＜新出語句＞

　I　You　He　She　It　They

＜ Grading ＞

・この教授法では、教師および生徒の発言は、すべて complete sentence であることが原則であるが、ここだけは例外である。本来は、ここは参考のためのページで、実際の授業は p.4 から始めるようになっているが、初心者の場合はこのページから始めたほうが有効である。

・まったくの初心者の場合は、単数だけを教えてから次の here, there を使った文に進み、それができてから複数を教える方があまり長い間単語だけを教えるより、早くから文を言わせることができるので良い場合もある。

＜授業の流れ＞

○ ライブ

①I, You の導入

・生徒の1人をクラスの前に出し、教師と向い合って立たせる。教師は生徒の顔を見つめながら自分の胸に手を当てて I と言う。目の前の生徒をさして You と2回ほど繰り返す。

・次にその生徒に自分を指して I、教師を指して You と言わせるが、発言と指し方が反対になることがある。このような場合には、手を持ちそえて正しい方向を指すようにする。

・これを 2、3 人の生徒を使って繰り返し、I とは自分のこと、You は相手のこ
とと理解されたのを見きわめコーラスで、次には生徒着席のまま 1 人ずつ指
して、スピーデイーに練習させる。この場合は教師は黙って自分や生徒を順
不動に指すだけで、生徒に自発的に発表させる。

　◆I と自分を指すとき鼻を指さないこと。胸のあたりを指すとよい。

　◆第一歩から、生徒の発言は situation に基づいたものであり、ただ教師
　　の口まねをするのではないことに注意。なお、生徒の発言は思考を伴っ
　　ていることにも注意。

　◆第一歩から、教師が発言してから生徒が何か言うという形式でなく、教
　　師は無言で指すだけでも生徒がどんどん発言するような習慣を作ること
　　が大切である。

② He, She の導入

・男女の生徒 1 人ずつを前に出して立たせておく。教師対クラスの生徒で I と
You の復習をしてから、引き続いて（これから新しいことに進むという区切

りをつけないで）前に出ている生徒の方を、
教師はクラスの生徒を見たまま指す。生徒は
「I でもないし You でもないが〜」と考える。
この時タイミングよく He と導入する。

・She の導入も同様である。

　◆He, She の導入の時は、I, You と混同し
　　ないように教師は指すとき決してその
　　生徒の方を見ない。He, She に使う生徒
　　を、教師より後ろに立たせ横向きか、ま
　　た黒板の方を向いて後ろ向きに立たせる
　　のも良い。

　◆あとの練習の方法は、I, You に準じて行うが、He, She だけでなく、既
　　習の I, You もまぜて行うこと。たとえば、Learner 1（これ以後 L1 と表
　　記する）の前に立って教師がその生徒を指すと、その生徒は、自分をさ
　　して I、教師が自分を指すと、L1 は教師を指して You と言う。L1 の
　　後ろの席の L2 方を見て教師が L1 を指すと、L2 は L1 を指して He と
　　言う。人数の多いクラスでは He をコーラスで言わせるのも良い。この
　　ように He, She には、クラスの前の方の生徒を使うと着席のままでも、

　　You と混同することはない。
　　◆男子生徒だけ、女子生徒だけのクラスでは写真や絵を使うとよい。
③ It の導入
・復習しながら導入する手順は前と同じである。人間以外のものは It であると
　理解させる。
・この時見せるものは、黒板ふきや、その他何といっていいかわからないもの
　を使うとよい。
　　◆物品は、いろいろなものを使わないと、It はその物の名まえであるとの
　　誤解を生じる。
④ They の導入
・物を一個ずつ見せて、It, It と言わせてから、まとめて指して They を導入
　する。
・人物の場合も同様。He, She と何人かに言わせてから、まとめて They を導
　入する。
　　◆物品の場合、同一物ばかり複数にするのでなく違うものをまとめて言わ
　　せるように注意。
　　◆人物の場合も同様。ただし男女、男ばかり、女ばかり、人数も 2 人、3 人、
　　もっと多数というように変化をつけること。
○ 写真を見せて
　　◆He, She のライブの導入が終わったら写真を使い老若男女の写真を次々
　　見せ He, She の区別をどんどん発表させるのも良い。この場合、教師は
　　絵を次々見せるだけで無言。
　　◆It のライブが終わったら同じように写真を次々見せ練習させる。その
　　場合、He, She, It を混ぜてみせること。They の時も同様に He, She, It,
　　They を混ぜてみせ区別させるのが良い。
○ 線画を使って
・ライブでやったことを絵にする。
　　◆ 男、女の個人的な要素（年齢、背の高さ、服装など）を取り去って単純
　　な線画にして練習する。
　　◆ It の線画に物品の他に動物も見せるとよいが、犬や猫はあとで He や
　　She に使うこともあるので、鳥、魚、へびなどの絵を使うとよい。

○ 文字の導入

・絵を使って導入するときに吹きだしに I, You, He, She, It, They を入れ文字を見せる。その後それぞれの語のカードを見せ読む練習、書く練習をする。

・ここで教える 6 つの語は、始めの文字は大文字にする。その理由は、当分の間教える文の一番初めにこれらの語が来るからである。

・アルファベットは教えない。出てくる順番に語を書くが覚えさせる必要はない。

○ ワークシートで振り返り

・ここではまだ文になっていないので絵と語を結びつける、語を見て絵を描くなどワークシートを使って確認する。

PP. 4-7	is / am / are の使い分けから英語の世界観が分かる

＜新出語句＞

is　am　are　here　there　we

＜ Teaching Sentences ＞

It / He / She / is here / there.　I am here.　You are here / there.

We are here.　You(複数) are here / there.　　　≫≫≫ 本書 p.111

＜ Grading ＞

・この段階では、here と there の区別を明確に示すことが必要である。here の時は手でさわれるくらい近いものに制限する。

・here とも there とも言えるような、あいまいな situation を示して、生徒が英語そのものでなく、これはどっちかなと迷うことがないように注意する。

・ここまで例外的に単語だけで導入したのが、ここからは、文の形での練習が始まる。教師の発言も、生徒の発言も、いつも完全な形で行うことに注意。

・新しい語または文型を教える時には、新しい要素をできるだけ少なくしなければならない。たとえば here, there を教える時

　　　A : It is here. 　⇔　 It is there.

　　　B : I am here. 　⇔　 You are there.

以上2つ対比の仕方があるが、Aのほうが新しい要素が少ない。Bの場合は here, there のほかに am, are の使い分けの要素が加わっているのでAから導入する方がわかりやすい。

・It is here / there　⇒　 It を He, She に拡充⇒ am, are の導入⇒ They, We, You の複数に広げる、というようにスモールステップを踏んで授業を進めていくのも大切な grading の考え方である。

・here と there を単語だけで導入したり、here か there を使った文の片方だけを導入したのでは、何を言っているのかわからない。here と there を使った文を対比してはじめて位置のことを言っているのだとわかる。

＜授業の流れ＞

○ ライブ

① It is here. It is there. の導入

・教師は生徒全体から見える位置に椅子をおく。教師が黙って指すと生徒から前に習った It という反応がすぐ得られる。教師はすぐそばに立ち It（椅子を指す）is（場所を示す意味の circle を描くようなみぶりをしながら）here とはっきり言う。次に教師は椅子から遠くにはなれて、遠くのものを指す表情で同じ椅子を指しながら It is there. と言う。違うものを使い数回繰り返す。生徒を一人前に出し、椅子の近くで It is here. 遠く離れて It is there. と言わせる。教師が自分のそばにある物を指して It is here. と言うと生徒は同じものをさして It is there. と言うようになる。

　　◆ 使う物は初めは大きくて全部の生徒から見えるものがよい。だんだん黒板消しのような小さいものも使うとよい。

　　◆ It is here. It is there. の導入と同様にして He (She) is here. He (She) is there. にいく。

　　◆ 教師が物、人を指すと、生徒は自分の近くの人、物には here を使った文、自分から遠い人、物には there を使った文が言えるようになる。

15

② am, are の導入

・I、You の導入でやったように生徒 1 人をクラスの前に出し教師と向い合って立たせる。生徒は I, You とすぐに言える。教師が I（自分を指す）am here.（場所を意味するように circle を描く身振り）、生徒に向かって You are here. と言う。

・教師が生徒に向き合ったまま離れた位置に立ち、I am here. You are there. と言う。

    ◆ 教師や生徒の位置を変化させて次の文が言える situation を作り、練習する。

      I am here.   You are here (there).

      He (She) is here (there). It is here (there).

    練習の一例としては教師が正面に向い合った生徒 L1 に You are there. I am here. と言えば L1 は自分を指して I am here. 教師を指して You are there. さらに L1 に近い L2 は教師に向かって You are there. I am here.（L1 を指して）She is here. また L1 に遠い L3 は She is there. というように複雑な変化にとんだ発言が、生徒自身の situation に応じて容易にできるようになる。次第に教師は無言のままただ situation を示すだけで、生徒を活発な練習に導くことができるようになる。

    ◆ 生徒同士を向きあわせたり、教師が立つ位置を変化させて、You というのは教師を指した時だけになったり、You はいつも there とならないように注意する。

③ We, You（複数）の導入

・生徒 2、3 人を教師と並んで立たせ、単数の復習（I am here.）をしてから自分たちをまとめて指して We are here. を導入する。手をつなぐのも良い。

・生徒数人を教師と向い合って立たせ、生徒 1 人ずつを指して You are there. You are there. 全部まとめて指して You are there. 言われた生徒たちは自分たちを指して We are here.

・They は単語として EP1 pp.1-3 で教えてある。ここでは We are here. You are there. その他の生徒をひとまとめに指して They are there. 椅子や机などの物を複数まとめて指して They are there(here).

    ◆ We は必ずしも声を揃えて言わせる必要はない。そのグループに I が含まれていれば、つまり I と He と She で We になり、You が含まれてい

てI が含まれていない場合は You になり、I も You も含まれていない場合は They になるということを教師はしっかりつかんでいる必要がある。

◆ 練習は単数の場合と同じであるが、単数もまぜて練習すること。ひとつの situation で色々なことが言えるようになる。

○ 線画を使って

・ここでは以下の文が言えるようになっている。

It is here(there).　He is here(there).　She is here(there).　I am here.
You are here(there).　We are here.　You(pl) are here(there).　They are here(there).
ライブで言ったとおりを絵にする。≫≫≫ 本書 pp.11-13

○ 文字の導入　reading

・線画を見ながら言った文を文字で見せる。板書しても良いし、カードに書いておいたものを見せるのも良い。その後、それぞれの語が書かれているカードを見せ、線画を見ながらカードを並べて文を作らせる。この時ピリオドのカードも用意する。

○ writing

・黒板を見ながら線画と文をノートに写させる。この段階ではスペリングを覚えさせる必要はない。

○ ワークシートで振り返り

・線画と文が描（書）かれているペーパーを用意し線画の下に正しい文を書かせる。単語を見せ、線画にふさわしい文を語を並べて作らせる。文を与え、線画を描かせるのもよい。

PP. 8-12	This is, That is に続く my, your, his, her の文を教える

＜新出語句＞

This That a man woman table hat hand head my your his her

< Grading >

1. This is …. / That is …. （冠詞 a を使わない文）

2. This is my hand. （my, your, his her を使った文）

3. This is a table. （冠詞 a を使った文）

4. This table is here.

・2 の前に 3 を先に導入する場合もある。2 を先に導入すると、日本人の生徒に見られる is と a を常につけて言う This is a my .... のような誤りを防ぐのに効果がある。

・EP1 p.10-4 はここでは省略してもよい。≫≫≫ 本書 p.24

◆ This, That ◆

・Micky, Minnie など名前がよく知られているぬいぐるみなどを用意して、手でさわって This is Micky. 遠く離れて指して That is Minnie. あるいは写真を使って This is Tokyo Tower. That is Tokyo Skytree. また、生徒が知っている有名人の写真を使うのも効果的。ただし、生徒の興味・関心を刺激する写真を使うと言語活動から他に関心が移り、集中が途切れて授業の妨げになる時もあるので注意する。

・前段階で、here、there がしっかりできていれば、this と that の使いわけは容易に教えることができる。

・this の時はそのものをさわって言わせること。手でさわれないくらいなら相当近くても that と言わせる。

◆ my, your, his, her ◆

・使用する物は、必ずその人のものであることが必要なので、その人の hand を使うのが一番分かりやすい。

・生徒を一人前に出して教師と向かい合わせる。生徒が既習の I am here. You are here. と言うように促す。教師は自分の手を指して This is my hand. 生徒の手を指して This is your hand. と導入。次に教師が離れて This is my hand. That is your hand. 前に出た生徒を席に戻し、教師は他の生徒の前に行ってそれぞれの手を指して言うように促す。

- his, her に進む。男子生徒と女子生徒を前に出して、対比して教える。この場合、教師と全体の生徒はそれぞれの生徒の手を指して That is his / her hand. と同じことが言えるので、his, her から始める場合もある。
- hand や、生徒の身近にある他の品物、pencil, book などの名詞を考えて、生徒の興味を起こさせながら、十分に練習する必要がある。

◆ a ◆

- すでに教えてある my, your, his, her を復習する。続いて復習と区切りをつけないで a の導入に進む。このように復習で次に進む準備を十分にして、なめらかに新しい事項の導入に入るのは、GDM の特徴のひとつである。
- This is my bag. That is your bag. よくできるという見きわめができたら、教室にある紙袋など生徒には誰のものか分からないものを取り上げる。生徒は his とか her とか言ってみるが、教師が「そうかしら」というような表情をすると、そのいずれでもないことに気づく。そこで This is a bag. と導入する。すなわち冠詞 a は、my でも your でも his でも her でもない時に、その代わりにつけるというように理解させる。この順で教えると、名詞の前に何もつけないで言うことはないので、冠詞を落とす誤りが少なくなる。
- bag の他に名札を使うのもよい。This is my name card. This is his name card. 名前が書いてない名札を見せて、This is a name card. 生徒は That is a name card.
- a が理解できたら教室にある table, clock, door など指せば練習になる。
- この文型の練習の時、This is a / pencil. というように区切って言うくせをつけないように注意。考えるため若干のポーズが必要な場合などは This is / a pencil. というように、冠詞は必ず名詞のほうにつけて言うようにする。
- 生徒はこの形によって、たいていのものの名前を言うことができるようになるが、これらの文型の目的は、物の名前を教えることではなくて、既習の be 動詞の使い方、および人称代名詞の所有格 my, your, his, her 等を習得させることにあるので、それらが完全になるまでは新しい名詞を教えることによって生徒の興味をつなぎながら、この文型の練習を続ける。

◆ This table is here. ◆

- 教室に複数ある table をひとつずつ指し、生徒と This is a table. It is here. と言いながら確認し、「ここにもある」ということに意識を向けさせ、すぐ近くの table と遠くの table を対比して、This table is here. That table is there.

と導入する。table の他に seat や box などでも言える。

・ This is ..... の文と、This table is .... の文の中での、this の働きの違いや、文法的な違いなどは、教師自身は、重大なことのように思うかもしれないが、生徒は、あたりまえのこととして、何の抵抗も示さないのが普通である。

・ 生徒から This is here. という文が出てきた場合は、言い直させる。

・ この文型は The bag is on the table. につながる土台になるものであり、その認識を教師は持っておく必要がある。

♠♠ 中学校での活用例① ♠♠　　　| 集中力をコントロールするには |

中学校での活用例①～⑦　　松浦 克己

　GDM のライブでは必ず SEN-SIT にもとづいて場面を作り、授業が進んでいく。適切な SEN-SIT を作ることが大切であることは言うまでもないが、それだけではクラスを集中させることはできない。This / That / my / your / his / her の授業のライブでどんな場面を作ればいいか考えてみる。

＜例 1 ＞

　まず教師が自分のペンを取り出して（場面①）目の前の生徒を指名すると L1 : This is your pen. と発言。次にその生徒のペンを持ち上げさせて（場面②）その隣の生徒を指名して L2 は This is his pen. と言う。後ろの生徒のペンを持たせて（場面③）そこから離れた生徒を指名して L3 : That is her pen. と確認。別の生徒のペンを指すと（場面④）その生徒は L4 : This is my pen. と発言。教師は自分のペンを見せて（場面⑤）T : Everyone. と言って Ls : That / This is your pen. とそれぞれの立場で発言する。

＜例 2 ＞

　ひとりの生徒のペンを指して（場面①）その生徒に L1 : This is my pen. 隣の生徒を指名して L2 : This is his pen. 離れた生徒を指名して L3 : That is his pen. 教師が T : Everyone. と言って、全体で Ls : That / This is his pen. すぐ前の生徒を指名して L4 : This is his pen.

　どちらも適切な SEN-SIT を作っているが、例 1 ではひとつの場面で一人の生徒に発言させたら次の場面を作って一人の生徒に発言をさせるというように続いていく。1 場面 1 発言、そして 5 場面 5 発言となる。例 2 ではひとつの場面で 4 人の生徒に発言させ、全体で 1 回確認している。どちらも個人発言が 4 回、全体が 1 回と活動量は同じでその時間もほぼ同じだが、クラスの集中力はまったく違ってくる。例 1 のようなスタイルでライブを続けていくと、

すぐにクラス全体の集中力は落ちてきて、教師とそのときに指名された生徒だけが活動している状況になってしまう。なぜなら一人の生徒が指名された瞬間に他の生徒はその場面を言う可能性がなくなるので、生徒は考えるのを止めてしまう。それに対して例 2 のようなライブでは、ひとつの場面に対して多くの生徒がそれぞれの立場で発言をするので、必然的に生徒は自分の発言と比べながら他の生徒の発言を聞かざるを得なくなり、クラス全体の集中力が増すと同時に維持することができる。GDM のライブでは、クラスの集中力を持続させることに教師はつねに最大限の注意を払わなければならない。

PP. 11-12	in / on で前置詞の基本を教えよう

＜新出語句＞

　in　　on

＜ Teaching Sentences ＞

　My hat is on my head. Her hat is in her hand.

＜ Grading ＞

・今まで here / there で表していたものを、in, on を用いることで、位置をいっそう的確に表せるようになる。大まかな見方から細かな見方へというのが、GDM の grading の基本原理である。

・in, on が前置詞として最初に出てくるのは、目に見えてはっきりわかるからである。ここでは静止している状態を be 動詞の文でしっかり教える。

＜授業の流れ＞

○ライブ

① 復習

・テキストに出てくる on his head と in her hand の対照はわかりにくいので、導入の場合、名詞はいずれも同じものを使う方がよい。まず使用する名詞がすぐ言えるようになっているかを確認する。

・This is my pen. This is my book. This is my box.（中が見える box に教師の名前を書いておくとよい）というふうに物品を別々に見せて復習する。

② in, on の導入

・book を箱の中にいれ pen を箱の上に置いて教師は This is my pen. It is on my box. This is my book. It is in my box. 最初は in, on に集中できる文にして導入する。その後、教師のペンのかわりに男子生徒のペンや女子生徒のも

のを置く。生徒は His pen is on your box. Her book is in your box. などコントラストをつけて練習。

◆ in の situation としては、導入の段階では、箱にすっぽり入ってしまうものを用意するとよい。プラスチックの箱などは、in の時も中が見えるので都合がよい。

◆ in, on だけでなく、あとに出てくる位置を示す前置詞を教える時は、静止した状態で発言すること。例えば、ペンを置きながら、または、入れながら文を言わないこと。動作がすっかり済んでから、その物品を指して発言する。

③ in, on の展開

・短い鉛筆が箱の中にあるのを見て生徒は Your pencil is in that box. 次にその鉛筆を手の中にいれて教師は My pencil is in my hand. 今度は少し手からはみ出すペンや本に持ちかえて、My pen is in my hand. My book is in my hand. 手の中にバッグを丸めて持って見せ、次に広げてひも（持ち手）のところをふつうに持つ。生徒は Your bag is in your hand. 帽子のつばの部分を手に持ち Your hat is in your hand. かぶって Your hat is on your head. この段階では教師は手に持って示すだけで、生徒の発言に任せたほうがいい。

・次に the を導入する。まず My book is on this table. という文を、手で指しながら言い、離れて指して My book is on that table. 同じ table を何度か指しているので、今度は手で指さずに My book is on the table. このように this, that などの短くなった形と理解させる方がこの段階では導入しやすい。

・カレンダーなどを箱の上にセロテープなどでつけておいて、This is a calendar. It is on my box. 箱を横にしても It is on my box. the が使えるようになれば on the wall, on the board が言えるようになるので、カレンダーや picture をあらかじめ壁や黒板に貼っておいて練習する。

○ 写真で練習

・言えることは何でも言えるように発言を促す。たとえば、男の人が帽子をかぶっている写真では That is a man. That is his hat. His hat is on his head.

○ 線画で確認

○ 文字の導入

・in, on の文字を見せ、既習の文字カードに混ぜて読む練習をする。

○ 線画の英文を板書する

・絵を見ながら生徒が言う文を教師が板書して、in, on のところだけ下線にして生徒にカードを貼ってもらう。または、生徒のレベルによって、カードを並べて文を完成させたりするのも可能である。

○ ワークシートで振り返る。≫≫≫ 本書 p.135

P. 13	英語脳に必要な数の概念 These, Those

＜新出語句＞

These　Those　right　left　（ thumb　finger : EP1 p.10-4 ）　the

＜ Grading ＞

・GDM では対比を使って教えていくのが特徴のひとつである。これまで人称代名詞からはじまり、here / there, This / That などを経て、ここで複数を表す These / Those を教える。

・EP1 p.10-4 で the と These が出てくるが、These はここで Those と対比して教える。

・ここで初めての形容詞として right と left を教える。

◆ These, Those ◆

・まずひとつずつ見せて This is my hand. This is my hand. 両手を同時に見せて These are my hands. というように導入する。These と Those の区別は、This と That の練習に準じて行う。たとえば、pencils, books などの物品を使って、複数がいつも 2 個にならないように注意。

・一般的な文 These are books. の形よりも These are my hands. というように所有格代名詞の付いた形を使うとよい。前者の文は EP1 p.17 で練習する機会がある。

◆ right, left ◆

・前の所有格代名詞の練習の一部として教えるとよい。right, left を覚えることよりも、代名詞を更に正確にすることがねらいである。

・導入の時は、教師は生徒に背を向けて、首だけ生徒のほうにまわし、右左が生徒と反対にならないようにする。

・[r] と [l] の音を対照した練習の最初の機会である。

◆ the ◆

・手の指を指して This is my finger. These are my fingers. This is my thumb. 生徒も自分の指を指して言う。そのあと、写真で誰のものかわからない手を見せて This is a hand. 線画の手を見せて This is a hand. 一本ずつ指して This is a finger. This is a finger. まとめて指して These are the fingers. 親指を指して、This is the thumb.

・EP1 p.10-4 では the の使用法のひとつとして、親指を the thumb と 4 本の指を指して the fingers ということがわかればよい。

・すでに in, on の文で this, that が短くなった形で使っている。（本書 p.22）椅子の上のボールを指して That is a ball. That is a seat. The ball is on the seat. というように、すでに話題になって互いにわかっている物に the を使うように教えていく。　※seat について　≫≫≫ 本書 p.35

2　一般動詞の世界：EP Book 1 pp.14-121
（1）英語脳に必要不可欠な「未来・現在進行形・過去形」の使い分け

P. 14	take 〜 off ・・・ で日常の基本動作を教えよう

＜新出語句＞

will take　taking　took　off

＜ Teaching Sentences ＞

He will take his hat off the table.

He is taking his hat off the table.

He took it off the table.

＜ Grading ＞

・take を教える前に off を教えておく。off は on と対比する。

・時という観念を確立するためには、2 つの時制をまず導入するのが良い。現在進行形だけ、または未来だけのひとつの時制を教えたのでは、何のことを言っているかわからない。

・実際に take の動作をしながら will take, taking, took を教える。未来、進行形、過去形を一時に導入しないで、未来と過去形、次に進行形を加える。または進行形と過去を先に教え、未来を次に教えるというようにすればよい。

・be 動詞以外の動詞の初めての導入であるから注意して時間を十分にかける。

・in, on の場合は静止の状態で発言したのに対し、ここでは動作しながら発言するのがこつである。

＜授業の流れ＞

○ ライブ

① off の導入

・まず on を復習する。

教師は本を手に持って生徒に示す。生徒たちは自由に発言する。That is a book.　It is in your hand.　It is there など。その本をテーブルに置くと It is on the table.　生徒のバッグ、ペン、鉛筆入れなど椅子やテーブルに置いていく。生徒にいろいろな文を言わせる。My bag is on the seat.　Her book is on the table.　His pencil case is on the table. など。教師はテーブルの上の本を指し This book is on the table.

　　◆ 机の上、椅子の上に生徒の物がいくつか置かれている状態を作る。次の take に入る準備をしておくのが大切である。

・次にその本を少し持ち上げ、テーブルから離れていることを示し The book is

off the table. という。椅子からバッグを少し持ち上げ The bag is off the seat. と生徒たちに言わせる。元に戻すと、生徒達は The bag is on the table.　そのほか 2、3 のもので練習。教師が片手を黒板につけると生徒は Your hand is on the board.　教師が手を少し黒板から離し My hand is off

the board.　黒板にあらかじめマグネットで貼ってあるカレンダーを指すと、生徒は The calendar is on the board.　マグネットをひとつずつ取っていってカレンダーがななめになっても The calendar is on the board.　マグネットの最後のひとつを取ってカレンダーが落ちる時 The calendar is off the board. off は上にのっているものだけでなく貼ってあるものでもそこから離れるのを表現するのに使うことをわからせる。

② taking / took の導入

・机の上に本を置き教師は、生徒から見てその左側に立つ。教師はテーブルにある本をゆっくり手に取りながら I（と言って教師は自分を指す）am taking the book（本を指す。本はテーブルから離れない）off the table.　2 ～ 3 回繰

り返す。本をテーブルから取ってしまってから、
今行った動作をなぞるような身ぶりで I took
the book off the table. 2 ～ 3 回繰り返す。その
本をさりげなく片付け、椅子のそばに立つ。置
いてあるバッグに手をかけゆっくり動作しなが
ら、I am taking the bag off the table. 生徒達に
も言わせる。You are taking .... the bag .... off the
table. バッグを取ってしまう。I took the bag off

the table. You took the bag off the table. 文が長いので、初めはすらすら言
えない。生徒を指名してテーブルの自分の持ち物を取りに来させる。I am
taking my pencil case off the table. 他の生徒たちに言わせる。He is taking
his pencil case off the table. 取ってしまったら I took my pencil case off the
table. He took his pencil case off the table. と言う。

・同様に他の生徒達に出てきてもらい、自分のものを取らせる。他の生徒を指
　名して言わせたり、一緒に言わせたりして練習する。

　　　◆ 教師が机の左に立つのは、以後の他の動詞の導入の場合も同様である。
　　　　これは左から右へ文を書くのと、動作の流れの方向を一致させるためで
　　　　ある。導入された文の語順がごく自然のものとして受け取られる。

　　　◆ taking の導入には教師がスローモーションの映画のようにゆっくりして
　　　　見せると進行形が良くわかる。テーブルに大きくて重いバッグを置いて
　　　　おくと自然に動作はゆっくりになるので、初めは何か重いものが良い。

③ will take の導入

・教室の壁、黒板、ドア、窓などに貼ってある写真や絵を指していく。That is
a picture. It is on the wall. That is a picture. It is on the board. などと生徒は
言う。生徒の 1 人に壁に貼ってある絵を取りに行かせ taking / took の文を練
習する。

・教師がドアに貼ってある絵を指し、これから取るという身振りで I will take
the picture off the door. 2 回繰り返し導入する。taking, took の文は生徒はす
でに言えるようになっているので、動作を見ながら You are taking the picture
off the door. 取ってしまってから You took the picture off the door. を言わせ
るとよい。

・次に壁、黒板、窓に絵が貼ってあるのを教師は生徒と共に確認し、誰がそれ

それの絵を取りますかというように生徒を見渡す。教師が指示するのではなく生徒が I will take the picture off the wall. と言うのを待つ。生徒に選択させることにより will の意味をよりはっきり実感させることができる。

L1：I will take the picture off the wall.　L2：I will take the picture off the board.　1 人が取っているとき、もう一人は取り終わっているようにする。She is taking the picture off the wall.　He took the picture off the board.　教師が自分の取った絵を指すと You took the picture off the door.

◆ 一連の練習が終わったらいつも未来、現在進行形、過去の順に言わせないようにして練習することが必要である。

◆ 何人かの生徒が、L1：I am taking ....　L2：I will take ......　L3：I took ....などと言うようになる situation を作るのが大切である。

◆ ここで生徒が言う文は今までのものより長く、考えながら言うので、発言のスピードが不自然におそくなる恐れがある。I will take / the book / off the table. と言うように少なくともひとつの sense group を単位として自然な速さで言わせるように指導する。一語一語を離して言わないようにする。

○ 絵を使って

・ライブで行った動作を絵にする。

◆ 絵を見せるときは時の流れと一致するように未来、現在進行、過去となるように示す。

・練習するには絵は大変有効である。とくに現在進行形はすぐ終わってしまう動作なので絵で練習できる。

◆ ここは生徒にとって最初の難関である。十分時間をかけて丁寧に教える必要がある。

○ reading writing

・絵を黒板に貼り、写真のように絵まじり文で練習する。

◆ この授業で扱う文は、これまでの文と比べ情報量が格段に多くなっている。動作をする主体、その動作（3 つの言い方から選択）、動作の対象物、前置詞の選択、そして場所、これらの情報を日本語とは異なる順序で言わなければならない。そして、ライブで見ていた実際の場面から He

will take his bag off the table. という文字列への変換のハードルはとても
高いので、スモールステップとして絵まじり文を使うと効果的である。
この時に今までの線画を使った学習が生きてくる。

　◆ 前頁の写真のように He、his bag、the table の絵は縦にそろえて並べる
　　ことが文構造の理解につながるので、気をつけたい。

　◆ バッグの絵の前に his という単語を文字として書かないほうがよい。同
　　じバッグが話す人によって my bag になったり his bag になったりする
　　からである。また後述する it を使ったときに混乱する（bag が it になる
　　なら his it となる）生徒が出てくる可能性がある。

・イントネーションとスピードに気をつけながら読み、生徒にリピートさせ
　る。sense group を意識しながら読み練習。

・文字カード will / take / is / taking /took / off を示し発音し、テンポよく練習
　する。

　　◆ 絵まじり文の絵を文字に変えるタイミングは、生徒の状況に応じて判断
　　　する。中学校では絵を残したままワークシートに移ることもよくある。
　　　大人のクラスでは読みの練習の途中で文字に変えてもよい。

・スムーズに読めるようになったところで it を導入する。He is taking his bag off
　the table. と教師が読んだら、it の文字カードをバッグの絵の場所に貼る。この

時に（A）絵を消して文字カード
を貼る、（B）絵より大きい文字
カードを貼る→絵が見えなくな
る、（C）絵より小さい文字カー
ドを貼る→絵の一部が見える、
の 3 つの方法が考えられるが、右

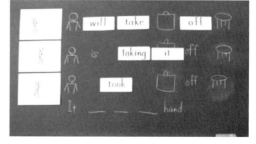

図のような（C）の方法がよい。なぜなら it という物があるわけではなく、こ
の文ではバッグという物が it の向こう側にあるという代名詞の働きをイメージ
として伝えているからである。

○ ワークシートでふり返る。≫≫≫ 本書 p.144, p.150

| P. 15 | put は take と対比して教えよう |

＜新出語句＞

　will put　putting　put

＜ Teaching Sentences ＞

　He will put his hat on his head.

　He is putting his hat on his head.

　He put his hat on his head. He put it on.

＜ Grading ＞

・take の時と同様に実際に動作しながら put の 3 つの時制を教える。on もすでにわかっているので take がしっかりわかっていれば take の時ほど時間をかけないでも生徒はわかる。

・帽子やセーター、上着などで put my hat on というように my head などの省略された形に進む。ただしこの段階では put it on までで them は教えてないので手袋などは使わない。教師は決して put on my hat の形を使わないこと。

・put がわかったら take と put をまぜて練習する。

＜授業の流れ＞

○ ライブ

① take の復習から put の導入へ

・机の上に教師の大きなバッグがあり、ドアに絵が貼ってあるのをみんなで確認。生徒は That is your bag. Your bag is on the table. A picture is on the door. など。

・教師がドアに貼ってある絵を取るという動作をすると生徒は You will take / are taking / took the picture off the door. その絵を手に持ったまま机の上の大きなバッグを取るという動作をすると生徒は You will take /are taking / took your bag off the table. 教師は絵とバッグを持ち両手がふさがって、どこにそれぞれを置こうかなという動作する。その後 I will put my bag on the seat. 2 回繰り返す。ゆっくり置く動作しながら I am putting my bag on the seat. 置いてから I put my bag on the seat. 教師の発言の後に生徒にも言わせる。新しい言葉は put と putting だけであり、動作中は ing がつくのを take の時に学んでいるので生徒は考えながら言える。

・教師が手に持っている絵をテーブルに置こうとしている動作を見て生徒

29

You will put the picture on the table. 教師の動作を見ながら生徒は You are putting / put the picture on the table.

・教師は生徒の鉛筆、バッグ、帽子などを指し手に取るよう動作で指示。生徒は I will take / took my pencil off the table. どこに置こうか見まわして I will put my pencil on that table. など自分で場所を見つけて置く。他の生徒も動作しながら自分の文を言うように促す。動作のあと Very Good! とほめる。

・教師の帽子があらかじめ黒板のフックにあるのを指す。生徒は That is your hat. It is on the board. You will take it off the board. 教師がかぶる動作をする。生徒は You will put / are putting your hat on your head. You put it on your head. 教師は Very good! とほめ、I put my hat on my head. I put it on. と言う。教師が椅子にある上着を指し動作する。生徒は You will take / are taking / took your coat off the seat. 教師 I will put / am putting / put my coat on. 生徒にも自分の帽子、上着など使って練習させる。

◆ take の時と同様に、いつも未来、現在進行、過去の順に言わせないようにする。

○ 絵を使って

・ライブで行った動作を絵にする。

○ reading writing

・絵を黒板に貼りその横に文を書いていく。

・新出の文字のカードを見せ、既習のものとまぜ、カードを並べて文にする。

・黒板を見ながらノートに絵と文を書く。

○ ワークシートでふり返る。　≫≫≫ 本書 p.164, p.173

PP. 15-4 16	動作をすれば見える was

＜新出語句＞

was

＜ Grading ＞

・take, put の復習をしながら、今ある場所を is を使った文、動かす前にあった場所を手で指して It was .... と導入する。

◆ 同じものを、ある場所から動かし、また、もとの場所に戻さないように注意。同じもので何回も練習すると situation が混乱する。

◆ 黒板に貼ってあった絵を取った後、点線で、あった場所を書くと過去は

点線で表すという共通理解ができる。

・机の上にバッグと本、壁とドアに絵、黒板にカレンダーという situation で、生徒からは Your bag is on the table. Your book is on the table. A calendar is on the wall. A picture is on the door. I will take your bag off the table. I will take the picture off the wall. など発言が出る。全部の物を何人かの生徒に手に取ってもらう。

・L1 : The book is in his hand. 教師は、もとあったテーブルを指し It was on the table. L2 : The picture is in her hand. 教師は It was on the wall. と確認する。複数のものが違う場所にあったという situation がわかりやすい。

≫≫≫ 本書 pp.115-119

PP. 17-18	a man's hat と the man's hat の使い分け

＜新出語句＞

men　women　〜's　now

＜ Grading ＞

・代名詞の所有格のついた文 These are my books. はすでに教えてあるので、ここでは These are tables. などの文を教える。また、不規則変化の複数形を教える。

・所有を表わす〜 's の形を教える。今まで his で言っていたことを、ここでは Ken's / Taro's の形を示し、より細かな言い方を教える。

◆ men, women ◆

・tables, seats, magnets など教室にあるものを指して These are tables. Those are magnets. と導入する。単数のものや複数のものをまぜて練習する。写真を使って These are men. These are women. と導入する。men と women は初めて出てくる不規則な複数であるから、生徒は mans というように s を付けようとするので、繰り返し念を押して言う必要がある。また This is a man. That is a woman. という単数の文と対比させながら練習する。文字カードで、単数と複数のスペリングと音の違いを丁寧に確認する。

・複数の時いつも 2 人だけでなく、3 人、4 人など示すようにする。

◆ 〜 's ◆

・生徒の名前を使うとわかりやすい。たとえば数人の男子生徒にそれぞれ自分の本を持たせて前に来させる。Ken: This is my book. Ls（その他の生徒）:

That is his book. Jun: This is my book. Ls: That is his book. と復習してから、本を全部教師の手もとに集める。教師が一冊ずつ見せると、まだ〜's の形を知らないので、どの本も his book になる。教師が本をそれぞれ生徒に返そうとすると、どれが誰の本かがわからなくなる。困って、本に書いてある名前を見て This is Ken's book. This is Jun's book. と導入する。

- EP1 p.18 の a man's hand, the man's hand などの冠詞を使った文は写真を利用するとよい。最初に a man's hand か a woman's hand か判断がしにくい手の写真を用意して That is a hand. 次に男の人の写真を用意する。手以外の部分を隠して手だけ指して That is a man's hand. 写真全体を見せて、That is a man. 手を指して That is the man's hand. 同様に a woman's hand, the woman's hand と対比してみせるとより効果的である。他に *English Through DVD* の映像を利用すると視点が明確なるので本よりもわかりやすい。

  ≫≫≫ 本書 参考文献 p.322

◆ now ◆

- 前の put や take を復習しながら導入する。I will take my hat off the table. I am taking it off the table. I took it off the table. It was on the table. It is in my hand now. この段階では now は「現在」という意味だけに使い「さて」という意味には使わない。対照となる未来、過去を示す then は EP1 p.47 で出てくる。

PP. 19-21	give "thing" to "person" の語順の定着を

<新出語句>

will give   giving   gave   to   him   her   (me)   (you)

< Teaching Sentences >

The man will give his hat to the woman.

He is giving his hat to the woman.

He gave it to her.

< Grading >

- ここで動詞 give が出てくる。take, put と同様に、未来、現在進行形、過去という 3 つの時制をコントラストをつけて教えていく。基本文型の定着を図るため take, put と同じ語順で教える。

◆ to ◆

・to は別に取り出して教えないでも、give を使った文のなかで、指で示せばすぐわかる。

◆ give：時に関する表現（未来・現在進行形・過去形），him (her, you, me) ◆

・「手渡す」という意味の give から教える。教師はカレンダーと写真を手に持つ。それを黒板とドアに貼ってもらうように生徒二人に前に来るよう促す。教師は一人の生徒にカレンダーを手渡す前に他の生徒に向かって The calendar is in my hand. I will give the calendar to Jiro. と言う。手渡してから I gave the calendar to Jiro. The calendar is in Jiro's hands. It was in my right hand. と導入する。

・take, put と同様に will give を最初に言うとき生徒はその行為がどういうものかわからないので発言させない。

・次に教師は写真を手渡す前に他の生徒に向かって I will give the picture to Hanako. 生徒が You will give the picture to Hanako. と言うのを待つ。手渡してから、生徒が You gave the picture to Hanako. The picture is in Hanako's hands. It was in your left hand. と言うのを待つ。そのあと、それぞれの生徒に黒板とドアにカレンダーと写真をそれぞれ貼らせる。

・店の名前の入ったバックを見せ This is my bag. Tokyu Hands（店の名前）gave this bag to me. などと to me を導入する。また、「手渡す」から「与える」という意味へ広げていく。

・「与える」意味を生徒に実感させるには、何か本当に生徒に与えるものを用意するとよい。生徒に与えやすいものとしては pencil, card, stamp, caramel, cookie のような可算名詞を使うこと。candy は不可算名詞である。最初は名前を言って I will give this pencil to Haruko. と導入する。あげる本人には I will give this pencil to you. と言う。もらった生徒は You gave this pencil to me と言える。この文型がよくできようになってから to her, to him と変化させるとよい。

・文型が慣れてきたところで、take や put も混ぜながら、手渡すものがお互いの手にある状態を示しながら ... is giving it to .... と giving を導入する。

・教師は I will give you this pencil. の型を教えないのはもちろん、うっかり口に出して言ってしまわないように注意。

PP. 22-24	英語脳に必要な物質名詞 water

＜新出語句＞

and　ship　bottle　water　glass　floor　bird

＜ Teaching Sentences ＞

This is water.

The glass and the water are on the floor.

This is a bottle and this is a bottle.

This and this are bottles.

◆ water ◆

・物質名詞の最初の導入である。water を glass, bottle, basin などに入れ、見せたり、触らせたりして This is water. と導入する。他の物質名詞は soup（EP1 p.78）、milk（p.99）、meat, butter, bread, cheese（p.99）

◆ and ◆

・These are tables / seats / hats / books. など同一物を複数指して発言する復習をしてから、ひとつずつ違うものをまとめて指して、These are a book, and a pencil, and a bag. と続けて言って導入する。その際、イントネーションに注意する。何回でも and を使わせ、writing の時も、A, B, C and D と書くような指導はまだ必要ない。

・glass と bottle のいろいろ形の違うものを、まぜこぜにたくさんテーブルに置いて sorting するように This is a glass and this is a glass. と手に取り、まとめてテーブルに置く。同様に This and this are bottles. と手に取って、まとめてテーブルに置く。

・最後に全部まとめて These are glasses and bottles. と言える。

・bird や ship もいろいろな写真や絵を使って同じように練習する。

・EP1 p.22 で bottle の中に船の入った絵が示されているのは、このようなものをアメリカではたくさん売っているからである。花の入ったびんは日本でもよく見かける。

・EP1 p.24 にあるような and の言い方 This is a bottle and this is a bottle. This and this are bottles. などができてから EP1 p.23 の The glass and the water are on the floor. へと移行するのがわかりやすい。

・floor はここで導入して、この後どんどん使うとよい。

PP. 25-27	日本語訳「その」と「〜の」では理解できない its と of

＜新出語句＞

an　its　of　arm　leg　foot　feet　seat　room　door　picture　window
wall　cord　hook　frame　open　shut

＜ Teaching Sentences ＞

The window is shut.

This is the floor of the room.

This is a picture of a man and a woman.

◆ an ◆

・「名詞が母音で始まるときは」などとくどくど説明せず、a apple と言いにくいのを強調し、an apple でなければならないと感じさせる。実際には、a-napple という連結（リエゾン）の発音になることに注意する。冠詞 an の練習に使える名詞は、ほかに arm, egg, umbrella, orange, airplane などがある。a-narm, a-negg, a-norange と発音する。

◆ seat ◆

・GDM では chair は使わない。chair は大変頻度の高い語だが seat の方がより広く使える語である。chair, bench, stool などをこの一語で言えるし、接尾辞 -ed, -ing をつけてより広い表現に使えるからである。　≫≫≫ 本書 p.24, 121

◆ open, shut ◆

・形容詞としては、right, left を前に教えてあるが、This door is open / shut. の型はここで初めて導入される。窓のほかに手を閉じたり開けたり、本を使っても練習できる。

・他の形容詞として色や long, short などを教えても良い。

◆ its ◆

・arm, leg, foot, feet を導入し生徒が言えるようになったところで、男女 1 人ずつ前に出し横に並べ、右隣りに肘掛けのついた椅子を置く。That is a boy. He is there. That is a girl. She is there. That is his arm / leg / foot. Those are his feet. を練習。同様に she でも確認。

・次に椅子を指すと生徒は That is a seat. It is there. 教師が肘掛けを指し、生徒が何と言うのかと困った表情をしたとき、This is its arm. These are its arms. と導入する。同様に leg, foot を導入する。foot, feet の時は椅子をテーブルの上に横むきに置くなどし、すべての生徒からよく見えるようにする。

・黒板に he, she の絵を並べて描き、その右にテーブルと椅子を描きそれぞれが it であると確認。教師が色の違うペンで arm, leg, foot, feet をなぞっていき生徒に his legs, her legs, its legs の文を言わせるとたくさん練習できる。初めから色のついた he, she, it の紙に描いた絵を見せるより黒板の絵にだんだん色をつけたり太くしたりする方が効果がある。

・以上のほかに、鳥の絵、動物の絵 its eyes, its mouth など使える。

♠♠ 中学校での活用例② ♠♠ ┃ 代名詞の一覧表より実際に手で持って "its"

・2021 年度版の 3 社の検定教科書において、its の初出がどう扱われているかというと、人称代名詞の一覧表が 2 社、本文が 1 社である。このようなこともあり、また人称代名詞による世界の切り取り方の英語と日本語の違いもあり、また発音が It is の短縮形の It's と同じことも手伝って、its は人称代名詞のなかで非常に定着の悪いものになっている。

・導入や練習の言語活動として、表での機械的な練習しか用意されていない教科書で教えるときに、GDM での its の導入方法は非常に効果的である。

・小中学校では、学校や生徒会の取り組みとしてエコキャップを集めている学校もよくある。そのような学校では教室や廊下にペットボトルのキャップが集められているので、それを教材に活用して its の練習ができる。

・たくさん集められたキャップのなかからひとつを取り出すと生徒は That is a cap. 教師のバッグのなかから飲んでいない、あるいは飲みかけのペットボトルを取り出すと That is your bottle. 教師はボトルの栓の部分を指さして生徒は That is its cap. と練習できる。

  ♠ GDM の its の導入はとても効果的であるが、注意しなければいけないのは、1 回導入すればそれで定着するわけではないということである。もちろん my や your と同じように数多く使うことは無理だが、意図的に機会を設けて its を使う場面を用意することが必要である。そのような時にこのペットボトルのキャップは手軽に復習できるものである。

  ♠ of の練習としても使える。cord の時と同じようにいくつかのキャップ

を準備して、透明のバッグに入れておき、まずそれを見せる。生徒は Those are caps. They are in the bag. と確認する。ひとつを取り出して、そのキャップのボールペンを見せて That is the cap of that pen. 万年筆やシャープペンやマーカーペン、ペットボトルやキャップ式の缶コーヒー、カメラのレンズのキャップなどが使える。生徒に実際に見つけ出させて This is the cap of this pen. という活動もとてもよい言語活動となる。

◆ of ◆

・いろいろな種類の cord を見せこの語を導入した後で、袋から cord を一本ゆっくり引き出していくと生徒は That is a cord. さらに引き出すと端にペンがついて出てくる。教師が This is the cord of the pen. を導入。さらに何本かの cord を同様にゆっくり引き出し This is the cord of the bag. This is the cord of the camera. など。

・絵を使う場合は、黒板に片方はバスの窓に、片方は家の窓にあとでできるように計画して、窓だけを描く。いずれも window であることを確かめてから、それぞれの絵のまわりに、バスと家を描き加え、ひとつの窓を指し示して This is a window of the bus. This is a window of the house. を導入する。

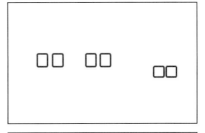

・はじめからバスと家を描いておき This is a bus. This is its window. の復習から始めても良い。この場合、両方とも its window となるので片方の窓を開け、片方の窓を閉じた絵にすれば The window

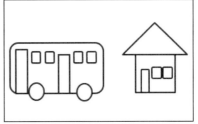

of the house is open. The window of the bus is open. のように、どうしても of が必要になる。door でも同様のことができる。the window of the house のときの指し方は、まず window を指し house の時は、まるく house 全体を指すとよい。

・窓を 2 個以上にして windows を複数に door を単数で練習するとよい。The windows of the house are .... と複数の動詞を単数の名詞の直後に使うことも、視覚から発表する習慣があるので、ほとんど誤りをおかすことはなく、特に注意を引く必要もない。

- このように、一部分であることを示すような例から a picture of a man に進むには、鉛筆を見せ This is a pencil. それとよく似た鉛筆の写っている写真を見せ This is a picture of a pencil. と導入。生徒の鉛筆、筆箱、バッグなどの絵を描いてもらうと This is a picture of my bag. などと言える。a picture of a ship, a picture of a man and a woman, a picture of a bottle など数枚の写真を壁、ドア、黒板などに貼り、それぞれを確認した後、生徒に取り外すように指示する。生徒は I will take the picture of a ship off the wall. など。

- This is the cord of the bag. という文と This is a picture of a man. という文は同じ時間に教えない方がよい。

- 前に習った off と of を混同しないように、カードなどで確認する。

PP. 28-29	go to で移動して at で位置が決まる

＜新出語句＞

will go　going　went　at　house　street

＜ Teaching Sentences ＞

The man will go to his house.

He is going to his house.

He went to his house.

He is at the door of his house.

＜ Grading ＞

- 動詞 go は教室の中をあちこち歩いて行かせ導入する。3 つの時制の導入については既習の take, put, give に準じる。

◆ at ◆

- 写真が何枚も黒板に貼ってあるので、皆で見にいくよう促して黒板へいく。前の時間に習った言い方を復習し写真一枚一枚を見て This is a picture of a house. This is a picture of an apple. This is a picture of Mt. Fuji. など生徒に言わせながら We are at the board. We are here. と導入する。生徒の人数が多ければグループに分けて They are at the door. They are there. と対比させることができ効果的である。

- go を導入すれば、at を使う場面がより出てくるので明確になる。

- EP1 pp.35-36 に出てくる One hand is at one. の文で at はより理解できる。

◆ go：時に関する表現（未来・現在進行形・過去形）◆

・遠くにある写真を指して That is a picture. It is on the door. 教師が I will take the picture off the door. I will go to the door. と言って歩き始める。ゆっくり歩きながら I am going to the door. ドアのところへ着いて I am taking the picture off the door. I am at the door. と言いながら写真をドアからとって前へ戻ってくる。この場合 went の導入はしない。

・次に別の場所に貼ってある写真を指して生徒に取りに行くように促す。取りに行く生徒は I will go to the board. 他の生徒は He will go to the board. 動きながら I am going to the board. He is going to the board. と言う。黒板のところに着いたところで、教師は He went to the board. と黒板のところにいる生徒を指して初めて went を導入する。この時、その生徒には発言させない。

・come は EP1 p.60 まで出てこないので come の situation にならないように注意すること。たとえば、I will go to the door. 歩きながら I am going to the door. ドアのところで言おうとすると I came to the door. になるので、歩いた本人が発言する場合は、自分の席に帰ってから、ドアを指して I went to the door. と言うとよい。

・名札など生徒のものを table と椅子の上に置いておいて、自分のものがどこにあるかわかってからそれを取りに行かせる。それぞれ will go, going を使って取ってきてもらう。席に戻ってから My name card was on the table. I went to the table. などとそれぞれのことを言ってもらって、教師は Shota went to the table. Yumi went to the seat. と対比させて言い、went について確認する。

・クラスのサイズによっては 3 か所に分けて、できれば生徒全員が移動して実感できる方がよい。

・生徒の年令に応じて、教室以外の他の場所へ移動する go の練習ができる。また、カレンダーの日付を指して I will go to Nagoya tomorrow. I went to Ginza yesterday. などの話へ発展させることもできる。

・いつも未来、進行形、過去の順にならないように、また既習の動詞もまぜて練習すること。

PP. 30-34	what を使う疑問文、使わない疑問文

＜新出語句＞

what（疑問詞）　yes　no　not　put（現在形）　after（前置詞）　question
answer　mark　page

＜ Teaching Sentences ＞

What is this?　Is this a hat?　Yes, it is.　No, it is not a hat.

"What is this?" is a question.

Are the man and the woman at the door?

We put questions marks after questions.

＜ Grading ＞

・GDM では、平叙文の語順がしっかり定着できてから、疑問文を教える。
　生徒は、自分で語順の変化を発見していくことができる。最初の疑問文は
　What ...? と Is this ...?　Are these ...? などの be 動詞の疑問文である。

・本当に疑問をもたせることが大切である。生徒が自発的に疑問文を作って発
　言するような situation を作る。

◆ What .....? ◆

・まず生徒に既習の文を使って自由に言えることを発表させる。たとえば教師
　はペンを出せば生徒は That is a pen.　It is in your hand.　It is there. など。同
　様に本や鉛筆など英語で言えるような物を見せて発言させる。教師はペンで
　も鉛筆でもない何かを見せて、生徒が「何だろう？」という顔をしたところ
　で、教師は What?　What is this? と導入する。生徒が What is that? と言った
　ところで、その物をさりげなく隠してしまう。

・教師は、一見しただけではわからないものを手に持って、生徒に見せる。生
　徒たちは What is this/that? と言いながら疑問の気持ちを持ちながら、いろ
　いろなことを言っていく。その後、生徒一人にそれを渡す。生徒はそれを広
　げて、何だかわかる。生徒は This (It) is a hat. と言う。同様にして、いくつか
　生徒がよく知っているはずだが、一見しただけではわからないものを、持ち
　方を工夫して示し練習する。

◆ Is this (that) ...? ◆

・教師はペンを見せる。生徒たちは That is a pen.　次にそのペンに色、形とも
　よく似ている物の先端を一部隠して示す。生徒たちが That is a pen. と言っ

たら教師は No, this is not a pen. と言って否定する。さらに生徒が That is a pencil. と言ったら、教師は本当にそうかな？という顔で Is this a pencil? と導入する。隠していた先端部分を見せる。もう一度、生徒に Is this a pencil? と投げかけるとそれは鉛筆でないことがわかるので、そこで、No, this is not a pencil. と言って not を導入する。生徒一人一人に見せて、Is that an eraser? と聞かれたら教師は Yes, it is. と答える。

- さらにいくつか用意して教師はすぐに答えを出さずに、生徒に疑問文を言わせ、その答えを他の生徒に答えさせる。

- その後、絵を使って下半分を隠して疑問文を言わせ、途中で覆いをはずして何人かの生徒に見せて、答えを言わせる。

- 単数が定着したら、複数の文 What are those? Are those pens? へ進む。

- さらに箱に何かを入れ、その箱を振って What is in the box? などの練習もできる。

- 答えは short answer のあとに文を加えて言う習慣をつけるとよい。たとえば Yes, it is. It is a pencil. No, it is not. It is a pen.

- 教師が question を言い、生徒が answer を言うというやり方ばかりでなく、まず question を生徒が言う機会を多くすることがここでは大切である。

◆ "What is this?" is a question. ◆

- What is this? と書いた一枚のカードを見せ、そのカードを指して This is a question. と言う。カードを指している手を動かさず、そのままで What is this? と読み、ひと呼吸おいて is a question と続ける。他にも Is this a pen? などのカードも用意する。また It is a pen. Yes, it is. No, it is not. などのカードも用意して answer を導入し、question と answer を対比させて教える。

◆ put（現在形）◆

- We put .... の文は、現在形を使用して、一般的習慣を示す初めての文であるが、現在形の使い方は EP1 p.91, p.95 で注意深く導入されるので、ここでは reading するくらいで、生徒の注意は引かないでおく。

◆ after ◆

・after と対比する before は EP1 p.46 に出てくるので、その時に教えることにして、ここでは、疑問文の後ろに question mark をつけることを教える程度にしておく。

（2）現在形は see, have で教えよう

PP. 35-36	出発点を表す前置詞 from

＜新出語句＞

from　number　clock　time　（numbers from one to twelve）

＜ Teaching Sentences ＞

What is the time?

Now the time is six.

One hand is at one.

These are the numbers from one to twelve.

＜ Grading ＞

・数の言い方と時刻の言い方について教える。at や from の使い方を教える。

◆ number, time, from ◆

・1 から 12 までの数字が書いてあるカードを黒板にランダムに貼りながら、These are numbers. と導入する。一枚一枚指して数字を読む。数字と英語の音が結びつくことを重点に練習する。

・数字のカードで連番のものを何組か横に並べ These are the numbers from four to six. These are the numbers from seven to ten. と言って from を導入する。to は習っているので、矢印などで to と対比して from を教える。

・時計を出して、数字を一つずつ指して読ませたあと、全体の数字をまとめて指す。生徒が Those are the numbers from one to twelve. と言う。次に時計の針を指して These are its hands. と導入する。hand の使い方が広がるところである。長針と短針だけの時計がよい。long と short は前もって鉛筆やコードなどで導入しておき、時計の針を見ながら The long hand is at twelve. The short hand is at five. と教える。at の意味がよりはっきりしてくるところである。

・時計の針を動かしながら時刻の言い方を教える。Now the time is five. 針を

進ませながら Now the time is six. The time is seven. と言っていく。

・What is the time? と質問する形も教え、時刻の言い方を練習する。

・数字は発音が日本式になりやすいので注意が必要である。

・数字のスペリングは記憶させる必要はない。

PP. 35-36	時計を使えば will be が一目瞭然

＜新出語句＞

will be

＜ Grading ＞

・is, was との対比で will be を教える。これで、be 動詞について過去、現在、未来の 3 つの時制がそろったことになる。

・このあと、go を使って教室の中を生徒に移動させるときに、will be を使う場面が出てくるので練習することができる。

＜授業の流れ＞

○ ライブ

① 復習

・時計の針を動かしながら、時刻の言い方を復習する。長針と短針の位置も示しながら The long hand is at twelve. The short hand is at one. The time is one. と at も使いながら練習する。

② will be の導入

・時計の針を 2 時に合わせて Now the long hand is at twelve. The short hand is at two. The time is two. その際、対比強勢に注意する。長針をゆっくり進めながら It wás two. It was two. 3 時に近づいたところで It wíll be three. 3 時になり It is three. と導入する。is, was, will be の対比をしながら時計の針に集中して文を言うようにする。針はゆっくり回し続け It was three. It was three. It will be four. It is four. と練習する。

③ will be を動作で練習

・be 動詞の現在と未来を対比して言える場面を作って練習する。たとえば、ドアや窓に写真などを貼っておいて、生徒に動いて写真を取りにいっても

43

らうようにする。2 人の生徒（L1, L2）を前に出す。他の生徒は既習の文で言う。Now L1 and L2 are there. L1 will go to the door and take the picture off the door. L2 will go to the window and take the picture off the window. 動き出して、生徒が L1 will be at the door. L2 will be at the window. と言うのを待つ。ドアと窓に着いたところで Now L1 is at the door. L2 is at the window.

④ will be の展開

・生徒の年令によって、時刻を提示して Now the time is nine. We are here. I was in my house at seven. I will be in my house at five. などの話へ発展することもできる。曜日や月の名前を教えていれば、カレンダーを使って、Today is Monday. Yesterday was Sunday. Tomorrow will be Tuesday. 同様に this month, last month, next month を使って月の名で練習できる。

・boy の線画を見せて、baby を左、man を右に点線で描き、This is a boy. He was a baby. He will be a man. 他にも girl、おたまじゃくしと蛙、毛虫と蝶などで、be 動詞の未来を言う練習をすることも可能である。

○ 文字の導入

○ 線画の英文を板書する

○ ワークシートで振り返る

♠♠ 中学校での活用例③ ♠♠ 　「will＋動詞の原形 be」では英語脳は作れない

2016 年度版までの検定教科書での be の扱いは、まず文法事項のまとめのページでの「be 動詞」という名称が初出であった。2021 年度版では Unit1 の基本文のところで「am は be 動詞という」説明をしている教科書が多くなっている。小学校の英語教科化の影響で、小学校で使ってきたことを文法用語でまとめていくという主旨と思われる。英文としては Be careful. などの命令文や We can be good friends. のように can に続く形が 1 年で扱われている。

　2 年になって will を学習すると、「will＋動詞の原形」という規則を教えられて、is / am / are の文を未来の文にするときは、is / am / are の原形の be を使って will be と変えなさいという機械的な書き換えとして指導されることがほとんどである。小学校で want to be ... を扱っているので、2021 年度版の教科書では 1 年の前半で決まり文句として「～になりたい＝ want to be ...」学習する。つまり「be」は単なる記号で、なんら実体を持っていない言葉、いいかえれば単なる知識として、それも成績の良い一部の生徒にだけ理解されているというのが実態である。その結果、映画『ターミネーター』のラストシーンの I will be

back. といったような使い方はなかなか定着させることができていない。

　GDM では It is here / there. から It was / They were on the board. と学習が進み、次に時計の針を見ながら It was three. It is four. It will be five. のようにそれまでに習ったことをもとに一歩ずつ内容を深め、広げていく grading となっている。be 動詞のルートセンスである存在を表す is / am / are を here / there とともに最初に学習した生徒は、時計の will be や He will go to the door. He will be at the door. He is there now. He was here. と目の前の人や物の場所の移動と、見えない時間の経過とを結びつけて「will be」の意味を実感しながら身につけていく。このように「will be」を獲得していくことは、「will ＋動詞の原形」という言葉上の操作では決して身につけることができない英語の力となる。

　GDM で will be の本質を理解した生徒が、あの "I will be back!" を聞くときっと上で述べたようないろいろな場面を、あの溶鉱炉のシーンの向こう側にぼんやりと思い浮かべながら、主人公が溶鉱炉に入っていくのを見るのではないだろうか。これこそが日本語など必要としない「英語脳」となっている。

PP. 37-40	世界を thing と person で分ける

＜新出語句＞

thing　　person　　There is / are　　boy　　girl　　with　　where　　book together　　but　　were　　again　　eye　　other　　shelf

< Teaching Sentences >

There are two persons in the room.

Where was she?

She is with him at the window.

They are on the shelf, but they are not together.

This is one eye. This is the other eye.

< Grading >

・具体的で実物や絵でそのものを示すことができる単語を先に教え、一方、抽象的で実物や絵では示せない単語は後にまわすのも GDM の特徴である。p.37 では thing, person ということばを教えながら、There is / are ... の文を教える。

・疑問詞 what に続き、ここでは where を教える。

- with が「〜と一緒に」という意味で出てくる。「〜を持って」（EP1 p.72）、「〜を使って」（EP1 p.80）という意味の with は後半に出てくるので、ここでは with の root sense を教える。
- 関係のある another（EP1 p.61）はあとで出てくるので、ここでは one, the other の使い方をしっかり教えておく。　≫≫≫ 本書 p.72

◆ thing, person ◆

- 教室のものを指して That is a table. Those are windows. などと生徒が言って復習する。そのあと、線画を何枚も用意して一枚ずつ生徒に言わせながら 黒板に貼っていく。生徒が  That is a hat. と言えば、黒板の右半分に貼り That is a boy. と言えば、左半分にその線画を貼る。次の線画を見せて、生徒が That is a house. と言ったら、教師はこちらかな？という仕草をしながら hat の線画と同じ側に貼る。線画を次々に見せて貼っていくと、生徒は分類していることがわかり、教師がこの絵はどっちかなという仕草をすれば、生徒は指して There. と言って分類する。
- 教師は線画について、A table is a thing. A hat is a thing. A house is a thing. A boy is not a thing. A boy is a person. A girl is a person. Men are persons. Seats are things. と導入する。
- そのあと、A window is a thing. A ball is a thing. Boys and girls are not things. They are persons などと生徒から自由に文が出てくるようにするとよい。
- 生徒に自由に言わせるときに The table is a thing. と the を使いがちなので A table is a thing. と訂正する必要がある。
- ロボットやこけしの絵があると、person ではなく thing であるので有効である。

♠♠ 中学校での活用例④ ♠♠ 　　| 日本語を使わずに language を教えるには |

- この thing / person の教え方の原則は他の語句でも活用できる。中学 1 年に language を英英辞典に載っているような意味を英語で教えても通じないのは当たり前で、だれもそんなことはしない。thing / person を参考に次のように教えれば、日本語訳や説明はまったく必要ない。

・まず黒板に one, three, four, seven, ten と縦に書いていく。規則性は必要ない。数をランダムに書けばよい。

・つぎに同様に縦列で green, blue, black, white など色を書いていく。

　♠ ただ教師が書くだけでは生徒の関心は十分に引くことはできないので、one, three, と書いたら、次は最初の文字の f だけ書いて、生徒にいろいろ推測させて発言させると、生徒の関心が高まる。f で始まる数なら何でもいいので、生徒の言っていない数を正解にしてもよい。

・次はスポーツを英語で 4 つか 5 つ書く。

・最後に 4 列目に Chinese, Japanese, English, French などを書く。

・1 列目の数の単語全部をチョークで囲んで What are these? と聞く。生徒が number と単数で答えたら、複数であることに気づかせる。またフルセンテンスで答えるように注意して They are numbers. を確認する。同じように What are these? と聞き They are colors. と確認。同じパターンを避けて 3 列目は生徒から Those are sports. と These / Those の復習を入れ、Those are sports. を確認。このようなやり取りをしながら、それぞれの列のいちばん上に numbers / colors / sports と書き込んでいく。

・4 列目も同じように What are these? と聞くと、生徒は分からないので They are languages. と導入して、黒板に書く。

・数年前にある研修会でひとりの参加者が「language を言語、言葉と説明して教えたら、その時は分かってくれていたが、少したってある生徒が word も言葉だけど 2 つはどう違うの？と質問されて困った」というようなことを話していた。上記のように導入すれば、このようなことは起きないし、言語や言葉といった日本語は導入の時に必要ない。このような日本語訳を使わなくても、その後「世界にはたくさんの言葉があります」とか「インドで話されている言語は・・・です」といった場面で、日本語の言語や言葉の意味から language を使えるようになっていく。何も考えずに先生から機械的に「言語の英語は language」と覚えさせられるより記憶しやすいし、なによりも考える力を育てるのに効果的である。

◆ There is / are 〜 ◆

・thing と person の復習から入り、導入の際、授業前に生徒に気づかれないように物を椅子やテーブルに置いておく。

・自分のバッグから布製の袋を取り出すと、生徒は What is in the bag? と言う。中身を見せずに触りながら、何かわからないが 2 つあることを確認して、教師は There are two things in the bag. と導入する。そのあと一人の生徒に中身を見せて、They are a pen and an eraser. と中身を確認しながら言う。

・椅子の上に何があるのか見えないので、一人の生徒に椅子のところに行ってもらう。生徒が There are three things on the seat. They are a book and a calendar and a box. と言うように促がす。その箱は中が見えないので、それを取り上げると What is in the box? と生徒が言う。皆に中を見せて、There are five spoons in the box. と生徒が言うのを待つ。

・部屋の中にある物に視点を向けて言う。教師：There are ten tables in the room. L1: There are three boards in the room. L2: There are two calendars in the room. L3: There are twelve persons in the room. その際、時計などひとつだけのものを言う場合に There is a clock in the room. と少しゆっくり目に言い、導入する。

・生徒各自に紙に部屋とその中のテーブル、椅子、人物などの絵を描くことを指示し、英文を互いに発表しあうこともできる。

◆ Where ...? ◆

・What ...? と同様に生徒に疑問を持たせることが必要である。名札やマグネットなどその物が必要になる situation を作り、ポケットの中、バッグの中などをさがす動作をしながら Where is ...? と導入する。

・Now we are in this room. 時刻を指して、教師：I was in my house at twelve. と言い、生徒に I was in the street at twelve. などと自由に発言するするよう促す。were が既習であれば、お互いに Where were you at twelve? と生徒同士で質問できる。

・世界地図を広げて、生徒が行ったことがある場所や時事問題で話題になっている場所だが、はっきりどこにあるかわからない地名などを出して Where is ...? It is here. の練習をすることもできる。

◆ with ◆

・2 個の異なったもので、関係のあるものを右の写真のように並べて置き導入する。This cup is with the

teapot on the table. This cup is not with the teapot on the table. というように with と not with を対比して導入する。

・その後、バッグの中に卓球のボールとラケットが入っているものを見せて、生徒と一緒に The ball is with the racket in the bag. また、教師の帽子はテーブルにあり、コートはフックに掛けてある。生徒は Your hat is on the table. Your coat is on the hook. 生徒の帽子とコートは一緒にフックに掛けてあるのを指して Her hat is with her coat on the hook. 対比して My hat is not with my coat. と練習できる。

・人物から導入してもよい。Ichiro is with Ryota at the door. Yumi is with Ai at the window.

◆ together ◆

・with の文が定着してから別の時間に導入したほうがよい。バラバラにおいてあるものをまとめると導入できる。黒板にバラバラにあるマグネットを指して That magnet is there. This magnet is here. そのあと黒板の一か所にまとめてから The magnets are together on the board. と導入する。またテーブルにバラバラに置いてある本を指して The books are not together on the table. 両方を対比させていったあと、本を一緒にまとめてから生徒が The books are together on the table. というのを待つ。

・黒板にある大きなマップなどを数人でとりに行ってもらい、教師：They are together at the board. 生徒たち：We are together at the board. と人物で導入することもできる。

・人物の写真を使って The girl is with the woman in the street. They are together in the street. と with の復習をしながら練習する。

◆ were ◆

・was は教えてあるので、複数の situation を作れば教えることができる。また、together の導入の際に一緒に were を導入することもできる。

◆ but ◆

・2 つの文を and で結ぶことはできている。ここでは and と対比して but を教える。たとえば全部鉛筆かと思ってみたら一本だけ鉛筆ではなかったという場面を作る。These are pencils but this is not a pencil. 肯定を○、否定を×とすると、上の文は○ but×. また These books are not together, but these books are together. これは ×but ○である。他に○ and ○、×and× も and

の復習と共に対比して練習できる。

◆ again ◆

・同じ動作を I am ～ ing を使って何回も繰り返し、生徒が「またか」と思った瞬間に、文のあとに again を付ければよい。

・Classroom English として、生徒に繰り返して言わせる時など、Again. と言うように始めからしておけば、特に導入する必要はなくなる。

◆ one, the other ◆

・本などを使って、指さずに言うことが大事である。There are two books on the table. One book is open. The other book is shut. または、There are two cords in the bag. One cord is long. The other cord is short.

・二つのマグネットを手に持たせて手を閉じて、見ないで言うようにする。I took two magnets off the board. They are in my hand. One is red. The other is blue.

・二つのものを手に持ったときに教師は生徒が言いやすいように、片方を持ち上げがちになるが、注意が必要である。二つのうちひとつというのは生徒が選択して言うのが正しいので、自由に発言させることが大切である。

・体の部分で二つあるもの hand, eye を使って、One eye is open. The other is shut. などと練習する。

P. 41	現在形のルールは see / sees がわかりやすい

＜新出語句＞

see   sees   do   does   our   eye

＜ Teaching Sentences ＞

I see ....

She does not see.

She sees me.

What does she see?

＜ Grading ＞

・テキストには do は EP1 p.47 まで出てこないがここで教える。

・will see は EP1 p.64 まで出てこない。

・現在形を初めて導入するので、時間をかけて十分練習する必要がある。

　　◆ I see. という文は、意識しなくても「見える」ということである。生徒

が目を開けていても見えないように、その物をうしろにおいたり、また紙などで隠すとよい。例えば手を目の前に持ってきて I see my hands. その手をうしろにかくして I do not see my hands. と目的語のある文の方がわかりやすい。

◆ ある生徒には見えて、他の生徒には見えないような situation を示すと、練習がやりやすい。

◆ Question は、What do you see? から入るとやりやすい。

◆ do, does などは、口調でよくなれてから文字で確認させるとよい。カードを使って、es を付けて見せるとわかりやすい。

◆ このページには she と see が同じ文に出てくるので、発音の区別を練習する。

◆ ここでは see の現在、過去の平叙文と疑問文を教える。教えることがたくさんあるので教師はよく整理して異なる時制の文を混ぜて練習させるのも大切である。

◆ ここを教えるのは2時間から3時間必要である。

◆ our ◆

・既習の This is my book. This is your book. まとめて These are our books. と導入。These are my eyes. My eyes are open. Your eyes are open. から Our eyes are open. など練習する。

see / sees　　do not see / does not see

＜授業の流れ＞

○ ライブ

① see と do not see の導入

・教師は目を大きく開ける仕草をする。生徒は Those are your eyes. Your eyes are open. 教師はゆっくり教室を見渡して目を閉じると、生徒は Your eyes are shut. 教師はあたりを手探りする動作をして My eyes are shut. I do not see. 2回くりかえす。次に、目を開けたらまわりを見渡し My eyes are open. I see. と2回くり返す。

・生徒にも目を閉じさせ My eyes are shut. I do not see. 目を開けさせ My eyes are open. I see. と言わせる。

・教師は両手を自分の目の前に持ってきて I see my hands. 手を後ろにかくして I do not see my hands. 生徒にも同じように動作させ言わせる。

・生徒の後ろの壁の時計は、教師：I see the clock on the wall. You do not see the clock. 生徒：I do not see the clock. We do not see the clock. You see the clock. 教師の後ろにある黒板は、教師：I do not see the board.（生徒ひとりずつさして）You see the board.（生徒全体指して）You see the board. 生徒：I see the board. We see the board. このように I, You（単数、複数）We の立場でいろいろな文を練習する。

② sees と does not see の導入

・教師のテーブルの中央に大きな紙袋、その左右に色の違うボール、時計、絵、本、bottle がある。生徒は自由に発言。

L1 : I see a white ball. L2 : I see a blue ball. L1 が「えっ？」という表情をしたタイミングで教師は全部の生徒に向かって L2 sees a blue ball. L1 does not see a blue ball. L2 does not see a white ball. と導入。その

際、対比強勢に注意すること。生徒のいる位置により見えるものが互いに違うので、I see a bottle. I do not see a clock. など。他の生徒は He sees a bottle but he does not see a clock.

・教師がクラスの生徒の中央ぐらいの位置に立ち 2 枚の異なる絵を背中合わせに持ち示す。L1 : I see Tokyo Tower in the picture. L2 : I see Mt. Fuji in the picture. I do not see Tokyo Tower. L3 : L1 sees Tokyo Tower but he does not Mt. Fuji. L2 sees Mt. Fuji but she does not see Tokyo Tower. 生徒は自分の立場で see / do not see / sees / does not see の文をたくさん言える。

・教師が立つ位置を少しずらして、同様に 2 枚の絵を見せる。He sees ... She sees .... He does not see .... She does not see .... から They see .... They do not see ..... の文に広げる。

・生徒一人に窓から外を見させる。L1 : I see boys and girls. Ls : She sees boys and girls. We do not see them. など。

◆ この段階で I, You, He, She で始まる平叙文、否定文が言えるので、時間をかけ考えながら自分の文を言えるようにする。

◆ 生徒がふたつ以上のものが見えない時ひとつの文で言おうとすると I do not see a blue ball and a clock. と言いがちである。正しくは、and ではなく or と言わなければならないが、まだ習っていないのでひとつずつ言うようにさせる。教師自らは and ではなく or で続けるということを理解していること。

○ 絵で確認　reading　writing

・ ライブでやったようなことを絵にして黒板に貼り生徒は自由に発言。
　絵の横に文を書き読む。

・ 文字カード　| see |　| do not see |　| sees |　| does not see | で確認

○ ノートに絵と文を書く。

絵① I see the pencil. I see the books. You see the books. You do not see the pencil.

絵② They see birds.

絵③ There are two persons in the room. They are a boy and a girl. There are two windows in the room. The girl is at one window. The boy is at the other window. She sees houses and buildings and an airplane. She does not see birds. He sees birds and trees and mountains. He does not see houses.

♠♠ 中学校での活用例⑤ ♠♠ | 70 年も前からアクティブ・ラーニング

　この授業の see / sees の使い分けを生徒はどのようにルール化しているのだろうか。もちろん GDM では説明をしないので「3 人称単数形の時は」といった理解はしていない。ある学年の授業でひとりの生徒が、使い分けがわからず困っている隣の席の生徒に「is の時が sees になっているよ」と教えていた。それを聞いていた生徒の表情が変わったのは言うまでもない。

　GDM の最初の here / there の授業で気づいた is / am / are の使い分けをこの see / sees の使い分けに自分で活用している。「is の時」というのは文法用語では「3 人称単数」となるが、GDM で習った生徒には「is の時」がいちばん分かりやすい文法用語となっている。

　検定教科書の授業では、ふつう 3 単現の s は新しいルールとして教えていることが多いが、GDM で学習する生徒には今まで理解して使ってきたルールと同じ、あるいはほんの少しの拡張というように学んでいく。70 年以上も前からアクティブ・ラーニングが行われている。

see / sees　疑問文

＜授業の流れ＞

○ ライブ

① question の導入

・see の question

・1 人の生徒を、開いているドアのそばに行かせる。生徒は部屋の外を見る。

　Ls : L1 went to the door. He is at the door. The door is open.

　教師：（L1 に）What do you see?（L1 には廊下にある掲示物や廊下の窓越しに外の景色が見える）L1 : I see pictures. Ls: He sees pictures. 教師：Do you see persons? L1 : Yes, I see persons. 教師：You see persons. Yes, you do. L1 : Yes, I do.

　教師：Do you see boys? L1 : Yes, I do. L2 : Do you see men? L3 : Do you see a table? など。教師：Do you see a clock? L1 : No, I see not a clock. 教師：No, you do not see a clock. と訂正する。L1 : No, I do not see a clock. と正しい答えを言う。

・1 人の生徒を前に出し、絵を見せる。他の生徒からは見えない。

　L1 : I see a picture. L2 : What do you see in the picture? L1 : I see ... L3 : Do you see tables? など質問、L1 は answer をする。他の何人かの生徒を前に出

し、絵を見せ question と answer の練習をする。

◆ answer の Yes, I do. No, I do not. は練習が必要である

② sees の question

・ここは絵を使うとたくさん練習できる。

・ライブでやったように一人の生徒が窓から外を見ている絵で

　What does she see? Does she see houses?

・答えは Yes, she does. No, she does not. の文を教える。

　What do you see ？ Do you see ＿＿＿＿? の文もまぜるとよい。

○ 絵で確認　reading writing

・黒板に貼った絵の横に question, answer を書き reading

・ノートに絵と文を書く。

What do you see?

What does he see?
Does he see an airplane?

What do they see?
Do they see birds?

♠♠ 中学校での活用例⑥ ♠♠　　| 3 単現より see / sees を合い言葉に |

　2016 年度版までの検定教科書では一般動詞の現在形は、まず 1・2 人称を 6 月に教え、10 月に 3 人称を教えるというように 2 段階に分けている。日本語では人と物で述語動詞を変えるが、1・2 人称と 3 人称で形を変えるという感覚はない。考え方の違いがあるにもかかわらず、その違いに触れることがない学習が約 5 ヶ月も続くため、この使い分けが定着しない。それは全国学力調査の結果からも明らかである。　≫≫≫ 第 3 章 pp.97-102

　2020 年度から始まった小学校の英語科でも 3 人称主語の一般動詞現在形の文は扱われない。そして中学 1 年 10 月になってようやく 3 人称主語の文を学習する。3 単現のように母語にはない使い分けは、その使い分けを別々に教えるのではなく、いっしょに教えて使い分けがあることを理解させ、そのあと時間をかけてその使い分けを練習していく方が効果的である。GDM のこの see / sees の導入を取り入れることがとても有効な対策となる。取り入れる時期やカリキュラム、導入後の詳しい活用の方法は第 4 章 pp.103-110 を参照のこと。

　GDM のこの see / sees の授業で一般動詞の現在形の文で主語が 3 人称単数の文とその他の文で動詞を使い分けるルールを理解した生徒には「3 単現の s」という文法用語は必要ない。He play tennis on Sundays. と書いた生徒への指導は「この前の授業の『see / sees の使い分け』と同じだよ」と言った方がはるかに効果的である。なぜかというと「3 単現の s」という文法用語は抽象的で何のイメージも持っていない。それに対して『see / sees の使い分け』と言われると、生徒は see / sees の授業で記憶に残っているいろいろな場面を思い浮かべる。苦労して自分で気づいた瞬間の喜びや隣の生徒に教えたこと、あるいは間違えて先生のヒントで気づいたときのことや授業で教師が使ったいろいろな物品のこと等々、生徒一人ひとりにそれぞれの具体的な出来事を思い出させる言葉である。黒板に　3 単現の s　というカードを貼っても、そのカードの向こうには何もないが、　see / sees　のカードの向こうには授業の様子が生徒には見えている。生徒にとってどちらの用語が、このルールを理解し定着させていくのに有効かは明らかである。

P. 41	過去の場面を作れば saw がわかる

＜新出語句＞

　saw　did

＜ Teaching Sentences ＞

　She saw me. She did not see me.

　What did she see?

＜ Grading ＞

・see の現在形を復習しながら過去形 saw を導入する。

◆ saw, did not see ◆

・現在形の導入のときのような situation で教師のテーブルにいくつかのものを置き生徒は自由に発言する。I see a book. I see a box. など。I do not see a book. と言った生徒に前に来させ見せる。生徒：I see a book. その生徒が席に戻ってから教師：He saw a book. と教える。

・大きな箱を振ると音がする。What is in the box? と言った生徒に箱の中を見せる。すぐに発言させず何人かの生徒に中を見せる。箱のふたをしてから見た生徒に言わせる。L1：A book is in the box. I saw a book. L2：I saw balls. L3：I saw glasses. どんどん言わせる。L4：I saw a pencil. と言うのを聞い

て「えっ？」と言う表情の生徒に、教師：L4 saw a pencil. You did not see a pencil. 生徒は see / saw を使って自分の文を発言。

・絵を全員に見せたあと裏返しにする。生徒は自由に発言。I saw .... 友達の発言を聞いて I did not see ....

・全員で教室を出て口を閉じて近くを歩きクラスに戻る。自由に発言。
I saw windows. I saw a bottle on the table. I saw pictures on the wall. I saw a clock on the shelf. どこにあった？という表情の生徒 You did not see a clock. 自由に発言。Did you see a clock? Yes, I did. No, I did not. も練習する。

・did を使う否定、疑問の文は難しいので時間をかけて丁寧に練習する。

・遠足などの後だと生徒の共通の体験から自発的な発言が期待できる。

○ 絵で確認 reading writing

・現在形で言える絵と同じ場面で時間が過ぎた絵を黒板に貼り生徒が発言した文を書いて読む。

・文字カード　saw　　did not see　で確認。

・黒板の絵と文をノートに書く。

1. The boy is going to the window. The window is shut.

2. Now he is at the window. The window is open. What does he see?
    He sees a bird. He sees flowers.

3. Now the window is shut.
    It was open.
    He was at the window.
    What did he see?
    He saw a bird. He saw flowers.

・ここで did を教えると、今までに教えた動詞 put, take, give, go などの過去の question もできるようになる。ただし、生徒の状況に応じて無理のないように。

PP. 42-44	英語脳に欠かせない動詞 have, say と前置詞 between, under, over

＜新出語句＞

have　has　will say　saying　said　between　over　under

(had EP1 p.47)　mouth　nose　cover　light　dog　bookshelves

＜ Teaching Sentences ＞

A man has two eyes.

He is not saying "mouths" now.

I have the book in my hand now.

This book is between the other two books.

This light is over the table.

The dog is under the table.

＜ Grading ＞

・動詞 have が出てくる。動詞 see の現在形に準じて練習する。

・位置を示す between, over, under が新しく出てくるので、既習の in などを復習しながら教える。

◆ have, has ◆

・一本脚や三本脚の椅子を用意する。テーブルや椅子などの legs を指し Those are the legs of the table. That is the leg of the seat. と復習する。二つの椅子を前に出しそれぞれの脚を指して、This seat has one leg. This seat has four legs. と導入する。

・鳥や犬の絵などを見せて legs を確認したあとで、A bird has .... と教師はヒントを出すと、生徒は A bird has two legs. A dog has four legs.

・教室で実物を用意できない時は、テーブルや椅子の写真を使う。

・いくつか動物で練習したあと A man has two legs. と生徒と一緒に言う。そのあと、教師は自分の脚を指して I have two legs. と have を少しゆっくりと言いながら導入する。

・この時、生徒の脚を指して He / She has two legs. の文は不自然なので練習させない。

・教師はポケットの中などに身につけているものを見せて I have a pen in my pocket. I have a pencase in my bag. と言って見せる。中身を数えながら、I have three pencils and an eraser in my pencase.

・物品を持っただけでは既習の文で Your pen is in your pocket. と言える。その場で何かを手に取って have の文を言わないようにする工夫が必要である。

・クラスの人数によっては、ペアになって、自分と相手の pencase の中の物を have で言い、それをクラスの皆に伝えるときに He / She has を使って言う練習ができる。

・写真を使って、帽子やバッグを身につけている人を対比して練習することもできる。

・have, has の練習ができたところで、教師は自分の顔の部分を指しながら、This is my mouth. This is my nose. と mouth と nose を導入。I have a mouth. I have a nose. 人の顔の線画を見せて、A man has two eyes. A man has a mouth. A man has a nose. と生徒と一緒に言う。

・過去 had は EP1 p.47 で出てくるが、ここで導入してもよい。

◆ say：時に関する表現（過去・現在進行形・未来）◆

・生徒が自由に発表した文を使って過去から導入する。
例えば、一部分を隠した絵を見せて、What is that? Is that an apple? と次々言う文を吹き出しを付けて黒板に書く。その吹き出しを指しながら、L1 said "What is that?" L2 said, "Is that an apple? と導入する。

・進行形を導入するときは、数を順に言ったり、アルファベットなどを言うように指示し、He / She is saying .... を導入する。

・will say は授業のはじまった時間と終わる時間を示し、I said, "Hello!" I will say "Good-bye." などのあいさつや、授業の中で使う classroom English を利用して導入できる。また、絵を使って is saying と will say を練習することもできる。

・quotation marks は EP1 p.30 ですでに出ているが、ここで認識させるとよい。黒板に人間の顔、その口から右上方に吹き出しを付け、その中に Good morning. などと書き入れる。吹き出しの上下を消して左右の肩の残ったところを quotation marks に直し、その左に He is saying, と書き足すとよい。

◆ between, over, under ◆

・between は 2 つ又は 3 つの物の位置関係を be 動詞で導入する。黒板に 2 枚の写真を貼りその間にカレンダーを貼る。今日の日付を確認して、それぞれ最近見たその写真の花について自由に話す。The calendar and the pictures are on the board. The calendar is between this picture and that picture on the board と導入する。

- テーブルの上にある卓上カレンダー、時計、CD プレイヤーを見ながら The clock is between the calendar and the CD player on the table.
- そのあと、生徒の席について L1 is between L2 and L3.
- 時計の文字盤を使い、針の位置で at と共に練習する。The long hand is between four and five. 駅の名称などでも言える。
- A is between B and C. の文が言えるようになってから This book is between the other two books. というように同種類の物の間にあるという文へ広げる。
- over は椅子が見えなくなるくらいに布をかけて The cloth is over the seat. と導入する。また、大きな絵が椅子の上の方の壁にあれば The picture is over the seat.
- まず over で導入し、under は over がはっきりわかってから導入する方が混乱がない。
- under は部屋のライトの下に行って I am under the light. 皆でライトの下に集まって We are under the light. と導入する。under と言えたところで、ライトを見上げて The light is over our heads. と対比できる。
- 生徒の椅子の下にあるバッグを指して His bag is under his seat. Her bag is under the table.
- 教室から外の広い空間へ広げて言うには写真を使って Snow is over the car. Fireworks are over the river. The girls are under the tree. と練習できる。
- 既習の前置詞も使って線画を見せて、生徒が自由に言う時間を作るとよい。

This is Jim's room.

1. There is a table in the room.
2. Bottles are glasses are on the table.
3. There are books under the table.
4. Two pictures are on the wall.
5. One is over the seat and the other is over the small table.
6. There is a clock between the two pictures.

PP. 45-47	after, before　前置詞から接続詞へ

＜新出語句＞

had (have EP1 p.42)　do (does EP1 p.41)　them　before（前置詞）

before（接続詞）　then　no（形容詞）　one（代名詞）　face　hair　ear

part　short　long

＜ Teaching Sentences ＞

The clock has two hands, a long hand and a short hand.

It was between the other two books before I took it from the shelf.

What do you see in the room?

Do you see the floor and three walls of the room?

Is one of the windows open?

＜ Grading ＞

・have, has は EP1 p.42 で出た。ここでは have, has とコントラストしながら had を導入する。

・前置詞、接続詞の before を導入する。前置詞の after は EP1 p.30 に出たがそこではあまり練習しなかったのでここで before と対比して、しっかり教える。

・have を教えたとき、no がなくて困ることがあったかもしれない。have の復習と共にここで教えると発表できる範囲が広くなる。

・then は now を EP1 p.18 で導入した後使っているので、それと対比するとよい。now を現在の時だけ使ったのに対して then は未来と過去と共に使う。EP1 p.83 にも出てくる。

・同じページ（EP1 p.46）に then と them がでるので発音に注意。

◆ had ◆

・教師が手に帽子とバッグをもっている。生徒 You have a hat in your right hand. You have a bag in your left had.

・帽子をフックに掛け、バッグを椅子に置く。生徒は You put the hat on the hook. You put the bag on the seat. The hat was in your right hand. The bag was in your left hand. など確認。教師は I had the hat in my right hand. I had the bag in my left hand. と導入。

・He has ...... She has ...... も同じようにする。

◆ before（前置詞、接続詞）◆

＜前置詞としての before ＞

・時計の数字を使って One is before two. Three is after two. Two is between one and three. また短針をちょうど 8 時に合わせ、長針を 12 の少し前にして It is before eight. ちょうど 12 時のところに進めて It is eight. さらにすこし動かして It is after eight. というようにするとよい。

・before, after は時に関して使うことが多いので、時計の数字を使うと効果的である。絵を使う場合は忘れ物をした子を母が追いかけている絵で She is going after the boy. など動作を伴う文にするとよい。

・生徒の年齢によって曜日、月の名なども使える。

＜接続詞としての before ＞

・黒板に絵が貼ってある。ドアにカレンダーが貼ってある。L1 に黒板の絵をとってもらい、テーブルに置いてもらう。L2 にドアのカレンダーをとってもらいテーブルに置いてもらう。The picture was on the board before L1 put it on the table. The calendar was on the door before L2 put it on the table. と導入する。

・接続詞の after は EP1 p.65 に出るがここでしっかり before をやっておくと EP1 p.65 で after といっしょにいろいろ発言できる。

・EP1 p.43-1, 2 の続きが EP1 p.46-4 そして EP1 p.47-1, 2 とつながっている。テキストにあるとおりの situation を作るのもよい。

◆ no ◆

・教師：I have five books in my hands. ひとつずつテーブルに置いて数を減らしていき、何も持っていない手を見せ、I have no books in my hands.

・no の後に複数を使わせたい時は 2 個からすぐ no にするとよい。I have two pencils. I have no pencils.

・I have no .... という形は I do not have .... よりもより英語的で自然な表現であるし、この発想は日本語にないから、十分に練習させるとよい。

◆ them ◆

・教師：I have the pen in my hand. I will put it on the table. I have the books in my hands. I will put them on the table.

・I put it on the table. I gave it to him. などの文を復習しながら物や人物を複数にする。単数と複数を対比することでよくわかる。

・us は EP1 p.50 にでる。　≫≫≫ 本書 p.65

◆ part ◆

・懐中電灯を見せ This is a light. 分解してバラバラになった部分をひとつ見せ This is not a light. This is a part of the light. いくつか見せ These are parts of the light. と導入する。最後に組み立てて This is the light.

・はじめからバラバラになっている部分を見せるのもよい。

・生徒の年齢、興味に合わせて、ペン、ラジオ、自転車、自動車などの部分などを使うことができる。

・テキストにあるように体の部分で練習。

・中学生以上の場合は、地図を使って、Japan is a part of Asia. のような文を言わせる。教師が国名を言って、生徒に文を作らせるというような練習をすると、生徒の知的水準に近づいた練習になるので興味がわく。

PP. 48-49	疑問詞 which

＜新出語句＞

which　all　or　body　baby　tail

＜ Teaching Sentences ＞

He has no hands or arms, but he has feet.

Which is his mouth?

＜ Grading ＞

・疑問詞 which を教える。which の文を教えてから次に関係詞 which を教える流れになっている。

・否定の時の or の使い方を教える。

・all を既習の no と対比させて教える。some は EP1 p.91 に出てくる。

◆ which ◆

・疑問詞 what, where と同様に生徒に疑問を持たせることが大切である。二者選択ばかりでなく、三者選択もしながら教える。スプーン、フォーク、ナイフを取り出して This is a spoon. This is a fork. This is a knife. と指して導入する。それを見て生徒が You took them from your bag. They are in your hands. などと既習の文を自由に言って復習する。

・次にスプーンとフォークとナイフの先の部分を布などで隠して、柄の部分だけを見せると 3 つのものの判別が難しい。教師は Is this the spoon? と一つず

つ指しながら、教師と生徒が疑問を持った時に Which is the spoon? と言って導入する。生徒一人に、再度 Which is the spoon? と言って、生徒が This is the spoon. と指して答えたら先端を見せて Yes, it is. No、it is not. It is the fork. と言ってやりとりする。

・鉛筆、ペン、消しゴムなど似たものを見せて同様に練習できる。また、教室の個人のものでだれの物だかわからない（たとえば傘とかバッグ、コートとか）ものを Which is your umbrella? と言って、生徒が This is my umbrella. と練習する。

・教師が疑問文を言う場面だけでなく、生徒同士が疑問文を言い合えるようにペアになって、体の部分で、right, left などを使って、Which is your right thumb? Which is your left foot? This is my left foot. などと疑問文、答えのやりとりの練習をする。

◆ all, body ◆

・教師は箱を出して中を見せずに振って音を出す。生徒は What is in the box? Are balls in the box? などと言う。中を見せて There are pencils in the box. 教師は鉛筆を一本取り出す。生徒は You took one of them from the box. 2 本取り出して、You took two of them from the box. 次々出していってテーブルの上に置いて、教師は I took all of them from the box. All the pencils are on the table now. と導入する。箱を見せて、No pencils are in the box. All the pencils were in the box. と all と no を対比する。

・体の部分を指して This is my body. I have a body. You ... と言えば生徒は I have a body. He / she has a body. 教師は All of us have bodies. と言う。men, women, boys, girls, baby の線画を出して、All men and women and boys and girls have bodies. A baby has a body.

◆ or ◆

・教師は自分の持ち物について I have a hat and an umbrella here. と言う。Do you have a hat here? Do you have an umbrella here? と生徒に聞く。I have a hat and an umbrella today. I have a hat but I have no umbrella today. I have no hat but I have an umbrella today. など生徒が答える。どちらも持っていない生徒の時に She has no hat or umbrella today. と導入する。

・犬の絵を見せて A dog has four legs and four feet. But he has no arms or hands. と展開する。

・no と一緒に言うときに no arms <u>and</u> hands と言い間違いやすいので or を使ってきちんと直して教える。

PP. 50-57	which 疑問詞から関係詞へ

＜新出語句＞

which（関係詞）　us　toe　knee　neck　chin　chest　chest of drawers

< Teaching Sentences >

The part which is between his head and his body and his legs is his chest.

This man has his finger on his chin.

This baby is on his hands and knees.

< Grading >

which は EP1 p.48 で出た疑問詞から関係詞の使い方に進める。GDM の特徴がよく出ていて生徒が苦労しないで使えるようになる。

◆ us ◆

・それぞれの脚を指しながら My legs are parts of me.　Your legs are parts of you.　Her legs are parts of her.　His legs are parts of him.　皆の脚を指して Our legs are parts of us.　と導入する。

◆ which（関係詞）◆　≫≫≫ 本書 p.164, p.200

・まず疑問詞の which（EP1 p.48）をよく復習する。

・机の上と椅子の上に同じ表紙の本を置いておく。We see two books.　One book is on the table.　The other book is on the seat.　教師が机の上の本を右手で、椅子の上の本を左手でとる。生徒に両手の本を示し、One book was on the table.　The other book was on the seat.　Which book was on the table?　右手にある本に注目して This is the book which was on the table.　左手にある本は This is the book which was on the seat.

・上の文を言う時 book のあとで息を切ってはいけない。This is とちょっと間を置いて the book を一気に言う。生徒はふたつの文をひとつにするという感覚ではなく the book 以下がひとつのものと感じる。

≫≫≫ 本書 p.168

・机の上と椅子の上に同じサイズ、色の箱を置く。We see two boxes. One box is open.　The other box is shut.　Which box is open? と問いかける。指をさして言わないように、両手を後ろに組んだりして、The box which is on the table is open. The box which is on the seat is shut. と発展させる。

◆ has ... on his ... ◆

・静止している人の状態をいう言い方。put ... on ... という動作をいうのとは違う。この have の使い方を自分やまわりの生徒を見て発言し練習する。

◆ is on his ... ◆

・この部分は日本語にない発想である。実際に動作しながら練習し写真など見せると特に難しくない。

♠♠ 中学校での活用例⑦ ♠♠ 　[on foot や逆立ちを丸暗記より早く覚える方法]

・右の EP Book1 p.51 の 4 コマ目を使うと「逆立ち」や「on foot」を連語としてを丸暗記ではなく、既習の内容から少し広がった使い方に生徒が自分自身で気づき、理解させることができ、とても効果的な教え方となる。

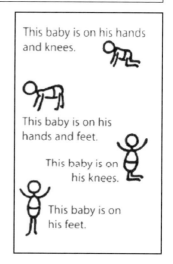

This baby is on his hands and knees.

This baby is on his hands and feet.

This baby is on his knees.

This baby is on his feet.

・中学校の教科書では on foot は交通手段の by train / by bus と一緒に扱われることが多く、前置詞が by ではないので、ふつうは連語・熟語として覚えなさいという指導が多い。GDM でルートセンスから教えていれば、丸暗記することなく使えるようになり、また他のことにも発展させることができる。

　[on foot 導入例]

・教師は、両手を教卓に置いて My hands と言うと、生徒は Your hands are on the table. と発言する。右手だけ黒板に置くと Your right hand is on the table. 左手を見て Your left hand is on the table. 次に両手を頭の上に置くと Your hands are on your head. とテンポよく確認する。

・手を頭から離し、足を指して My feet と言って生徒の方を見ると、生徒は Your feet are on the floor. と言う。右足を床から離し、少し上げて My right foot is と言うと生徒から off という声が出るので、全員で Your right foot is off the floor. と確認。左足でも同じように練習する。もう一度、右足をあげ左足一本で立っていることを確認して、教師は My right foot is off the floor. My left foot is on the floor. I am on my left foot. 生徒の反応を見ながらもう一度 I am on を少しゆっくり言いながら左足を指して my left foot. と導入し

て、生徒全員に You are on your left foot. を確認、個人指名の練習もいっしょに行う。足を入れ替えて練習する。ワンパターンにならないように will be 入れて You will be on your right foot. などと練習するとよい。

・両足に戻して Now と言って生徒に Now you are on your feet. と確認し、個人指名でも練習する。

　　♠ クラスの状況に応じて Next I will be on my hands. と言って、何をするか分かるか聞く、体操選手の逆立ちをしている写真を見せ That man is on his hands now. というのも面白い言語活動となる。指導時期によっては He is good at being on his hands. なども可能となる。

・1 本足で立っている線画や逆立ちの線画を見せ、その絵と文を板書し、ノートさせる。

　　♠ 以上のことを on foot が出てくる前の授業で指導しておく。

・生徒や教師の学校に来る交通手段を話題にする。事実で確認することが大切である。まず教師について生徒は You come to school by car. や Mr. Sato comes to school by train. などを発言する。自転車通学の生徒がいたらその生徒は I come to school by bike. と発言。電車やバス通学の生徒も同じように確認する。

　　♠ 必ず事実で確認すること。実際の事実についてコミュニケーションすることが「英語で授業を」の基本的そして中心的な活動である。

・黒板に男子生徒が歩いている線画を描いて This boy is going to school. と言ってから右足を指すと His right foot is on the road. He is on his right foot. と生徒は確認する。教師は Next he is on his left foot. Next, on his right foot. on his left foot.・・・と right と left を数回繰り返し、さっと on foot と導入する。絵を指しながら生徒と一緒に He is coming to school on foot. と確認する。

　　♠ このように導入すれば He is coming to school on feet. にならないことに気づかせることができる。あるいは、雰囲気のいいクラスなら実際に誰かに on feet で歩かせると、記憶に残りやすい。

・徒歩通学の生徒は I come to school on foot. と練習。ペアワークで自分や友だち、いろいろな先生の交通手段を練習する。

　　♠ 過去や未来の文が既習なら、部活動の大会での移動や学校の行事の遠足や修学旅行を話題にすると、とても効果的な言語活動となる。

◆ pp.52-55 ◆

・この復習のページは、本に出ている question に答えるだけでなく、まず絵について何でも言う練習に使うと良い。例えば目鼻のついていない人物について He has no eyes or nose. P.55 の人物については、He has no hair. などと生徒は発表する。P.52 の絵についても、自由に言ったり、question に答えたりしたあとで、The dog which is at the door is in b. The dog which is in e is at the window. というような文の練習もできる。

（3）動作や行動が広がる come, get, do

PP. 58-59	疑問詞 who と give a turn, push

＜新出語句＞

who   Mr.   Ms.   push   turn   name   pocket   key   lock

＜ Teaching sentences ＞

Who is this?

His name is John Smith.

He is giving a turn to the key.

He is giving a push to the door.

＜ Grading ＞

・疑問詞 who を教える。関係詞の who は EP1 p.111 に出てくる。

・give a turn / push という基本動詞＋名詞（日本人には動詞としてなじみがある語）という用法が初めて出てくるところである。

・EP1 p.98 では have a drink を教える。

◆ Who....? ◆

・既習の what, where, which と同様に疑問を持たせること。話題の人の写真などを使うとよい。

・いくつかの動作を生徒にさせてから Who went to the door? Who put the calendar on the board? Who gave .... to you? など既習の文を活用して練習する。

◆ give a push / turn ◆

・授業の前にテーブルをいつもの位置より横に移動しておく。give の復習をしてから、テーブルが横にあるので、真ん中に移動しようと、教師は生徒から見てテーブルの左側に立って I will give a push to the table. 押しながら I am giving a push to the table. と導入する。

・回転椅子でも同じように真ん中に移動させ、生徒が You are giving a push to the seat. と言うのを待つ。次に手で回すしぐさをして I will give a turn to the seat. 回して I gave a turn to the seat. 生徒は You gave a turn to the seat. と練習できる。

・こま（top）を用意して、生徒に一つずつ渡す。生徒は I will give a turn to the top. と言って、めいめい動作を体験しながら文を言う練習ができる。

・次に key と lock を用意して、実際に put the key in the lock, give a turn to the key. を一人の生徒にしてもらいながら、皆で言う。

・push は比較的重い物を力を入れて押す動作、turn は回転椅子、こまなどくるくる回るものから、移動用ホワイトボードのように裏面から表面へ回す動作ができるものに移るとよい。

・give a push の形は、実際にもよく使われる文型で、I am pushing .... の文に比較して、決して不自然なものではない。

PP. 60-63	come ＋ into, out of, through は実際に動いて体感

＜新出語句＞

will come　　coming　　came　　through　　another

into（in は EP1 p.11 で、to は EP1 p.19 で既習。into として導入）

out of（out は新出語句。EP1 p.26 で既習の of と共に out of として導入）

＜ Teaching Sentences ＞

He will come into the room.

He will go out of the room through the door.

She is in another room in the house.

◆ come：時に関する表現（未来・現在進行形・過去形）◆

・go の復習をする。ドアに地図を貼っておく。ドアと窓とどちらに行くか生徒に聞きながら、ひとりずつ動く。L1 is going to the door. L2 is going to the window.

・場面①：She went to the door. She is at the door. He went to the window. He is at the window.

- 次に教師は他の生徒にもドアか窓に行くように促す。そして L3 が移動している時、席にいる生徒は L3 is going to the door. と言う。
- 場面②：教師はドアに行き、ドアにいる生徒に He is coming to the door. と導入する。

- 場面③：生徒がドアに来たら He came to the door. と導入する。

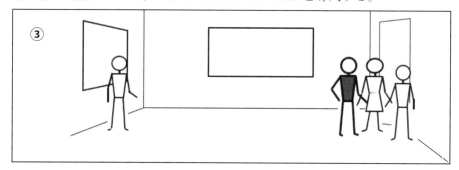

- 教師は生徒の席の方へ戻り、生徒一人に窓に行くように促す。
- 場面④：次に教師は窓へ移動し近づいて来る生徒を指しながら L4 is coming to the window. とそこにいる生徒に言い、その生徒が He is coming to the window. と言うのを待つ。

- 窓に着いて、生徒が I / He came to the window. と言うのを確認する。
- その後、クラスの人数によって、一人ずつ、あるいは複数人ずつドアか窓を選択しながら動く。生徒が I will go ..... と言ったら He / She will come ..... と will come を導入する。全員がドアか窓のところに動いて We came to the door. We are at the door. 一方のグループを指して They went to the window. They are at the window.
- 生徒が教師に近づいている時、教師に I am going to the door / window. と言う不自然な状況を作らないように、教師は生徒の発言を聞く位置に注意を払う必要がある。この場面では生徒は自分の動作について I am going to the door/window. というので、それを言うことが大切で go と come の混乱をさせないようにする。
- 2 グループに分けて向かい合い、ボールを動かして The ball is coming here. The ball is going there. と対比させて言うこともできる。
- この段階では、自分を中心として、自分のほうから遠くに行くのが go であるのに対し、自分のほうに近くなるのが come と認識させる。

◆ into, out of ◆

- 部屋を出たり入ったりしながら go と come を使って、対比させて導入する。部屋の外に名札をとりに行く目的で、Our name cards are not in the room. They are out of the room. We will go out of the room. と言って導入し、部屋を出る。出る時に生徒はめいめい I will go out of the room. I am going out of the room. 部屋を出たところで、I came out of the room. We came out of the room. と練習する。
- 次に名札を取り、部屋に入る前に教師は I will go into the room. I am going into the room. と言って部屋に入る。生徒も皆順番に入り、めいめい I am

going into the room. 全員入ったところで We came into the room.

・in は静止の状態であるのに対し、into は動作を伴った situation を作るとよい。また、to と into を対比することもできる。

◆ another ◆

・二つのもので言う one, the other を復習する。その後、物品を増やし、one, another, another, the other とする。色の異なったボールを使い、There are four balls in the bag. One ball is blue. Another ball is red. Another ball is white. The other ball is black. と導入できる。

・次に another を別のものという使い方へ展開させる。たとえば、There is a piano in this building. Where is it? It is not in this room. It is in another room in this building.

◆ through ◆

・into, out of を復習する。筒に紐を通すときに I will put the cord into the pipe. The cord is through the pipe. と導入する。

・Key ring をたくさん見せ I will put the cord through the rings.

・教室にドアが 2 つあれば今日はどちらから入ったかで生徒が言える。I came into the room through this / that door. 皆で動いて We will go out of the room through that door. 戻ってから We came into the room through this door. We went out of the room through that door.

・窓から何か見えたかなどの話題へ広げることができる。I saw Mt. Fuji through the window of the train today.

・車がトンネルに出たり入ったりしている絵や、列車がトンネルを通っている絵、エレベーターに乗り降りする人の絵を into, out of, through を使って練習。

1. The train is going through the tunnel.
   The truck is going into the tunnel.
   The bus is coming out of the tunnel.

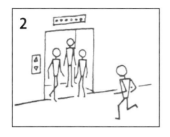

2. This is a picture of an elevator.
   There is one man in the elevator.
   Another man is coming out of the elevator.
   Another is going into it.
   The other man is going to the elevator.

PP. 64-67	疑問詞　when

＜新出語句＞

  will see　　when（疑問詞）　　after（接続詞）

＜ Teaching Sentences ＞

  When did she see it?

  She saw it after she went to the table.

＜ Grading ＞

・前置詞の after / before、接続詞の before を復習しながら接続詞の after を
  教える。

・疑問詞の when を教え接続詞の after, before を使って答える練習をする。p.72
  で接続詞の when が出てくる。

◆ will see ◆

・see の現在形、過去形を復習しながら未来形に移行していく。

・生徒たちに関心のありそうな写真を数人の生徒に見せる。We see ..... 見終
  わって We saw .....　They saw ..... 見たそうにしている生徒に、教師：You will
  see ......　生徒：I will see ......

・見たくなるような場面、品物、絵など使うと、生徒から I will see ...... の文が
  でる。

・未来、現在、過去の文が練習できる。

◆ after（接続詞）◆

・前置詞の after（EP1 p.30）、前置詞と接続詞の before（EP1 p.46）はすでに
  導入済みなのでよく復習する。時計の文字盤の 1，2，3 を使うと接続詞への
  発展に都合がよい。

・生徒たちの前の教師の椅子の背に絵を貼っておく。何人かの生徒は I see a
  picture on the back of the seat.　他の生徒 I do not see a picture.　見えなかった

生徒を見に行かせる。He saw the picture after he went to the seat.

・ 教室の入り口の前の廊下に椅子を置き、生徒の半分のネームカード。教室に入ったところの椅子に残りのネームカードを置いておく。

・ それぞれの椅子に Take your name card in your hand. と書いた紙を貼っておく。L1: I took my name card before / after I came into the room.

・ 右のような 3 枚の絵を一枚ずつ見せる。生徒は個々の絵について発言。

He put his hat on the table.

He went out of the room.

She came into the room.

・ その後 He put his hat on the table before he went out of the room. She came into the room after he went out of the room.

・ 他の動詞を使ってたとえば I had coffee before I came here. など、いろいろな situation を示すことができる。

・ 未来形の文になるような situation を避けること。

・ after, before の 〔f〕 の音に注意すること。

◆ When ...? ◆

・ 今年が何年か確認して、When did you come to this school? 学校行事、遠足など思い出し写真など見ながら、When did you go to Hakone? L1 : I went to Hakone three years before. など生徒同士で質問と答えができる。

・ 答えの文に接続詞 after, before を使う必要がある When ...? を導入する。

・ 教室の入り口近くの廊下の壁に絵（a picture of a ship）を貼っておく。教師の机の横に絵（a picture of a cat）を貼っておく。Did you see a picture of a ship? When did you see it? I saw it before I came into the room. 見てない生徒に見に行かせる。He saw it after he went out of the room. When did you see a picture of a cat? I saw it after I came into the room. I saw it after I went to the table.

・ When did you take your hat off? When did you take your coat off? などと生徒は自分のことが言える。

・ after の時に練習した name card を使い When did you take your name card in your hand? と生徒同士で質問と答えができる。

PP. 68-72	when を接続詞に、what を関係詞に広げる

＜新出語句＞

will get　getting　got　says　isn't　what（関係詞）　when（接続詞）

< Teaching Sentences >

She says, "Here I am."

When he saw the hat he took it off the hook.

See what is in the hat, Mary.

< Grading >

・get の未来、現在進行形、過去を教える。ここでは、「行って持ってくる」という意味である。Where did you get it? と手に入れる意味では EP1 p.74 で出てくる。

・接続詞の when を教える。EP1 p.65 に疑問詞として出たがその答えは、接続詞の after, before を使って言えるものであった。ここではちょうどそのときという situation にする。

・関係詞の what を教える。疑問詞 what（EP1 p.30）から自然に関係詞に移る。

◆ get ◆

・授業に必要な物がないので、別の場所から生徒に持ってきてもらうという situation を作るとよい。

・教師がボードに絵を貼ろうとしたら必要な絵がないことに気づき L1 に The pictures are on my table in the teachers' room. Will you go there and take them in your hand and come into this room with them? 教師は L1 が教室を出て絵をとって戻ってくるまでの行動を英文を言いながら動作で示し、生徒達に向かって He will get the pictures. と導入する。

◆ say（現在形）◆

・say の未来、進行形、過去は EP1 p.42 に出た。ここで初めて現在形が出る。あいさつの言い方などを教えて、Now you are going to school. You see your teacher. What do you say? We say, "Good morning." など。

・When we are in the street, we see these signs. と
言って右のカードを見せる。

This sign says, "NO PARKING."

This sign says, "NO SMOKING." など。

75

◆ isn't ◆

・is not を速めて isn't に移る。板書してその書き方の違いを見せても良いが生徒に無理に言わせる必要はない。教師が使えば自然に慣れてくる。

◆ what（関係詞）◆

・教師は箱に何か入れておく。ふると音がするが何かわからない。生徒は What is in the box? L1 に見せる。教師：He sees what is in the box.（L2 に）You will come here. You will see what is in the box.（You will の部分は弱く言う） 他の生徒：He sees what is in the box. He saw what is in the box. 箱の中のものは見ても、すぐ何であるかがわからないものが良い。2、3 回目には言えるものを使う。

・クラスによっては、教師が箱の中のものを取り出して、This is what was in the box. What was in the box is ....

◆ see（命令形）◆

・命令の言い方をするときは今まで You will see .... と言っていたのを you will を弱く早く言って動詞を強めると自然に移行できる。生徒に練習させる必要はない。既習の動詞はどれでも使える。

◆ when（接続詞）◆

・授業前に黒板に大きな絵を貼っておく。しばらくしたらその絵を横の壁に貼る。その後、絵を隠してしまう。

・教師 : Did you see a picture? Where was it? L1 : I came into the room. I saw a picture. It was on the board. L2 : It was on the wall. L3 : I did not see a picture.

・教師は L1 に You came into the room. The picture was on the board. When you came into the room, the picture was on the board. と確認する。

・それに対して L2 : When I came into the room, the picture was on the wall. と発言できる。また L3 : When I came into the room, it was not on the board or on the wall. と練習できる。

◆ 感嘆符！◆

・ここで初めて出る。See what is in the hat, Mary!

PP. 73-76	動詞＋ up, down で方向の表現を広げる

＜新出語句＞

up　　down　　did　　money　　thousand　　dollars　　oh　　wind

＜ Teaching Sentences ＞

John went there and got it.

Oh John! Where did you get it?

Who got it? John did.

I was coming here.

When I took it up, there was this money.

My hat went up.

＜ Grading ＞

・get は EP1 p.71 で「持ってくる」の意味で教えたが、ここでは「手に入れる」という意味へ広げる。EP1 p.80 で「買う」の意味に広げる。

・過去進行形が初めてであるが、be 動詞の時制がしっかりできていれば特に問題はない。　≫≫ 本書 p.185

・up, down が出てくる。既習の動詞と一緒に使い教える。

◆ get ◆

・拾って手に入れたものや、人からもらったものを見せる。

◆ was 〜 ing ◆

・when と一緒に使うとわかりやすい。When did you see Mr. Fuji? I saw it when I was coming here. When did he say, "Good morning"? He said, "Good morning" when he was coming into the room.

◆ up, down ◆

・テーブルの上に帽子とバッグを置いておく。白いマグネットを黒板の上の方に、青いマグネットを黒板の下の方に横に並べていくつかつけておく。生徒は Your hat and your bag are together on the table. The magnets are on the board. と既習の文で言う。

・マグネットを指して The white magnets are up on the board. The blue magnets are down on the board. と導入する。

・教師は、高い位置にあるフックに帽子を掛ける。生徒は You put your hat on the hook. 次にバッグを床に置く。生徒は You put your bag on the floor. と

既習の文で言う。二つを対比させて、教師は I put my hat up on the hook. I put my bag down on the floor. と言い、生徒が Your hat is up on the hook. Your bag is down on the floor. というのを待つ。

・次に黒板の上の方にある絵を生徒にとってもらい皆で動作を見ながら言う。L1 is taking the picture off the board. He / she is taking it down. He / She took it down. 別の生徒に床にあるボールをとってもらい L2 took the ball off the floor. He / She took it up and gave it to you.

・名札を 2 つのバッグに入れて、ひとつは壁のフックにかけ、もうひとつは床に置く。生徒がそれぞれのバッグから名札を取って I took my name card from the bag. My name card was up in the bag. My name card was down in the bag. と練習できる。

・手をあげたり、下げたりして練習する。I put my right hand up. I put my left hand down.

・帽子が風で飛ばされている写真や絵があれば The hat went up and came down. へ展開してテキストの絵につなげることができる。

・Put your hand up. の語順を守ること。Put up it. という誤りを防ぐため。

PP. 77-81	動詞を代表する do

＜新出語句＞

will do doing their knife knives fork spoon soup plate dress pipe store shoe stocking glove clothing new old nobody

< Teaching Sentences >

What is she doing?

These are plates of soup.

Where did the money come from?

Nobody put it there.

What will we do with our money?

< Grading >

・英語には主語が人間でない文がよく出てくる。日本語にはない言い方なのでしっかり練習する必要がある。

The drawer has knives, forks and spoons in it.

Where did the money come from?

今までに A clock has a face.（EP1 p.46）The wind came.（EP1 p.75）が出た。

・本動詞としての do を初めて教える。

・take は今まで「取る」の意味だったが、ここで「食べる」「持って行く」に広がる。

・get は「行って持ってくる」（EP1 p.71）「手に入れる」（EP1 p.74）からここで「買う」に広がる。

・clothing は複数にならないことに注意。

◆ ... doing? ◆

・本動詞としての do の進行形を教える。

・EP1 pp.58-76 の story に出てきた進行形の文を絵を見ながら復習する。

・教師のテーブルに大きな紙袋を置く。生徒：What is in the bag?　L1 を前に呼び中身を見せる。袋の中には key rings、大小のたくさんのゼムクリップ、コード、箱が入っている。　L1 に Please put the cord through the rings. と書いてあるカード見せ黙読するよう指示する。L1 が両手を紙袋に入れ何かやっているのを見て、教師 Is he putting things in a box?　Is he taking ...?　What is he doing? と導入。

・教師のテーブルに紙袋を置いたまま L2 に黒板を背にして座らせる。Please put a picture of this room on the paper. と書いてあるカードを見せる。L2 の前に紙、鉛筆を置いておく。生徒達からは紙袋があるので L2 が何しているか見えないので What are you doing?

・何か動作をしている絵の一部を隠して Is he putting the bag on the table?　What is he doing?

・生徒が今までに習って知っている動詞で答えられる situation を作る。

◆ do ... with ... ◆

・本動詞としての do の未来の言い方を教える。

・ここでは What will you do? の形で出るからこれからの動作は何か、と実際に疑問を持たせるような situation をつくる。

・He is taking the soup with the spoon.　She is taking the cake with the fork. の絵を見せ with の復習。

・全員に白い紙皿を配る。色鉛筆をたくさん見せ、L1 に Which pencil will you take? 生徒が色鉛筆を手にしたら、Will you put a picture of your bag on the plate with the pencil?　What will you do with the plate?　What will you do with the pencil / pencils? 生徒同士で質問と答えができる。

・教師が財布から 2 万円出してみせ、I will go to Sendai tomorrow. I will get a ticket with this money. 教師が封筒を見せる。生徒 What is in the paper bag? お金が入っている。What will I do with the money? と導入。生徒は What will you do with the money? Will you give the money to us?

・1000 円札を見せる。Here is 1,000 yen. What will you do with it? 生徒同士で質問と答えの練習をする。

・生徒はお金に非常に興味を示すから、実際にお金を見せるとよい。

◆ their ◆

・there と混同しないように気をつける。

・教え方は our（EP1 p.41）の項を参照。 ≫≫≫ 本書 p.51

◆ new, old ◆

・はっきりと対比させる。

・テキストや切手の以前のものと今のものなど。

◆ nobody ◆

・否定の主語は初めてであるが、It has no nose.（EP1 p.46）が習得されていれば難しくない。

・Nobody went to the sun. などわかりやすい。

◆ plates of soup ◆

・何も入っていないグラスを見せ This is a glass. 水が入っているグラスを見せ This is a glass of water. と導入。同じように This is a cup. This is a cup of tea. These are cups of tea. This is a plate. を実物で教えてから plates of soup は写真や絵で教えてもよい。

	PP. 82-83	

＜新出語句＞

branch tree apple basket

＜ Teaching Sentences ＞

She took the apple which is in her hand.

When was the apple on the branch?

It was on the branch before she took it.

< Grading >

・特に新しいことはないが、既習の接続詞 before, after を使った文の練習ができるところなので、定着を図る。

◆ 指導する時のポイント ◆

・既習の before / after の文の復習をする。I came to my seat after I took my name card off the table. I had coffee before I came into the room. など。

・既習の up, down を使って実際に生徒が動作するのを見ながら復習をする。黒板の高い位置にカレンダーを貼っておく。教師が一人の生徒に取り外すように促す。他の生徒はその動作を見ながら The calendar is up on the board. L1 will take the calendar off the board. She took the calendar down off the board. The calendar was up on the board. Now it is down in her hands.

・木の枝を持参して branch を教えるとよい。

・りんごの木の写真を用意して自由に言いながら、テキスト EP1 p.82 の線画を生徒から見て左から黒板に順に貼る。There is an apple on the branch. The apple is over the girl's head. She will take the apple from the branch. She will put her hand up. 一枚ずつ少女の動作を見ながら生徒が文を言えるようにする。

・次に EP1 p.83 のりんご、少女の手、バスケットの絵を出し When was the apple on the branch? と聞いて It was on the branch before she took it. など before や after を使って文を言う練習をする。

	PP. 84-90	

<新出語句>

　box　front　back　side　coat　tray

< Teaching Sentences >

　This is the front of the box.

　These are the arms of the coat.

　What are these things on the tray? They are two other knives.

< Grading >

・box の front, back, side からコート、人間の side, back へ広がり、すでに習っている人間の arm（EP1 p.25）からその arm が入るコートの arm へ広がる使い方が出てくる。

81

◆ front, back, side ◆

・front と back がはっきりわかる箱を見せ front, back, side を教える。

・教師は生徒と体の部分の復習をしながら This is my front. This is my back. など練習する。

・教師はコートを手に持ち、front, back, side, arm を教える。arm は人間の arm から比喩で広がった使い方である。生徒は自分のコートを手に持ち This is my coat. This is the front of my coat. など練習。

・家の写真や絵でも確認する。

◆ two other ◆

・one, the other (EP1 p.40), another (EP1 p.61) を復習しながらここでは two other knives (EP1 p.87) という言い方を教える。

・箱の中にたくさん鉛筆が入っているのを生徒に見せ、一本取り出し見せる。生徒 That is a pencil. もう一本見せる。That is another pencil. さらに 2 本見せる。教師 These are two other pencils. と導入し続けて練習する。

・これまで出たいろいろな question の練習に良い。

・EP1 p.86 の絵 2 で、

What do you see on the tray? I see glasses, forks, knives, spoons and plates on it. Did she get them from the kitchen? Yes, she did.

・EP1 p.88 の絵 4 を時点として、

When did she put the plates on the table? She put them there after she put the knife and the fork on the table.

What is between the fork and the knife, a glass or a plate? A plate is.

Who will be at the table? John and Mary will be at the table.

・EP1 p.89 の絵 3、4 を時点として、

Do you see Mary in the room? No, I do not. Is the door shut? No, it is not.

When was it shut? It was shut before she went out of the room.

Did she go out of the room with the tray in her hand? No, she did not.

Who will take the seats to the table? John will take the seats there.

・絵を見ながら、生徒が question を作る練習もできる。

（4）make, keep で S ＋ V ＋ O から S ＋ V ＋ O ＋ C の文へ

PP. 91-95	物の形や状態を変化させる make を体験する

＜新出語句＞

will make　making (made EP1 p.105)　potato　milk　cow　pig　sheep
horse　animal　cup　skin　plant　flower　leaves　skin　root　fruit　stem
earth　pot　boiling　flame　steam　ice　cold　warm　heat　solid　liquid
air　breath　plane　airplane　some

＜ Teaching Sentences ＞

She will make the soup from milk and potatoes.

The water in the pot is boiling.

The heat of the flame is making it give off steam.

The heat of the flame is making the room warm.

We take in air through our mouths and through our noses.

When it comes out it is warm.

＜ Grading ＞

・動詞 make の未来、現在進行形、過去形を教える。made は EP1 p.105 に出
てくるが、ここで教える。

・make は次の①②③の指導順で教える。

　① S+V+O

　　作るという意味で折り紙を使い、鳥、飛行機、船などを折りながら、I am
making an airplane. He made the ship. など。

　② S+V+O+C

　　作った飛行機などにクレヨン、マジックインクなどで色をつける。He will
make it blue.

　③ S+V+O+ 原形不定詞

　　教師はその飛行機を手に持って飛ばす恰好をして I will make it go. 飛ばし
て I made it go.

・以上を 1 時間で教えるわけではない。

・get, go, come の現在形を教える。

・動詞＋前置詞の形、give off, take in, come in, go out が出てくる。

◆ make：時に関する表現（未来・現在進行形・過去形）◆

・make の指導順①を教える。

・折り紙や紙粘土を用意して、教師が最初に作り出し I am making a plane. 生徒にも自由に好きなものを作らせる。I will make a ship. I am making a ship. I made the ship. と文を言うように促す。出来上がったものを皆で見て L1 made the bird. L2 made the hat. と対比して言う。

・次に教師、生徒が実際に作ったものを見ながら素材について言う。L1 made this house. L2 made this bag. I made this plane. He made the house from clay. She made the bag from a handkerchief. I made the plane from paper.

◆ get の現在形 ◆

・cows と牛乳の写真を見せて教師は Cows are animals. We get milk from cows. We get meat from cows. バターやチーズの写真を見せれば、生徒と一緒に We make butter from milk. We make cheese from milk.

・現在形を使った文が出てくるが、get と make を対比した形で教える。

◆ some ◆

・まず可算名詞を使って I have three ～ s. I have four ～ s. というように復習してから、数がはっきり言えないようにして I have some ～ s. と導入するとよい。その後、不可算名詞に進む。

◆ plant, flower, leaves, stem, root, fruit, skin, earth ◆

・根のついた plant を用意して各部分の名称を教える。

・potato や apple などを用意して実際に動作をしながら He is taking its skin off with a knife.

・複数形の fruits にならないように注意する。fruit は s が付くこともあるが、原則としていつも単数形を使う方がまちがいが少ない。

◆ make it blue（形容詞）、make it go（原形不定詞）◆

・make の指導順②③へ進む。

・前の時間に作った紙飛行機に色を塗って部屋で飛ばす。I will make the plane red. 塗ってから I made it red. This is a paper plane. This plane has no engine. I will make it go to the door. 飛ばしてから I made it go to the door. と導入する。新しい文型なので、生徒も実際に動作をして十分時間をかけながら練習する。

◆ pot, boiling, flame, steam, ice, cold, warm ◆

・実際に携帯用のコンロやアルコールランプを用意し、teapot や bottle に水を入れて沸騰させる。氷を皿の上などに置いておく。The water in the pot is boiling. It is warm. 氷を触って Ice is not warm. It is cold. と導入する。

・a flame, flames どちらでもよい。

・flame の発音に注意。

・the water in the pot の文は EP1 p.96 でも出てくる。

◆ heat ◆

・席に座っている生徒に立ち上がってもらう。教師は今生徒が座っていた場所を指しながら Put your hand here. 生徒がその場所を触って実感したときに This part is warm. You were on this seat. You have heat. と導入する。

・ライターを用意して、ライターに火をつけた後に消してから、金属の部分が熱くなっているのを触って The flame has heat. The heat of the flame made this part warm. と実感することもできる。

◆ give off ◆

・The pot is over the flame. The water is boiling. It is giving off steam. The heat of the flame is making it give off steam. The heat of the flame is making the room warm.

・make の指導順②③の文が出てきて難しいところだが、実際に沸騰しているところを見ながらだと、生徒は EP1 p.94-1 にあるような文を言いやすくなる。

・香りのする花と、しない花を用意して giving off a good smell を教えることもできる。

◆ solid, liquid ◆

・氷を皿の上などに置いておくと、しばらくして溶けてくるので、触りながら Ice is solid. Water is a liquid. と導入する。

・せっけんで solid のものと liquid のものを用意し、対比して言うこともできる。

・a liquid は a sort of liquid の意味である。冠詞 a がなくてもよい。

◆ air, breath ◆

・プラスチックの袋を膨らまして口を握る。何も入っていないが膨らんでいるのを見て Air is in the bag. と導入する。

・実際にゆっくり数回呼吸して注意を引きながら We take in air. The air comes in. Then it goes out. This is a breath. 息に手を当てて My breath is warm. Your breath is warm. We take in air through our mouths and through our noses. 他の動物や魚、植物などについても同様の練習ができる。Plants take in air through their stems and leaves and roots.

PP. 96-98	英語脳に欠かせない動詞 keep　前置詞 for

＜新出語句＞

keep　having　for　very　thick　thin　good　happy　bad　egg　instrument　measure　icebox　inch　foot　line　drink　measuring　yard

＜ Teaching Sentences ＞

The air under the flame is not very warm.

It goes up to the flame.

The cold air keeps the milk cold.

A clock is an instrument for measuring time.

It is ten inches long.

The thick walls keep the heat of the room out of the icebox.

They keep the heat from the milk.

He is having a drink of milk from a glass.

＜ Grading ＞

・keep はまず S+V+O の形で導入 I keep the milk in the icebox. 次に S+V+O +C の形の The cold air keeps the milk cold. へ進む。keep .... out of, keep .... from は次の時間に教える。

・今まで have は進行形では使えなかったが、ここで意味が広がって進行形 having が使えるようになる。

◆ the water in the pot ◆

・このページには the air over the flame など名詞のあとに形容詞句のついた形が出てくる。この文型は a room in the house と前にも出ている。（EP1 p.60）

◆ keep（現在形）◆

・教師は絵はがきを見せ This postcard came from my friend last week. This is a picture of Mt. Fuji. She went to Hakone. I put it on the table in my room. I see it. 教師はファイルを見せ I will put this card in this book. ほかのページを見せ、My friends gave these cards. I keep the cards in this book. と導入する。

・教師はバッグから財布を取り出す。I will see what is in the bag.（中に入っている硬貨を全員に見せる）。I have coins in this bag. I go to a store with this bag and make copies with some coins. 次に教師は丸い缶を見せる。それを振ると音がする。中を見せる。L2：I see 500 yen coins in it. When I get a 500 yen coin, I put it in this can. I do not take coins from this can. 生徒：You keep 500 yen coins in this can. 教師：Do you keep coins in the can? 生徒は自由に発言。L3：I keep 100 yen coins in the box. 教師：She keeps 100 yen coins in the box.

・教師は銀行通帳見せる。I keep the money in Mizuho Bank. Do you keep money in a bank? 生徒は自分のことを発言。

・水の入ったペットボトルと魔法瓶を見せる。魔法瓶を開けると湯気が見える。以下のことを絵にして見せながら、The water in the (thermos) bottle is very warm. Now the time is ten. I was in the kitchen at seven. I put water in the kettle and put it over the flame. After a time it was boiling. I put it in these bottles. This bottle keeps the water warm. This bottle（ペットボトル）does not keep the water warm.

・冷蔵庫の絵を見せ、教師：This is my icebox.（ドアを開けた絵を見せ）I keep the milk in the ice box. L1：I keep eggs in the ice box. 他の生徒：She keeps eggs in the icebox. 生徒達自分のこと発言。

・教師：The air in the icebox is cold. I keep the milk in the cold air. The cold air keeps the milk cold. 生徒達どんどん発言する。

・部屋の外は雨が降っている。This room has thick walls. The rain does not come into the room. The thick walls keep the rain out of the room.

・外はとても暑い。外を歩いている人の絵。He is very warm. 部屋の中の絵。It is very warm today. The air in this room is cool . The air conditioner keeps the room cool. The very warm air does not come to us. The thick walls keep very warm air from us.

◆ for ◆

・of と対比して導入する。

・いろいろな形のカップ、スプーンを用意する。大人のクラスでは様々なグラ

スなども使える。

・水の入っているグラスと何も入っていないグラスを見せ、This is a glass of water. This is a glass for water. 大人のクラスではいろいろなグラスを見せると This is a glass for wine. This is a glass for beer. など。

・いくつかの cup を見せ This is a cup for sake. This is a cup for green tea. など。　≫≫≫ 本書 p.125

◆ instrument ◆

・時計、温度計、weight という語を教えれば、はかり（重量計）も使える。

・教師は measure（巻き尺）を見せて This is a measure. 教師のテーブルの長さを計り始め I am measuring the table. 計り終わって、The table is 2m long. L1 に measure を渡す。L : I am measuring my table. It is 68cm long. あらかじめ黒板に掛けておいた温度計に注目し、It is measuring heat. It is measuring the heat of the air. 時計に注目しながら生徒を見る。Ls : It is measuring time. 温度計、体温計、時計、腕時計、タイマーなど見せ These are instruments. と教える。温度計を示し、This is an instrument for measuring time. を導入する。体温計を示すと L2 : It is an instrument for measuring the heat of the body. 他のものも同様に練習する。weight を教えると計り（重量計）も使える。This is an instrument for measuring .... と言えば、その物の名前を教えなくてもすむ。instrument と言いにくい物の場合は、thing を使うとよい。

◆ 形容詞 ◆

・形容詞 good, bad, thin, thick, happy, not happy は他の形容詞と同様、コントラストをつけて教える。

・good, bad は客観的に言えるもの、例えば文を書いて spelling、語順などの正しいものと誤ったものを使って、good, bad と言えるようにすると良い。

◆ very ◆

・very cold, very warm のとき、very だけを強く言わないように注意する。

| PP. 99-105 | 物質名詞 bread butter glass meat cheese の使い方 |

＜新出語句＞

hard　soft　crushing　cheese　butter　meat　bread　bread-box　orange　glass（物質名詞）　bit　tooth / teeth　salt　low　high　building　taste　tasting　ready　thirty　forty　fifty

< Teaching Sentences >

　We make butter and cheese from milk.

　Mary is crushing them with a fork.

　Bread is soft.

　Mary is tasting the soup. It has a good taste.

< Grading >

・make の現在形が出てくるが、意味がよくわかっていれば、難しくない。

・既習の air, milk, water などの復習と共に物質名詞を正確に使えるように教える。特に不定冠詞を付けないよう注意。

◆ bread, butter, glass, meat, cheese ◆

・いろいろな形や大きさの bread や butter, meat, cheese, glass の実物や写真を見せると良い。

◆ crushing ... with ◆

・空き缶やペットボトル、紙の箱などを crushing して導入する。

・実際に茹でたじゃがいもをフォークでつぶしながら練習する。

◆ soft, hard ◆

・ボールをいくつか用意して触って This ball is soft. This ball is hard. と対比して導入する。

・The potato is hard. It is not soft. とフォークを刺して練習。

・Bread is soft. Glass is hard. Sponge is soft. などの文へつなげる。

◆ a bit of ◆

・紙の箱を crushing に使って、つぶしてこわす。その一片をとりあげて Is this a box? No, it was part of a box. This is a bit of paper. と導入する。

・食べ物で a bit of cheese, bread などを実際に用意するとよい。

◆ low, high ◆

・building や mountain などの写真を見せてはっきりと対比して導入する。

◆ tasting, taste ◆

・EP1 pp.100-105 までの potato soup を実際に作って She is tasting the soup. It has a good taste. と皆で食べながら言うとより実感できる。

・その際に a bit of bread, crushing .... with a fork なども使い練習できる。

◆ ready ◆

・not を使って対比するとわかりやすい。

・教室が授業前にテーブルや椅子の配置ができていなかったので、正しい位置におき The table was not here. The seats were not here. The room was not ready before the lesson. Now it is ready.

・雨が降りそうな時 Do you have an umbrella with you? L1 : Yes, I do. L2 : No, I don't. と生徒が答える。L1 is ready. L2 is not ready. 生徒によっては、夕食の準備について Dinner is ready. Dinner is not ready.

・線画を使ってもよい。

Tom and Jane will go out. It is raining. Jane has an umbrella with her. She is ready, but Tom is not ready. He does not have an umbrella with him now. He will get his umbrella. Then he will be ready.

PP.106-107	different, the same が分かると世界の見方が変わる

＜新出語句＞

different   same   sort   food   goat   leaf

＜ Teaching Sentences ＞

Apples and oranges are different sorts of fruit.

These are the same. These plates are different.

This is the leaf of one sort of plant.

＜ Grading ＞

・sort を different や same と共に、既習の物、動物、植物、食品などを使って教える。

◆ different, the same ◆

・EP1 p.107-3 にあるような図形の切り抜きを使い、○ ○ ○ These are the same. △ □ ○ These are different. と導入する。生徒は自由に手に取り発言する。

・紙コップ、紙皿など同じ規格の物と違う物を比較して確認して練習する。

・the same の定冠詞を落とさないよう、different にはそれをつけないように注意する。

◆ sort ◆

・いろいろな種類のスプーンを用意してテーブルに置く。生徒にテーブルのそばに来るよう促し This is a spoon for coffee. This is a spoon for soup. など復習する。同じものを 2 つ取り上げて教師は These spoons are the same. 違う

ものであれば These spoons are different. 生徒と一緒に同じものをひとまとまりにしながら分類していく。分類し終わり、生徒はそれぞれのまとまりを指して These spoons are the same. と言う。

・ 一つのスプーンのまとまりを指して These are one sort of spoons. もう一つのスプーンのまとまりを指して These are another sort of spoons. スプーンのまとまりを数えながら These are four different sorts of spoons. と導入する。

・ いろいろな種類の花をテーブルに置き、茎の長さや、花や葉の大小を無視して分類して These are three different sorts of flowers. と練習できる。

・ 他に既習の fruit, glass, plant, animal, book, clothing など復習しながら練習できる。

・ food は fruit と同様に、foods にならないように注意する。

PP.108-109	family

＜新出語句＞

mother　father　brother　sister　son　daughter　family

＜ Teaching Sentences ＞

Here are a woman and a boy.

They are a family of seven.（7 人家族）

・ 生徒の family について言ったり書かせたりすると良い。

・ We are seven families.（7 家族）と間違えやすいので注意して教える。

PP.110-112	who 疑問詞から関係詞へ

＜新出語句＞

who（関係詞）　clear　mountain　bone

＜ Teaching Sentences ＞

When a liquid is clear we see through it.

This is Mary who made the soup.

This is the milk which Mary put in the soup.

＜ Grading ＞

・ thick は EP1 p.98 で「太い」と言う意味で出た。ここでは「濃い」と意味に広がる。

・ which の関係代名詞は EP1 p.50 で主格として出た。ここでは目的格の使い

方に広がる。

・who は疑問詞として EP1 p.58 に出た。ここでは関係代名詞として用法が広がる。which を疑問詞から関係詞に広げたように導入する。

◆ clear ◆

・グラスを 2 つ用意し、1 つに水、1 つに牛乳を入れる。水の入ったグラスにスプーンを入れるとよく見える。The water is clear. 牛乳の入ったグラスにスプーンを入れると見えない。The milk is not clear. と導入する。

・2 枚の同じ山の写真で 1 枚は霧で山がはっきり見えない物、もう一枚はよく晴れて山がくっきり見えるもので The air is clear. We see the mountains.

・スプーンが入っているのが見える clear soup、中身が見える clear bag など使うとよくわかる。

◆ This is the milk which Mary put in the soup. ◆

・関係代名詞の which（主格）は EP1 p.50 に出たがよく復習する。

・make（EP1 p.91）の時、生徒が折り紙や紙粘土で作ったものを教師が keep しておき、ここで見せる。Which did you make? Who made it? などで復習してから This is the ship which L1 made. のように which の目的格の文を導入することができる。

◆ This is Mary who made the soup. ◆

・Peter Rabbit の本を見せる。生徒達自由に発言。教師：Who made this book? L1 : Beatrix Potter did. ルノアールの絵画のコピー、岩合光昭の猫の写真、雨田光弘の楽器を弾く猫の絵見せる。生徒達自由に発言。教師はそれぞれを指して Who made this picture? 生徒が知らなければ Renoir, Iwago Mitsuaki, Amada Mitsuhiro（チェリストとしても有名）を教える。それぞれの人の写真を見せて、教師：Who is this? L2 : That is Iwago Mitsuaki. 教師：This is Iwago Mitsuaki who took this picture. （Renoir ともう一人男性の写真見せ）Who is this？ This is I. A. Richards. L3 : Who is I. A. Richards? 教師：テキストを見せる。This is I. A. Richards who made this book. L4 : That is Beatrix Potter who made the tale of Peter Rabbbit.

・生徒の関心のありそうな人物を題材にするとよい。

・次ページの絵を使って練習する。

(1) This is Mary Smith. She is making a picture.

(2) This is Mary Brown. She is making soup.

Mary Smith made the picture. Mary Brown made the soup.

This is Mary who made the soup.

This is Mary who made the picture.

(3) There are four persons in the room. They are two women and two men.
One of the women is going to the window. The other woman is drinking
water. One of the men is going out of the room. The other man is putting
the plate on the table. The woman who is drinking water is Lucy. The
man who is going out of the room is Bill.

・ 一般に難しいと思われるこのような文も、実際に教えてみると案外にすぐで
きる。文法的な説明をしたりすることは、かえって生徒を混乱させるだけで
ある。reading, writing は speaking がよくできてからにする。

PP.113-121	QUESTIONS

・ 6 ページにわたって絵と questions がある（answers を含めると 8 ページ）。
質問に答えるだけでなく絵を見ていろいろ発表したり、書いたりするのに
使うとよい。絵もひとつずつ見ていくのもよいが、いくつかの絵をまとめて
使い文を作るのもよい。例えば p.114 d, g, h の絵をとりあげ This is a horse.
This is a pig. This is a sheep. Horses and pigs and sheep are different sorts of
animals. We get meat from them など。丁寧に時間をかけてこの本の復習に
使うこともできる。

p.14, p.17, p.55 の線画は吉沢郁生著「やるぞ！中学英語ワークシート 1 年」（学
事出版、2006 年）から引用、p.53, p.57 は同 2 年から、p.93 は同 3 年から引用。

実践編

GDM を使って英語脳を作る学校の授業

第3章　学校で活用する必要性

松浦 克己

1　全国学力調査から

　平成 31 年 4 月に全国の中学 3 年生を対象とした国語、数学、英語の学力調査が実施された。その報告書が令和元年 7 月に文科省から出された。この報告書の表紙の副題には「児童生徒一人一人の学力・学習状況に応じた学習指導の改善・充実に向けて」とある。指導改善のポイントとして次のことが指摘されている。（報告書 p.9 より抜粋）

＜聞くこと＞

　聞いて把握した内容について、適切に応じる指導の充実

＜読むこと＞

　まとまりのある文章を読んで大切な部分を読み取る指導の充実

　自分の考えを示すことができるよう、主体的に内容を読み取る指導の充実

＜書くこと＞

　考え、気持ちなどを整理し、まとまりのある文章を書く指導の充実

＜話すこと＞

　情報や考えなどを即興で伝え合う指導の充実

＜知識及び技能＞

　言語材料の確実な定着

英語の授業における聞くこと・読むこと・話すこと・書くことの 4 技能（2021 年からの学習指導要領では「話す」をやりとりと発表に分け、4 技能 5 領域と呼んでいる）の力を伸ばすことと知識及び技能、すなわち言語材料の定着とは密接に関連しあい、相互に補完しあいながら伸びていくものである。しかし、基本的には言語材料の定着が土台となっており、この土台なしではそれぞれの効果的な指導は望めないのは当然である。

　この言語材料の定着という観点から、その代表的な問題として学力調査の問題の中から問題番号 9（2）①と②、（3）①、②、③の 5 問の分析結果と課題を見ていく。まず問題とその正答率は次のようなものであった。

＜全国学力調査　英語 9　語や文法事項等を理解して正しく文を書く＞

　（2）必要があれば（　）内の語を適切な形に変えたり、不足している語

を補ったりなどして、それぞれ会話が成り立つように英語を完成させなさい。

① ＜朝の通学路で＞

A: I watched a baseball game yesterday. It was so exciting.

B: Oh! (　like　) baseball?

A: Of course. I love playing and watching baseball.

■ 正解：Do you like　正答率：74.1％（文頭の小文字を含む　※1）■

② ＜休み明けに教室で＞

A: Was your vacation good?

B: Yes. My family and I went to Australia.

　(　stay　) there for two weeks.

A: Wow! Wonderful.

■ 正解：We stayed　正答率：20.8％（※1）■

（3）次の表の①から③は、ある女性に関する現在の情報を示しています。これらの情報を用いて、彼女について説明する英文をそれぞれ書きなさい。

①	出身	Australia
②	住んでいる都市	Rome
③	ペット（pet）の有（○）無（×）	×

① 正解：She is (comes) from Australia.　　正答率：54.2％（※1）

② 正解：She lives in Rome.　　正答率：38.7％（※1）

③ 正解：She doesn't have any pets. She has no pets.

　　　　She doesn't have a pet.　　正答率：38.3％（※1）

　この結果は文科省にとっては驚愕的な数字であったようである。報告書では「調査結果は予想をはるかに下回るものでした。」とあり、また「コミュニケーションを支える文法指導に取り組んでいますか。」と呼びかけている。他の問題に関してもいろいろ対策を述べているが、このような表現はここだけであり、文科省のショックの程度や緊急度を表している。そして「授業改善について真剣に考えていく必要があります。」と強く現場に求めている。

2　求められている授業改善に有効な GDM 英語教授法

　報告書で具体的に求められている授業改善について、GDM の授業との関連

を見ていく。以下、報告書 p.60 の文を囲みで示す。そのなかで述べられている現行学習指導要領とは 2011 年からのもので、新学習指導要領とは 2021 年に実施されるもののことである。

① 文法指導と言語活動を一体化　⇒　GDM のライブが最適

> 　周知のとおり、現行学習指導要領の改訂の趣旨として「（コミュニケーション能力の）基礎となる文法をコミュニケーションを支えるものとしてとらえ、文法指導を言語活動と一体的に行うよう改善を図る」ということが記載されています。

　言語活動とは生徒が考えながら英語を用いて情報の交換、すなわちコミュニケーションを行う活動である。教師が例文を提示し、文法用語を使って説明をする、生徒はそれを聞きノートする、といった文法指導は言語活動とはならないので、当然のことながらどれだけ素晴らしい説明をしても「一体的に行う」ことにはならない。「一体的に行う」ためにまず必要なことは、新しい言語材料を導入する場面において、文法用語を用いた説明をしないことである。

　中学校の検定教科書においても、導入のページでの文法用語を使った説明は、改訂のたびに少なくなってきている。そして導入の 10 数ページ後に文法的な観点でのまとめがされている。ということは、文法用語の説明による導入はなるべくしないように編集されている。

　GDM の授業は、まさしく文法指導を言語活動と一体的に行っている授業そのものである。

② 文法に着目　⇒　GDM のコントラストを使って気づかせる

> 　新学習指導要領では、文法事項の指導に当たって、コミュニケーションの目的を達成する上でいかに文法が使われているかに着目させ、その必要性や有用性を実感させながら、理解や練習と実際の使用のサイクルを繰り返し、言語活動と効果的に関連付けて指導することが大切であるとしています。

　2021 年度からの学習指導要領では文法指導に関する要望を、言語活動と一体化させるだけでなく、もう一段階アップさせ「着目させる」ように求めている。このことは、ただ単にシャワーのようにインプットを増やすという指導では達成することができない。GDM の基本的指導技術のひとつであるコントラストを使うことがたいへん有効である。

　　GDM のライブでは「理解や練習と実際の使用のサイクルの繰り返し」よりもさらに一段階高いレベルの、理解や練習と実際の使用が融合し、そして一体になっている活動であり、気づきを大切にする学習法としては理想的な形態である。

　　次に授業での具体的な留意点として次のようなことが述べられている。

③ 目的や場面、状況のある言語活動　⇒　GDM の SEN-SIT

> 　特定の言語材料のみを用いて文を書かせるだけでなく、コミュニケーションの目的や場面、状況のある言語活動において、様々な個別の知識を活用させて文を書かせることを授業の中に位置付けるようにしたい。

コミュニケーションの目的や場面、状況のある言語活動とは、GDM のライブにおける授業作りの基本である SEN-SIT と同じことである。つまり SEN-SIT の重要性、必要性が強く指摘されている。

　　また報告書 p.54 では次のようにより具体的に指摘している。

> 　コミュニケーションにおいて時制や人称は大切な事柄であり、文脈から適切な文の形式や時制を判断することが大切である。指導に当たっては、一文のみを示して空欄の動詞の形を考えさせるのではなく、対話や文章の流れからふさわしい文の形式や時制を考えさせる活動などが考えられる。

無味乾燥な文法事項のドリル練習、その内容も新出事項だけの練習、たとえば過去形が新出のところでは現在形の文を機械的に過去形に変える問題ばかりといった練習ではなく、事実に基づいた情報のやり取り大切にしなさいと言っている。「一文のみを示して空欄の動詞の形を考えさせる」問題とは次のような練習を指している。

　　We (stay) there for two weeks last year.　（　　）の語を正しい形に

このようなドリル練習をいくら積み重ねても、実際の場面では 20％しか正しい文を言うことができないというのが、学力調査からの事実である。「対話や文書の流れからふさわしい文の形式や時制を考えさせる活動」が必要であり、GDM におけるライブはまさしくその活動である。また、この報告書では「文を書かせる」となっているが、GDM の授業での「聞く」「話す」のライブは、文を書く活動よりはるかに効率のよい言語活動として行うことができる。

④ 3 人称の理解　⇒　自分の立場で発言することがスタート

言語材料の定着を目指す授業改善の具体的な対策のひとつとして、次のことが指摘されている。

> ・憧れの人物や友だち紹介など、3 人称を扱った言語材料を聞いたり、読んだり、話したり、書いたりして様々な場面で繰り返し使用する活動

また、まとまりのある文章を書くという項目でも p.67 で 3 人称について、次のように指摘している。

> ・I、You 以外の主語を用いて書く指導を行う。
> 　自分や相手のことを伝えるときに主として用いられる I や You に比べて、I と You 以外の主語の場合には、伝える内容が豊富になるだけでなく、主語の数に応じて動詞の形を変化させる場合や主語に適した動詞を選ぶ必要がある場合など、英語の文、文構造や文法を的確に活用する必要が生じる。1 人称や 2 人称を用いて自分や相手の気持ちや考えを表現することだけでなく、3 人称を用いて客観的に事実を伝える力を養うことも重要である。

人称代名詞の主格は I　You　He　She　It　They　We の 7 個と少なく、またスペリングも難しくないが、日本語に訳すとか、1 人称 2 人称 3 人称の一覧表で I my me mine と丸暗記させるとかしても英語の人称における概念の理解にはつながらない。それはそれぞれの概念が根本的に違うからである。

　　　　　　≫≫≫ 本書 pp.187 -195　資料 I

3　これからの授業と GDM

学力調査の結果とその報告書で述べられていることは、まず文法用語による文法の説明、つぎにその新出内容に限定した機械的なドリル練習、それに慣れたら現実を模した場面での練習という順序で授業を進めながら、つねに英文を日本語に訳して覚えていくという従来の一般的な授業スタイルでは学力はつかないので、2011 年からの学習指導要領で求められている授業改善をしっかりしなさいということである。

このことはこれまでも学習指導要領だけでなく、いろいろなところで言われてきている。そのひとつが、2011 年からの学習指導要領がスタートして少し経って言われた「英語で授業を」である。当初は授業で使っていた日本語を英語に変えるとか、クラスルームイングリッシュを使うことが「英語で授業を」

の中心のことだという誤解が数多く見られた。真のねらいは、実際のコミュニケーション、すなわち事実の情報のやり取りをする言語活動を英語でたくさんさせることである。それまで日本語で説明してきたことを英語になおしても、それは「英語で授業を」が求めている授業にはならない。本書の第1章で述べているように、GDM の授業は「英語で授業を」が求めている授業スタイルの代表的なもののひとつである。

　またある教科調査官は「中学校では教えるべき言語材料が多種多様ですから、学習効率という観点から演繹的な指導も必要です。しかし、3年間を通じて常に演繹的な指導を行っている場合は見直す必要があります。」（注1）と、従来の説明による演繹的な指導に対して、「帰納的な学習スタイル」を取り入れることを強く求めている。GDM の大きな特徴のひとつに、日本語や英語による説明をしないということがあげられる。GDM による授業では、生徒はSEN-SIT やコントラストから単語や文の意味や使い方を試行錯誤しながら、まさしく帰納的に気づき、理解していく。そして精緻に考え抜かれたグレイディングにより、小学校英語の教科書とは比べものにならないほど効率よく、学習指導要領の言うところの文構造をしっかりと身につけていくことができる。

　このように GDM という教授法は半世紀以上も前に開発されたにもかかわらず、現在の英語教育における大きな問題の解決に非常に有効な対策のひとつである。しかし小学校や中学校の学校現場に取り入れるにはいくつか注意しなければいけないことがあり、特にカリキュラムについて次の章で詳しく述べる。

　注　文部科学省教科調査官（中学校）山田誠志　英語教育（大修館書店）2018 年 12 月 pp.10-13

第4章　教科書との融合カリキュラム

松浦 克己

1　GDMで導入　⇒　教科書で確認・発展

English Through Pictures (EP) を用いて中学校の授業にGDMを活用する理想の方法は、まず半年か1、2学期かけてEP Book1の80ページぐらいまでを終え、それから検定教科書に入り、本文や用意されている、いろいろな言語活動を指導していくなかで語彙を増やしていくことである。しかしいろいろな理由から現実的には非常に難しい。

　筆者が1990年代から2014年まで、公立中学校でGDMをそのgradingを大きく崩すことなく英語学習の入門期である中学1年の授業に実際に取り入れていた内容を以下に示す。

　当時は、小学校の英語は教科ではなかったため、教科として最初の授業というういちばん新鮮な気持ちで臨める絶好の機会を捉え、GDMの1時間目の授業を実践する。その後、中間テストの範囲を考慮しながらできるだけこのシリーズ1を進める。

＜シリーズ1＞

　① 人称代名詞　I　You　He　She　It　They

　② be動詞　is　am　are　It is here / there.　I am here.　You are here.

　③ We are here.　You（複数）are here / there.

　④ Review

　⑤ This　That　my　your　his　her　This is my hand.

　⑥ 不定冠詞　a　That is a door.　That is a clock.　It is there.

　⑦ This table is here.　That table is there.　It is there.

　⑧ These　Those　These are my pens.　They are here.

　⑨ in　on　the　That is your book.　It is on the table.　It is there.

　⑩ 疑問詞　What　What is in the bag?　What is that?　Is that a pen?

このシリーズでは英語の土台作りがねらいである。また、自分の立場で常に目の前の事実を自分から発言していくというGDMの授業の基本スタイルを定着させることも大きなねらいである。この約10時間のGDMの内容と検定教科書Unit1が、1学期の中間テストの範囲となる。

　この順序で教えると多くの生徒が誤解している「これ ＝ this」「あれ ＝ that」「それ ＝ it」を防ぐことができる。1 時間目に He / She / It をコントラストしながら理解し、その複数は They という同じ語になり、2 時間目では He も She も It も is という同じ語が続くということから I / You 以外は He か She か It のどれかになり、この 3 つが同じ仲間という理解が自然にできてくる。それに対して検定教科書では、たいていはまず I am Saki. You are Ken. を習い、次に This / That の文が出てくる。この This / That が指しているものは、人ではなく物から教える教科書が多く、すぐに疑問文を教えるので答の文として Yes, it is. No, it is not. が次に出てくる。疑問文が出てくるので、当然時間をかけてしっかり練習することになる。結果として This / That / It を同じグループと捉えてしまい、それに「これ・あれ・それ」の日本語がマッチングして、上記のような誤解が起きてしまう。　　　≫≫≫ 本書 pp.187-195　資料 I

　EP Book1 p.14 からの内容で取り入れていた内容は次のものである。

＜シリーズ 2 - A ＞

　① will take / taking / took　前置詞 off

　② will put / putting / put

　③ Review

　④ was / were

　⑤ them

　⑥ will give / giving / gave　前置詞 to　人称代名詞 me you him her

大きな文法事項である未来、現在進行形、過去形という時に関する表現を同時に教えるので、教科書的には無謀のように見えるかもしれないが、扱う動詞はこれ以外には広げず、目に見える物と目の前の実際の動きとを英語にマッチングさせている（SEN-SIT）ため、授業が進むにつれ生徒の理解は深まっていく。

＜シリーズ 2 - B ＞

　① its

　② 前置詞 of

　③ 冠詞　a / the　a leg / the leg / legs / the legs of the seat

＜シリーズ 2 - C ＞

　① will go / going / went

　② will be　前置詞 at

　③ will come / coming / came

筆者の実践では、ここまでと教科書 Unit2 までが 1 学期の学習範囲であった。

　2 学期に入って、以下の内容に入る。

＜シリーズ 3 ＞

　① see / sees / do not see / does not see

　② Do you see / Does he see ・・・ ?

　③ What do you see? What does he see?

　④ have / has

このシリーズ 3 は一般動詞の現在形の導入となる。4 時間にこだわらず、学級の状況に応じて復習の時間を追加するなど、ていねいに指導する。

　このあと検定教科書で授業を進めていきながら、重要な語句については GDM のライブで導入し、必要なときはワークシートで確認をしていく。シリーズ 4 として、その内容を紹介する。

＜シリーズ 4 ＞

　① thing / person

　② one / another / the other

　③ before / after

　④ between / with / together

　⑤ will say / saying / said

　⑥ into / out of

　⑦ will get / getting / got

これまでのシリーズと違い、連続でおこなう必要はないが、順序についてはこの順の方が習ったことを使いながら新しいことにスムーズに入れる。1 年の後半で、教科書での指導時期を考慮しながら扱いたい項目である。

2　all or nothing ではなく 『as far as possible』

　このように GDM を最大限に取り入れたカリキュラムをおおまかに示すと、
シリーズ 1 ⇒ 教科書 Unit1 ⇒ シリーズ 2 - A・B・C ⇒ 教科書 Unit2 ⇒ シリーズ 3 ⇒ 教科書 Unit3 ～ ⇒ シリーズ 4 、といった流れになる。原則的に GDM で導入、理解、定着そして教科書でそれを活用、語彙を補充していくというスタイルである。このカリキュラムにおける最大のハードルは、シリーズ 2 - A・B・C を指導するのに必要な教師のトレーニングと、もうひとつは教科書の進度が一時的に大きく遅れることの 2 つである。この問題がう

まく解消できないときのカリキュラムとして、次のようなものがいくつかの中学校で実践されている。

　まずシリーズ 1 から入り、教科書 Unit1 につなげるのは同じである。2016年版までの検定教科書では be 動詞のあとに一般動詞の現在形を 1・2 人称だけで教える。この一般動詞が出てくる前にシリーズ 3 を入れる。それから教科書の一般動詞現在形に入る。教科書では 3、4 ヶ月、unit の数では 3 つから 4 つぐらい 1 人称と 2 人称主語の文ばかりであるが、GDM のシリーズ 3 で学んだ使い分けを活用して 3 人称の現在形の文も積極的に使っていく。

　次に教科書で現在進行形が出てくる前にシリーズ 2 を入れる。GDM で時に関する概念をしっかりと理解、定着させてから教科書の現在進行形や過去形のunit で語彙を増やしていく。そのなかで機会を見つけてシリーズ 4 の語句を扱っていく。

　GDM で帰納的に学んだ使い分けのルールを、教科書で語彙を増やして一般化していくというのが GDM を活用する基本的なスタイルである。シリーズ3 で獲得した see と sees や have と has の使い分けのルールを教科書の学習でplay, like, watch, study へと拡充していく。

　生徒はシリーズ 2 で take / put / give / go / come の 3 つの（will 〜 / 〜 ing /過去形）形の使い分けの概念を学び、理解してから教科書でそれぞれの形を復習していく。検定教科書では時に関する表現をひとつずつ別個に扱っており、これが時制の表現の理解に大きな障害となっている。

　これに対して GDM では扱う動詞を数個に限定し、身のまわりの実際の行動を使って時の概念を理解させる。個々の細かなことを数多くドリル練習させるのではなく、まず俯瞰的に全体像をつかませることが GDM を活用する大きなメリットである。　　≫≫≫ 本書 pp.176-180　pp.195-200　資料Ⅱ

3　小学校英語が教科になって

　2016 年版までの多くの検定教科書では 4、5 月に be 動詞の文、6 月に一般動詞 1・2 人称の現在形を学習し、3 人称の文は 10 月ごろに習う。2020 年度から始まった小学校の英語科では不定詞の名詞用法や過去形、助動詞 can の文などを扱っているが、3 人称の現在形の文は出てこない。

　このような内容を踏まえて 2021 年版の多くの教科書では中学 1 年の前半は小学校で扱った文型を復習する配列となっている。その結果、Unit1 から be

動詞の文と一般動詞の文を一緒に学習する。しかし 3 人称単数が主語の文は今までの教科書と同じように 10 月頃に学習する。今までの中学 1 年の教科書と比べ、特に前半の学習内容が大きく変わっているが、3 人称主語の文を 10 月頃に学習するのは同じであるため、GDM を取り入れる基本的なスタイルを大きく変える必要はない。

　教科書に入る前にまず GDM のシリーズ 1 を指導し、それから教科書 Unit1 に入る。一般動詞も出てくるが、そのまま教科書を指導し、なるべく早く GDM のシリーズ 3 を指導するのが有効である。教科書によっては Unit3 から疑問詞疑問文をいろいろ学習する配列となっている。せっかく覚えて使えるようになっても、この疑問文を使い、相手に聞いて獲得した情報を、記録したり他の人に伝えたりすることができないという不自然な状態が 3 ヶ月以上続く。なぜなら友だちを主語にした 3 人称の文が未習だからである。第 2 章で述べたように学力調査の報告書で「3 人称の文を扱うような言語活動を増やしなさい」と文科省は強く言っているが、その絶好のチャンスをみすみす逃している。GDM のシリーズ 3 を導入するだけで 3 人称主語の文が定着するわけではない。see / sees のルールをいろいろな場面で語彙を増やしながら使っていくことで、はじめて定着する。具体的な方法は、次に紹介する。

　2016 年版までの検定教科書では未来の文は 2 年での学習事項だった。遅い教科書では will の文は 2 年生 9 月に出てきていた。2021 年版では多くの教科書で 2 年生の始めと早くなり、1 年の学習内容となっている教科書もある。それぞれを別個に教えていては全体像がつかめないことは明らかであり、教科書も今までより短い期間で指導するような配列となっているが、多くの語彙を扱っているため、近くなったものの見た目では別個の扱いである。指導者の英語観、指導観が問われることとなる。このような点からも GDM のシリーズ 2 はとても有効な考え方、指導方法である。

4　導入だけの活用では不十分 ⇒ GDM と教科書の一体化

　中学 1 年の指導における重要なことは、もちろん語彙を増やすことも大切だが、それよりも動詞の使い方の理解がより大切であり、その後の英語学習のしっかりとした土台作りにつながることは明らかである。その中でも『時』に関する言い方、すなわち現在形、未来、現在進行形、過去形の使い分けや理解がもっとも重要である。このことに関して GDM を取り入れた授業は非常

に有効である。

　前述のシリーズ 3 の see / sees や have / has の使い分けを帰納的に生徒が理解したら、それを段階的に他の一般動詞に広げていくことが必要である。生徒はまだ see と have だけのルールという理解である。筆者が実践していた内容を 2021 年版の検定教科書のなかの *Here We Go!*（光村図書）の例で示す。

　Unit1 Part3 は、転校生 Tina の自己紹介の場面となっている。

Tina : Hello. I'm Tina.

　　　 I'm from New York.

　　　 I like music and sports.

　　　 I can swim and play the drums.

この内容をうまく活用したい。絶対にさけたいことは「主語の I を She に変えて文を書きなさい」というドリル練習である。GDM で SEN-SIT を活用して帰納的に学習したことが台無しになってしまう。まずどんな場面を設定すればいいかを考えると、この Tina の自己紹介で知った情報を誰かに伝えるという場面があげられる。例えばクラスメイトの Kota や Eri が家に帰ってお母さんに学校の出来事を話すという場面を作ると自然に Tina が主語になる文が必要となる。

　まず、右図のような線画を黒板に描く。教師は男の子を指して This is Kota. He is in his house. と確認。次に女性を指すと生徒は That is と言うので、そこで mother と教える。もう一度 That から言わせて That is his mother. と確認する。細かなことだが、教師は his mother とは言わずに mother だけのほうがよい。あるいは「お母さん」でもかまわない。ポイントは 1 年の 1 学期で、his という所有格をつけ

るという英語の特徴的な言い方が身についているかどうかである。教師が his mother と言ってしまうと生徒にとって学習する機会を逸してしまうことになる。That is his mother. とコーラスで言わせたときは、個人指名で何人かに発言させて確認することが必要である。あるいは個人指名で his が入るかどうかをチェックするのもとても有効である。GDM は導入の方法をとても丁寧に大切にする教授法だが、それと同時に学校の授業では復習の場面を数多く容易に作ることができるのも大きなメリットのひとつである。説明中心の授業では、復習は問題形式のドリル練習に頼ることが多くなり、効率も効果もあがらない。

　Kota と his mother が確認できたら、教科書の自己紹介のページを見せて、Kota がお母さんに学校の出来事を話している場面であることを伝える。転入生が来たことを英語で言うにはどんな英文になるか考えさせ We have a new friend. を導き出す。次に何をお母さんに話すかを生徒に聞いて、まず名前を言うことを確認して Her name is Tina. ここも「Her」が大きなポイントであるので教師が言ってしまわないように気をつけたい。次の情報として出身地を英語で She is from New York. と確認する。本文の I が主語の文から、We / Her name / She と適切に主語を使い分けることができるかどうかは、この時期において非常に大切なことで、問題集のドリル練習と比べてとても有効な言語活動となる。

　次の情報として音楽とスポーツが好きなことがあるので、それを英語に直す活動に入る。生徒はこの段階ではまだ likes になることは知らないので、まず She like music and sports. と言わせる。それから see / sees の自分のワークシートを見させる。時間がかかってもファイルにとじてあるワークシートをきちんと見させて、see と like は同じ仲間の単語で使い分けのルールも一緒であることを知らせる。She likes music and sports. とコーラス、個人指名で確認する。

　黒板の線画の横に次のような文を問題形式で書いて、まず個人で考えさせる。

1. (　　　) (　　　) a new friend today.
2. (　　) name (　　) Tina.
3. (　　) is (　　) New York.
4. She (　　) music and sports.

その後は学級の状況に応じてペアで考えさせたり、発表させたりするなど、より効果的な活動になるように適切な展開を考えていく。

　このような言語活動をさせると時間がかかり、なおかつ 3 単現の文はひとつしか練習できないとなり、たいへん効率が悪いように思うかもしれないが、1 人称主語の文を He に変えなさいという 10 個のドリル練習よりもはるかに効果的である。第 3 章で取り上げた全国学力調査の報告書で強く求められている授業改善の内容と一致している言語活動である。

　この活動の目的は see / sees の授業で学んだルールを一般化させるファースト・ステップである。このあとは see / sees という言葉が「3 単現」という文法用語のかわりとなるが、実は 3 単現よりも生徒にとってははるかに効果的な言葉、すなわち文法用語である。　　　≫≫≫ 本書 p.55

　次のステップは see / have から like に広げたように、教科書のいろいろな言語活動で、それぞれの場面に応じて自然に広げていけるように心がける。あわてて多くの動詞を機械的に出す必要はない。なぜなら検定教科書では 3 単現は Unit5 か 6 での新出事項なので時間は十分にあるからである。大切なことは地道に何回も取り上げることである。*Here We Go!* では各パートにリスニングの言語活動が準備されている。このリスニングは 3 人称主語の文を使うのにぴったりの場面設定である。リスニング活動でそれぞれの人物について分かったことを発表させれば、必然的に 3 人称主語の文となり、自然なコミュニケーションとなる。そしてその文を書いて確認することと、それぞれのリスニングの内容に応じて、疑問文や否定文をバランスよく練習するようにしていくとさらに効果的である。

　このような絶好の機会を逃さず活用することを続けていくのと、3 人称主語が新出の文法事項の unit で新しいルールを追加され、覚えなさい、暗記しなさいという指導のどちらが効果的かは明らかである。導入と同じぐらい大切なのは、機械的なドリル練習ではない実際の場面を使った GDM のライブや教科書の活動の有効的活用を継続的におこなうことである。

　小学校 2 年間 140 時間の英語の授業では、I と You のやりとり、ペア練習ばかりで、そこで知った相手の情報をみんなに知らせるという基本的なコミュニケーションの活動ができないという不自然な（生徒にとっては不幸な）状態である。それに対して、このリスニングを活用した言語活動は一段階ステップアップした内容であることを生徒は実感し、『主体的・対話的で深い学び』につながるものとなる。

　次の第 5 章では GDM を活用すると、中学校で指導する重要な文法事項をどんなふうに教えることができるかを、より具体的に紹介する。

第5章　英語脳を作る中学校の授業実践

松浦 克己

1	We You	時間と空間を共有する We are here.

＜言語材料＞

　新出語句：We　You (pl.)

　Teaching Sentences : We are here. You are here / there.

＜ Grading ＞

　1：I　You　He　She　It　They

　2：It / He / She is here / there. I am here. You / They are here / there.

　3：We are here. You are here / there.

　4：This That my your his her

　5：a

・学習者の状況に応じて第2時を2時間にしたり、第3時の後に復習の時間を設けたりすること。中学校のスタートであるので、予定通りに授業を進めることよりも、自分で分かる楽しさを大切にするのがポイント。

・第2時と第4時の言語材料が多いが、それぞれ次の時間では少なく、かつ続けて教えると分かりやすいように grading されているので、第2時と3時、第4時と5時というように2時間で1単位と考えるとよい。生徒にもそのことを伝え、覚えられないという不安感を持たせないように配慮すること。

・小学校では He, She, It の概念は理解されていないので、丁寧な指導が必要。

・日本語と大きく違う数の概念の形成への第1歩であり、つねに複数を入れながらの活動が大切であることを意識した指導が必要。それが検定教科書の弱点を補うことにつながる。　　　　≫≫≫ 本書 pp.187-195　資料 I

＜授業の流れ＞

① is, am, are, here, there の復習

・前時のワークシートを読む。教師の後について読む。ペアワークで練習。

・教室内の人や物で here / there の文を練習する。

・ペアワークで練習する。

　◆ 十分時間をとって活動させる。

② We are here. の導入

・ペアワークを終え、個人またはペアでその内容を発表させる。

・発表できた生徒やペアを教室の前に移動させる。

  ◆ 発表できたら拍手をすると、雰囲気がよくなる。

  ◆ 教室の前の廊下側と窓側の 2 カ所に 4、5 人のグループを作る。

・ひとつのグループの中に入って、その一人一人に I am here. を言わせ、手を
つなぐように促して、教師も I am here. と言って、つないだ手を少し持ち上
げながら We are here. と言う。すぐに We と言って全員で We are here. を 2
回ぐらい言う。もう一つのグループに行き、同じように導入する。

③ 複数の You are here / there. の導入

・テンポよく発表させ、発表できた生徒をグループに加えていく。

・教師がひとつのグループに入り We are here. を全員で確認して、もう一つの

グループを手で示し、そのグループ全員が We are here. と言うのを確認し
て、一人一人を指さしながら You are there. You are there.... と全員を確認
したら、グループ全体を手で円を描くように回しながら指し示して You are
there. と言う。

  ◆ 個人も集団（複数）も You are there. と同じなんだと気づけばよい。

  ◆ 無理に練習させようとすると They are there. の場面になりやすいので注
    意が必要。たとえば上の場面の
    You are there. を練習させようと
    して、そのまま自分のいる集団の
    生徒を見て、右の写真のようにす
    ると、この生徒たちは教師に言う
    ことになるので You are there. で
    はなくて They are there. になってしまう。

④ 学級全員で We are here.

・ここまでの②と③の活動を続け、発表した生徒を前のグループに入れていく。

　　◆席に残っている近くの生徒数人で We are here. もおもしろい。

　　◆寡黙傾向の生徒などへの配慮を忘
　　　れないこと。そのような生徒には、
　　　隣の生徒が発表するときにさりげ
　　　なく発言させたり、ペアにしたり
　　　するなどして、学級全体の雰囲気
　　　に入れるようにする。

・最後に全員が発表して前に出てきたら、一つのグループにまとめて手をつないで We are here. を確認して、席に戻す。

⑤ 線画で確認する。

・本時のめあての We are here. You are here / there. だけでなく、I am here. He / She / It is here / there. They are here / there. も忘れず練習すること。

・複数の You are here / there. はライブでは十分に練習しづらいので、絵でしっかり単数の場合とはっきりと比べながら提示する。

⑥ 文字カードで単語のスペリングと読み方を練習する。

⑦ ワークシート

1：I am here.　　2：We are here.　　3：They are there.　4：They are here.

5：He is there.　　6：You are here.　　7：It is there.　　　8：We are here.

9：You are there.

> GDM's View ①　　　♠ ♠ After the Lesson of "We are here!" ♠ ♠

「I の複数は We、複数だから be 動詞は are を使います。分かった？」生徒は
「はい！」とうなずく。10秒で理解させることができるのに、1時間もかけて。

113

2500 語も教えなくてはいけなくなったから、こんなにゆっくりとやっている余裕はない、という声が聞こえてきそうである。

　筆者の経験から、生徒はこの We are here. がとても気に入るようである。その理由は、中学校に入学して間もない新鮮な、しかし不安のまじった気持ちの時に、新しい友だちとこれから 1 年間いっしょに勉強していこうという一体感をなんとなく感じるということがまず挙げられる。is, am, are の使い分けの前時がとても大変だったことも関係しており、それが学級全員で言えるようになったという達成感のようなものを感じているということも考えられる。

　ある担任の先生にこんな話を聞いたことがある。英語の授業の後、黒板にWe are here. の文が残っていたので、その担任がその絵を黒板に描いたら、生徒から間違っていると指摘された。ちゃんと複数だから 3 人描いて、口も入れて We are here. で正しいと言ったら、生徒に「手をつないでいないからそれではダメ！」と言われたそうである。筆者は授業でそんな条件は何も言っていなかったのだが、ひとつの目標に向かってみんなで取り組み、その目標を達成した結果、みんなで手をつなぐ、すなわち時間と空間を共有している一体感をWe are here. の中に感じ、もちろん生徒はこのような言葉では表現できないが、「手をつないでいる」ということでこの気持ちを共有している。全員を発表させ、まとめるというこの授業はとてもエネルギーが必要であるが、この話を担任から聞いたとき、その疲れは一気に吹っ飛んで、さぁ次のクラスもという気持ちになったのは言うまでもない。

　ある学年ではこの授業の数日後、男子トイレの前を歩いていたら中から楽しげな大きな声が聞こえてきた。日本語にまじって We are here. 確かにそうだよなと思わずにっこりとなったが、学年主任の立場にもどり「こんなところでいつまでもいないで、早くもどりなさい」と厳しく言うもののいつもの迫力は出ず、生徒は We are here. と言いながら出て行った。

　別の学年で、春の遠足で岐阜県の伊吹山に行った時のこと。麓のスキー場から頂上まで 3 時間以上かけ歩いて登った。頂上近くの広場で登った者から昼食を食べていた。私は遅れ気味の生徒と一緒に登り、やっと広場に着くと、すでに早く着いて食べ終えた生徒数人が、つないだ手を頭上にあげて私たちをWe are here. と言って迎えてくれた。

　はぁはぁ言いながらみんなで『WE ARE HERE!!』

2	be 動詞 過去形	見える was と見えない was

＜言語材料＞

　新出語句：was　were

＜ Grading ＞

　1：will take　taking　took

　2：will put　putting　put

　3：was　were

　4：will give　giving　gave

　5：will go　going　went

　6：will be　　※ 4 〜 6 については第 4 章で詳しく述べている。

・1、2 の take / put の授業で物を取ったり、置いたりするときの 3 つの言い方（未来、進行、過去）が言えるようになる。物を移動させるので、今までの場所と新しい場所をコントラストすることができ、was / were の文を言いたくなったり、必然性が出てきたりする。この機をのがさず was / were の授業は take / put に続けて教えることが有効である。

・take / put の文はそれまでの文と比べて長くなり、情報量も多くなる。動作する人、その動作の内容（それぞれ 3 つの言い方から選択）、動作の対象物、前置詞の選択、そして場所、これらの情報を日本語とは異なる順序で言わなければならないため、学習者の状況に応じて必要なら復習の時間を was / were に入る前に設けること。

・次に所有の移動を表す give を学習する。この流れはとても自然で、学習者は少しずつ無理なく言えることが広がっていくことを実感し、より意欲的になりやすい。

・take / put の授業ではそれぞれの 3 つの使い分けが授業のねらいであるが、この 3 つの使い分けの文ばかりを言わせるのではなく、「初めにあった場所」「動作の後の新しい場所」を言うことが、was / were の授業の準備となることに気をつけたい。まずその物の場所を確認して、次に動作の言い方の使い分け、そしてその物の新しい場所の確認をすることが大切なポイントである。

・take / put による物の場所の移動、give の物の所有者の移動、そして go で人の移動が言えるようになる。go まで学習すると時間の流れをはっきりと意識できるようになり、was / were や is / am / are とコントラストして will be

の意味が理解できるようになる。この grading はとてもよく考えられており、この順で指導することが最大限の効果を上げることにつながる。

・EP1 では、was は 15 ページ、were は 39 ページで扱われているが、中学校での筆者の経験では、この授業までに複数で言わなければならない場面を十分に扱っていれば、was / were をいっしょに教えるのは大きな問題とならない。逆に自分でいろいろな文を作って練習するときに were を教えていないと、複数の物を動かした場面で They <u>was</u> on the board. となり、不都合なことが出てくる。

＜準備＞

・ドアに写真、黒板に世界地図、カレンダー、トランプ数枚、窓に写真を貼っておく。テーブル（教卓）に箱を置いておく。

＜授業の流れ＞

① will take / taking / took、will put / putting / put の復習

・前時のワークシートを読む。教師の後について読む。ペアワークで練習。

・ライブで確認する。

　　◆take / put の文だけでなく、その物の場所を表す文をつけることを忘れない。

　　That picture is on the door. He will take the picture off the door.

　　He took it off the door. It is in his hand.

② was の導入

・生徒に黒板の地図を取り外してもらう。

　The map is on the board. He will take the map off the board.

　He is taking it off the board. He took it off the board.

　　◆地図をとめていたマグネットはそのまま地図のあった 4 隅に残しておくことを忘れない。

・It is in his hand. は言わせないように、すぐに箱に入れるように指示する。生徒は I will put the map in the box. I put it in the box. It is in the box.

　　◆地図の一部が箱から出ていて見えると言いやすい。

・地図を指して The map is in the box. をコーラスで確認したら、地図があった黒板の場所（その 4 隅にマグネットが残っている）に手を置いて、It was on the board. 少し間を置いて、箱の中の地図を指して It is in the box. と再度言ってから、黒板の地図があった場所に手を置いて It was on the

board. と言って生徒に発言を促す。
全体と個人練習をまぜながら He took
the map off the board.　He put it in
the box.　It is in the box.　It was on the
board. を練習する。

　　◆地図の場所を黒板 on the board
　　　→手 in his hand →箱 in the box
　　　と 3 ヶ所にするよりも、黒板と箱の 2 つの違いにした方が is と was が
　　　クリアにコントラストできるので、It is in his hand. の文を言わせない
　　　のがポイント。
・同じように写真で練習する。
・ペアワークで練習させる。
　　　◆is と was の文だけでなく、took / put の文も練習させる。
　　　◆検定教科書では Unit1 で not を学習するので、学校では The map was
　　　　on the board.　It is not on the board. の流れも有効である。
・練習した内容を発表する。
③ were の導入
・黒板にまとめて一緒に貼ってある数枚のトランプを取らせる。
　Those are playing cards.　They are on the board.　She will take the playing
　cards off the board.　She is taking the cards off the board.　She took the cards
　off the board.　They are in her hands.
　　　◆トランプを箱に入れると見えなくなるので、手に持たせたままの方が
　　　　現在の場所を言うときに言いやすくなる。
・ここで黒板のトランプがあった場所を指さすと生徒は元気よく They was on
　the board. と言う。間違いは訂正しないままで They were on the board.　少し
　間をおいて The map was on the board.　The picture was on the board. と確認
　して The cards were on the board. と、それぞれの was / were の場所を指しな
　がら導入する。
・コーラスと個人練習をバランスよくまぜながら練習する。トランプだけでな
　く、地図や写真も入れて練習する。
・時間が許せば窓の写真（1 枚 or2 枚）取らせて、同様に練習する。
　　　◆練習として使う物は、1 つ 2 つ多めに準備しておくとよい。

◆この予備の物は今回の授業では、絵やワークシートの答合わせで黒板を使うので、窓に貼っておいたほうがよい。

◆ I was / You were の扱いについては指導時期によって注意が必要である。中学 1 年生の 1 学期にこの授業を実施するときは、原則として次の時間に復習をしながら、導入したほうがよい。2 学期後半や 3 学期に実施するときは、学級の take / put の理解の状況に応じて判断する。1 学期におこなうときは、at the board / table が未習なので、here / there を使って練習するとよい。GDM の授業の最初に学習する is / am / are + here / there の文はいろいろな場面でとても有効に使えるので、常に使うように心がける。

④ 絵で確認する

・take / put で使用した絵を使った方がよい。took / put の絵に was / were の内容を点線で描き込む。EP1 p.15, 16, 21 参照

⑤ 文字カードで新出語と既習語で必要なものを確認、練習。

⑥ ワークシート

 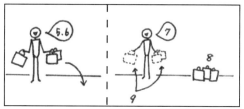

1：She will take her hat off her head.　2：She took it off her head.

3：It is in her hand.　4：It was on her head.

5：These are my bags.　6：I will put my bags on the floor.

7：I put them on the floor.　8：They are on the floor.

9：They were in his hands.

　　※ 吹き出しの中にない番号の文は、学習者がその様子を述べている。

・第 5 章で紹介しているワークシートの線画と問題は、金城学院中学校で島岡久恵教諭が実践したものを提供していただいた。

・授業の写真は、GDM を授業に取り入れている名古屋経済大学市邨高等学校で撮影したものである。

＜人の was / were を追加＞

1 : I am here.

2 : These are my bags.

3 : Your bags are in your hands.

4 : I will put my bags on the table.

5 : I put my bags on the table.

6 : They are on the table.

7 : They were in my hands.

8 : You are here.　9 : You were there.

10 : I am here.　　11 : I was there.

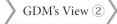

GDM's View ②　　♠♠ was の可視化は英語脳への近道 ♠♠

　検定教科書では次のような基本文が使われている。

This pen was 150 yen last week.（NH 2016 年版）　Were you a starter in the last game?（NH 2021 年版）　My father was a baseball player.（NC 2016 年版）　My father was a soccer fan then.（NC 2021 年版）

このように検定教科書における was / were の基本文は、その意味内容を頭の中で想像しなければならず、見ることはできない。すなわち『見えない was』で、過去のことは be 動詞の過去形 was / were を使うという説明で理解することになる。教師から見れば簡単なルールかもしれないが、時制の概念が違う他言語の英語を文法というもっとも抽象的な手段で理解させることになる。

　これに対して GDM の導入では、授業の流れ②の was の導入にあるように、地図が貼ってあった黒板にそのマグネットが残っている。地図自体も数分前までそこに貼ってあったので、その残像と 4 隅のマグネットにより、地

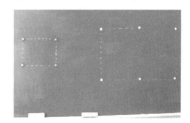

図がそこにあったことが明確に意識できる。すなわち『見える was』となっており、この SEN-SIT から前にあった場所を言うときには is / am / are ではなく、was / were を使うということに生徒自ら気づくことができる。『見える was』が導入のポイントになる。この観点から考えると、手にあった物を黒板に貼る、箱の中にあった物をテーブルの上に置くといった場面よりも、黒板に貼ってあった大きな物を箱の中に移動させるという場面が、学校の教室ではいちばんクリアで分かりやすい SEN-SIT と言える。

3	冠 詞	イスの脚で冠詞を教えよう

＜言語材料＞

・冠詞 a / the の使い分け

＜ Grading ＞

・That is a window of the car. のような「部分 of 全体」の言い方が定着していることが必要。　　　　≫≫≫ 本書 p.37

・この授業の後、教科書の本文などで冠詞の使い方を指導するときは、この授業の内容を復習すること。その時 $\boxed{\text{a leg}}$ $\boxed{\text{the leg}}$ $\boxed{\text{legs}}$ $\boxed{\text{the legs}}$ の文字カードを見せると効果的である。　　　　≫≫≫ 本書 p.123

＜準備＞

1 本脚のイス、ホワイトボード、3 本脚のイス、4 本脚のイス

＜授業の流れ＞

① a leg of...? クイズ

・教卓やイスを使って That is a leg of the table / seat. の練習をする。

・線画で何かの脚の部分だけ見えるようにして、生徒に提示する。1 本の脚を指して This is a leg of... 何だろうという表情で生徒の意見を待つ。何の脚かをいろいろ想像させる。

　　例：グランドピアノの 3 本の脚、飛行機を真正面から見た絵、ホワイトボードなどがおもしろい。

　　◆考えたことを気軽に発表しあえる授業の初めの雰囲気作りを大切にする。本時のポイントは a leg / legs / the leg / the legs の使い分けを考えさせることなので、of ... の部分がスムーズに言えるように練習させる。

　　◆こういったクイズをするときに線画はとても有効である。

② the legs の使い方に気づかせる。

・3 種類のイス（1 本脚、3 本脚、4 本脚）とホワイトボードを提示する。
That is a board. Those are seats.

・ホワイトボードや 4 本脚のイスの 1 本を指して、That is a leg of the board /
seat. と確認する。次に 3 本脚のイスの 2 本を指して Those are legs of the
seat. 別の 2 本を指して Those are legs of the seat. 4 本脚のイスでも同じよう
に確認する。

> ◆chair は、1 人がけで背もたれがあり、持ち運びできるイスに使う語で
> ある。ここで使う 1 本脚や 3 本脚のイスは chair とは言えず、その結果
> of 以下を chair / board / stool などと言い分けなければならなくなり、
> この授業のねらいには大きなマイナスとなる。この点からも seat をま
> ず使えるようにすることは合理的である。　　　≫≫≫ 本書 p.35

・4 本脚のイスの 3 本を指して Those are legs of the seat. 違う 3 本でも練習。テ
ンポよく発言させながら、3 本脚のイスに移り、その 3 本を示して Those are
legs of the seat. と生徒が発言したら、しっかりと全員の集中がイスに向くよ
うにして、脚を 1 本ずつしっかりと順番に指さしたら 3 本を円を描くように
指さしながら Those are the legs of the seat. もう一度 the legs を強調して言う。

　　4 本脚のイスに戻って、3 本を指して Those are legs of the seat. を確認する。
別の 3 本に変えて Those are legs of the seat. であることを全体で言って確
認する。3 本脚のイスに移り 3 本を指して、生徒に Those are the legs of the
seat. と全体と個人で確認。

> ◆今までのテンポより少し遅くして、the legs と legs のコントラストから
> その使い分けを考えさせるようにする。

・4 本脚のイスの 4 本を指して教師は言わずに生徒の発言を待つ。Those are
legs や Those are the legs とそれぞれ言わせて、教師がゆっくりと Those are
the legs of the seat. と the legs であることを伝える。

・3 本脚の 2 本を指して Those are legs of the seat. であることを全体で確認し
たら、ホワイトボードの 2 本を指し示す。少し時間を取って legs なのか、ま
たは the legs なのかを考えさせ、Those are the legs of the seat. を確認。

> ◆クラスの状況に応じて、ここでペアワークをさせたり、使い分けのポ
> イントを話し合わせたりしてもよい。

③ 1 本脚の 1 本

・複数の legs と the legs をランダムに指示して、全体と個人でバランスよく練

習させる。
- 複数の脚を Those are legs / the legs.... で練習していくなかに単数の脚 1 本の言い方 That is a leg.... を入れていく。
- 1 本脚のイスを教卓に置いてその脚を指し示す。生徒に発言するように促すと That is a leg of the seat. と That is the leg of the seat. の両方が出る。教師は a leg, the leg と言いながらどちらだろうという感じで正解を言わず、生徒で話し合うように指示する。それぞれの根拠を話し合わせ、発表させる。

　　◆ 文法用語ではなく、the をつける根拠を生徒の言葉で表現させることを大切にしたい。たとえば
　　・2 本と数が同じでも legs になったり the legs になったりするから 1 本だからいつも a leg になるわけではない。
　　・他の組み合わせがあるときは legs になって、それしかないときは the legs と the がつく。
　　・全部の時は the legs だから 1 本でも 1 本脚のイスのときは全部と考えられるから。
　　・分数で考えると分かりやすい。イスの脚全部の数を分母、指し示している脚の数を分子で考えると、分子＝分母の時に the がつく。

④ 絵を使って練習
- 単語カード ┌─────┐ ┌─────┐ ┌─────┐ ┌─────┐ を
　　　　　　 │ a leg │ │ the leg │ │ legs │ │ the legs │ 示す。
　　　　　　 └─────┘ └─────┘ └─────┘ └─────┘

- 右のような線画を黒板に貼る。脚に色の違うマグネットを置いて、4 つの使い分けを練習する。

- 次の 4 つの文の使い分けができるようにする。

That is a leg of the table.　Those are legs of the table

Those are the legs of the table.　That is the leg of the table.

⑤ ワークシートに取り組む。

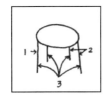 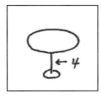 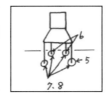

1：This is a leg of the table.　　2：These are legs of the table.

3：These are the legs of the table.　　4：This is the leg of the table.

5 : This is a foot of the seat.　　　6 : These are feet of the seat.

7 : These are the feet of the seat.　　　8 : They are on the floor.

9 : These are the hands of the clock.

10 : This is a long hand of the clock.

11 : The feet of the bird are on the table.

12 : They are off the table.

　　 They are not on the table.

13 : They were on the table.

> GDM's View ③　　♠♠ a や the に困ったらイスの脚にもどる ♠♠

　生徒はこの a leg / legs / the legs / the leg の使い分け自体はよく理解できる。しかし leg の使い分けができればそれで十分なわけではない。他のいろいろな場面でも leg の使い分けのポイントから、その文での冠詞の意味を正しく理解することがねらいである。

　例えば、Our English teacher is Ms. Sato. Her class is very interesting. The students in this class like her class. と Students in this class like her class. の意味の違いを教えるときに、a leg / legs / the legs / the leg の使い分けに戻って考えさせると有効である。

　2000 年頃の 3 年のある検定教科書で、バングラデシュの農村にホームステイに行った中学生がそこの家事を手伝う場面で Pumping water from a well isn't easy. という文があった。この文の意味を理解するときのキーワードは、"a well" である。"the well" と "a well" の意味の違いは「井戸から水を汲み上げるのは容易ではない」と日本語に訳しても分からない。この違いを生徒にどう気づかせるかということが、アクティブ・ラーニングの授業の鍵となる。

　まず a leg / the leg の授業を思い出させ、イスの脚での使い分けを確認する。次に leg ⇒ well を確認して、この文では seat にあたるものが書かれていないので、それがなんなのか考えさせる。ホームステイ先での家事についての文なので、生徒はその家の井戸ということに気づく。そうするとふつうは家には井戸がひとつだから、1 本脚の時と同じになり、the well となるはず。しかしここでは a well と言っているので家の井戸ではない。このことからこの家には井戸がないことが分かる。そうするとこの a well はどういう井戸かというと、村にいくつかある共同の井戸のひとつという内容になることに気づ

く。右の図のテーブルの面が地図のなかの村の範囲、そして脚がその村の中の共同井戸を表す記号といったイメージが持てると、村に 4 つある共同井戸のなかのいちばん近い井戸に家から行き、水を汲んで頭に乗せたり、両手に持ったりして 1 時間近くかけて

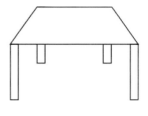

家に戻ってくることに気がつき、「井戸から水を汲むのは容易ではない」という日本語訳（訳としては正しい）では分からない、ほんとうの意味が理解できる。家にある井戸から水を汲むのは、たとえそれが桶で汲んだとしても not easy というほどではない。イスの脚の授業をしていないと、"a well" の意味については説明をして知識を教える授業にならざるを得ない。

　ある検定教科書の比較を教える unit で次のような 2 つの文が出てくる。ひとつは魚の大きさを比べて The tuna is smaller than the dolphin. もう一つはボールを比べて A baseball is bigger than a tennis ball. と魚には the を使い、ボールには a をつける。ボールの文は Listening の言語活動で出てきているので生徒はあまり気づかないが、気づいた生徒が質問したときに先生はどう答えたらいいだろうか。「どちらでもいいよ、同じだよ」では生徒の学習機会を奪ってしまうことになる。この時にイスの脚の授業をしていれば、次のように生徒を考えさせることができる。生徒に「この教室でボールを実際に比べようとしたらどうする？」と問いかけると、「部室に行ってボールを持ってくる」と答えるだろう。そこで部室のボールの様子を思い浮かべさせる。当然のことながら箱とか篭にたくさん入っており、そのことを確認して、ボールをどう取るかと聞けば、どれでもいいから 1 個持ってくる。なぜなら大きさはみな同じだからと答える。この場面をイスの脚の授業の時のどのイスと同じか考えさせれば、すぐに a leg of... の場面であることに気づき、the にならないことが理解できる。

　魚を比べるときはどうかを考えさせる。これも当たり前だが、同じ種類の魚でもそれぞれの大きさは違っている。しかし、魚の種類ごとにみんなの頭の中にはだいたいこの魚の大きさはこれぐらい、といった共通的な大きさの概念があり、それにもとづいて大きさを比べているということに気づかせれば、イスの脚の場面では 1 本脚の 1 本と同じであることに気づかせることができ、the tuna と the を使うことに納得できるはずである。

　このようなことを「総称を表す・・・」といった文法用語で説明しても、もちろん正しい説明であるが、中学生にとってはあまり意味をなさない。あるひ

とつのことを発展させ、自分の力で別の課題を解決していく力の育成が、中学校のそれぞれの教科で今現在求められていることである。このことに対して、この冠詞の例からも分かるように GDM を活用した授業はとても有効である。

4	for	cup から教えて丸暗記からの脱却

＜言語材料＞

・前置詞 for

＜ Grading ＞

・for は in, on のように場所を表わす基本的な意味がないということもあり EP Book1 の初出は 97 ページとたいへんうしろのほうである。

・検定教科書での初出は次のように非常に早い。

It's a recipe for curry.（*New Horizon* 2016 年版）58 ページ

It's the symbol for "school."（*New Horizon* 2021 年版）22 ページ

It is for soccer.（*New Crown* 2016 年版）37 ページ

You do not need a ticket for the show.（*New Crown* 2021 年版）32 ページ

・学習者にとって上記の 4 つの for の文では、地図記号の学校を説明する文の It's the symbol for "school." が for の基本的な意味や使い方を理解するのにいちばん難しい。

＜授業の流れ＞

○ 準備

・用途が違うカップ 3、4 個。例：コーヒー、紅茶、日本茶、抹茶、日本酒等 これらのカップを入れるバッグ

① カップで導入

・カップの入ったバッグを見せる。生徒は何が入っているかわからないので、What is in the bag? と聞く。それに対して教師が What is in the bag? と聞き返して、推測して答えるように促す。A ball is in the bag. とか Pens are in the bag. など言わせて、バッグの中のカップを取り出す。

　　◆take, put や see などが既習であれば、これらの文を適切な場面で生徒に言わせることを忘れない。

・取り出した 3 個のカップを手に持つ。生徒は Those are cups. They are in your hands. They are there. など既習の文を言う。

・持っていたコップを教卓に置き、日本茶用のコップだけを生徒によく見え

るように持ち上げ、This is a cup for Japanese tea. This is a cup for Japanese tea. と 2 回、for Japanese tea の部分をゆっくり発音することに気をつけて言う。ここでは生徒にリピートさせない。先生が何を伝えたいのか、初めて聞く「フォ」という語は（まだ文字は見せていない）どういう意味だろう、とかいったことを生徒は考えている最中なので、オウム返しのリピートはその妨げとなる。

・コーヒー用のカップを持ち上げて、This is a cup for coffee. と言う。

 ◆cup のあとにほんの少し間をおくと、生徒は自分の考え、推測をすることができるので、このような場面では natural speed ではなく、生徒の表情や反応を見ながら適切なスピードで言うことを心がけるとよい。

もう一度 This is a cup for coffee. と言う。ここでも for の部分をゆっくり言うと、何人かの生徒は coffee とつぶやく。このような様子を把握しながら、日本茶用とコーヒー用のコップをそれぞれ手に持つ。

 ◆生徒全員が集中してしっかりと 2 つのコップを見ていることを確認することが大切である。見ていない生徒には適切な指導をすること。

どちらかのコップを少し上に持ち上げて生徒に発言するように促して、That is a cup for Japanese tea. もう一方のカップを持ち上げて、That is a cup for coffee. とコーラスさせる。そのあと個人指名をして個人練習をする。

・教卓に残っているもう一つのカップを持って、コーラスあるいは個人で発言させる。すでに 2 つのコップで練習しているので、教師が This is a cup for tea. と生徒より先に言わないようにする。

 ◆できるだけ生徒から発言させるようにすると自然に自分の考えを持つようになり、間違えてもいいのでこうかなと思ったことをチャレンジして言ってみようという雰囲気ができてきて「主体的な深い学び」につながっていく。

・3 つのコップについてペアワークで練習し、発表する。

② 身のまわりの物で練習

・教室内を見渡して for... を使って詳しい情報を付け加えた説明できる物で練習する。例えば、小学校や中学校では生徒の水筒をまとめて入れておく箱やバスケットがよく置いてあり、for our bottles と言える。図書の学級分館が

設置してあれば、その box とコントラストして提示できる。清掃用の水拭き雑巾は、床用と机用に分けられているので for tables や for the floor と練習できる。テニス部の生徒がラケットを教室に置いていれば、そのラケットのバッグと体育館シューズを入れているバッグでも練習できる。

・次に学校内の物に話題を広げていく。学校の見取り図や写真を使うと分かりやすい。

　例：トイレ、運動場の野球用とソフトボール用のバックネット、下駄箱は生徒用、教師用、来客用と分かれており練習の材料となる。

　　　◆教師がすべて指示をして言わせるのではなく、途中からは生徒に見つけさせるようにしたい。生徒の答の中には、とうぜん間違いも含まれるが、この誤答も理解を深めるのにとても役立つ。生徒が間違いを恐れず気軽に発表できる雰囲気を作っていくのも、とても大切なことである。この点からも生徒に見つけさせる活動は有効である。

③ カップの for をステップアップ

・最初に使ったカップを手に持ち、ひとつずつ提示する。生徒は That is a cup for tea. That is a cup for coffee. That is a cup for Japanese tea. と発言する。3 つのコップを指し示して教師は They と言って生徒に発言を促す。生徒は They are in your hands. と言う。個人指名をして確認する。

・3 つのコップをそれぞれ違う場所に置く。教卓の上、コンピューターの横、イスの上、箱の中など。教師は両手を見せながら、The cups are not in my hands. They are not here.（was / were が既習なら、They were in my hands. They are not here. も言える）と確認して、一つのコップを指し示して Everyone. などで生徒に発言を促す。生徒は The cup と言うのでそれに続けて for tea とリードして is on the table. と続けていく。もう一度はじめから The cup for tea is on the table. とコーラスで確認する。3、4 人の生徒を指名して練習させる。The cup for tea までを一気に言うように導く。

　　　◆Where の疑問文が既習なら、They are not in my hands. Where are they now? もねらいの文につなげるのに有効である。

・他の 2 つのコップについても練習する。The cup for coffee is in the box. The cup for Japanese tea is by the computer. など。

　　　◆実物を見ながら言った方が、英文の意味がイメージとしてしっかり頭に残るので、入れる箱は透明で中のコップが見えるもののほうがよい。

◆この subject（The cup）に形容詞句（for tea）が続く形の文は日本人学習者にとって苦手な文の一つである。上記の授業の流れ③のような「見える場面作り」は有効な対策となる。ここでもう一つ忘れていけないこととして、GDM で It is here / there. を最初に学習することの効果があげられる。この here / there を使って be 動詞を導入するのは、単に is / am /are の使い分けを定着させるためだけではない。It is here / there. から始まり、That is your book. It is there. と常に場所を意識させ、それが in / on の学習につながり、was / were の意味の理解を日本語訳に頼ることなく実感させることができる。このように It is here / there. が英文の土台として定着しているので、It ⇒ a cup ⇒ the cup for tea また here ⇒ on the table と自然に広げていくことができる。

・ペアワークで練習させる。

④ 文を書いて確認する。

・英文を教科書のスペース、あるいはノートに書く。絵も描かせる。

This is a cup for tea. It is in my hand.

The cup for Japanese tea is on the table.

> **GDM's View ④**　♠♠　for で関係代名詞の準備をしよう　♠♠

　授業の流れ③で指導する The cup for tea is on the table. の文のねらいは、for の理解よりも、中学 3 年で学習する関係代名詞の理解にむけての準備である。この文の the cup for tea の部分は主格の関係代名詞 which, who, that の文構造とまったく同じである。また、コップが 1 つだけなら for tea と情報を付け加える必要性はないが、3 つあるので the cup だけではどのコップか分からない（Which? と聞きたくなる、聞かなければならない状況）ので、それを区別する情報として for tea が必要となる場面も、関係代名詞が使われる場面と同じである。　　　≫≫≫ 本書 p.204

　つまり関係代名詞の文の基本的な文構造の理解は、このように 1 年生でも GDM の grading を取り入れた指導をしていれば、十分に可能であると言える。EP1 では、関係代名詞 which（主格）の文は 50 ページで学習する。もちろん、中学校で現在の検定教科書を教えていくときに 1 年生で関係代名詞を教えたほうがいいと言っているわけではない。この授業の for のように 3 年で教えることになる関係代名詞を見すえた指導が必要であることを強く指摘したい。

| GDM's View ⑤ | ♠♠ 英語脳を使って考える力をつける for ♠♠ |

検定教科書の Word List で示されている for の日本語訳の種類はとても多い。*New Horizon* では 12 個、*New Crown* では 9 個の意味が載せてある。この List を参考にして for が出てくるたびに、その日本語訳と使い方を説明すると次のようになる。(2021 年版 *New Horizon* 1 年　ページ順に記す)

　　1： It's the symbol for "school." 「代理・代表」～のかわりに、～に相当する

　　2： What do you have for breakfast? ～として

　　3： ... nice spots for diving in Cebu 「用途・適合」～するための、～に適した

　　4： and take a rest for an hour 「時間・距離」～の間

　　5： I'm taking a video for Meg. 「利益」～のために

　　6： Best wishes for your birthday. 「対象」～に対して

　　7： I don't want to be late for the presentation. 「特定の日時・機会」～に

　　8： I'm looking for Midori Station. 「目的・用意」～のために、～を求めて

このように細かく分けて理解、覚えていく学習はまさしく「丸暗記」の学習で、それ故に英語は暗記学習とよく言われる。こういった学習では「考える力」をつけることはできない。授業のなかで考える活動の反対の活動は何かと言うと、それは「丸暗記の活動」である。

　a cup for tea という使い方を for の意味の代表（ルートセンス）として最初に理解した生徒はどのようにこれを広げ、考えていくのかを見てみたい。

　1 の symbol for school では、紅茶を飲むのに使うカップにおける「cup」と「tea」の関係と、学校を表すのに使う地図記号の「記号」と「school」の関係がほぼ同じと考えるのはそんなに難しいことではない。しかし、grading のところで言及したように、初めて出てきた前置詞 "for" の使い方を、the symbol for school で理解させるのは、非常に難しい。日本語訳で説明し、「そのまま覚えなさい」となってしまう。次に出てくる for breakfast や for diving にはまったくつながらず、「今日は for の新しい意味の使い方を習います。それは～」といった授業になってしまう。

　2 の for breakfast では、... for breakfast の ... を聞いているので for の使い方が分かりづらい文であるが、3 種類のパンがあって、それぞれ朝食用、昼食で食べる、夕食と考えれば a cup for tea と同じ感じで使える。

　3、5 そして 6 の使い方も同様に考えて自然に使える。このように使ってい

けば、行き先の違うバスが 3 台あったときに、それぞれのバスを「～へ行くのに使うバス」と考えれば That is a bus for.... といったように for を使うことに気づく。「電車やバスの行き先は for で、go to... の to は到達点を表している」といった「わけのわからない説明」をして丸暗記させるのは、「考える力」をつける活動とは真逆の活動である。バスの行き先はバスが到達する地点と同じということは少し考えれば分かるので、このような丸暗記の指導は自分で考えることをさせない指導に結果的になってしまう。

　4 の for an hour は、a cup for tea からはだいぶ離れているので、つながりを生徒は実感しづらい。このようなときは「for をこんな場面でも使えるよ」という感じで導入すれば、それまでにていねいに for を指導、そして使わせていれば大きな問題とならない。

　次に a cup を Thank you. とか leave home などの動詞句、動作に広げていく段階の指導について述べる。「感謝の気持ち」と「その対象」との関係が「カップ」と「紅茶」の関係の延長線上にあることに気づくのは難しくない。leave home を「出かける」という日本語で理解させると go と同じ感覚になり、leave A for B という熟語で丸暗記させる指導になってしまう。leave は「～から離れる」がいちばん根本的な意味である。日本語の「出かける」は離れるという意味合いは薄く、行き先に主眼がある。leave home は家を離れたあとの動きを伝える意味は含まれていない。この離れる「leave home」を a cup と捉えれば、for school とか for Tokyo というのは抵抗なくイメージできる。このような流れで for を理解し使っていけば、be late for... や look for... をその延長線上で捉えることができ、その使い方を生徒は自分の力で学んでいく。

　a cup ⇒ a bus ⇒ leave home と for の使い方を広げてきて be late for... や look for... の使い方を覚えていくのと、機械的に「～に遅れる」「～を探す」と丸暗記させる指導では、どちらが今求められている「アクティブ・ラーニング」になるか明らかである。

　一つのことをもとに、一見するとあまり関係が無いように見える別のことが、その本質や真の関係は同じ、あるいはつながっているということに気づくことは、考える力や抽象的思考にとても大切なことである。GDM の教え方の基本原則をいろいろなところで活用していくと、その指導は「考える力」を育てるものになっていく。

5	動名詞	文法用語よりイメージで英語脳を作る

＜言語材料＞

・動名詞　（1）finish + ...ing　　（2）動名詞が主語になる文

＜Grading＞

・2016 年版の 6 種類の検定教科書では、どの教科書でも動名詞は 2 年の指導事項である。

・上記の 6 種類の検定教科書では、動名詞を教えてから不定詞を教える流れの教科書と不定詞を先に教える教科書とがちょうど同じ数である。不定詞から教える検定教科書の動名詞の基本文は次のような文である。

I enjoy learning about Japanese culture.

I enjoy playing tennis.

We enjoyed listening to *rakugo*.

このようにどの検定教科書も enjoy の文である。動名詞から教える教科書では、2 種類の教科書の基本文は like ...ing、残りの 1 つは enjoy ...ing の文である。

＜授業の流れ＞

① 目的語に動名詞がくる文の導入

・文字を話題にする。例えば、Japanese has three kinds of letters. One of them is *hiragana*. Another is *katakana*. The other is *kanji*. など。

　　　◆教師がすべて言うのではなく、生徒から出させるように心がけることが、今求められている Small Talk のポイントである。

文字という意味の letter が未習の時は、次のように導入する。何か英単語を黒板に書く。blue と書いて The word "blue" has... と言って b から順番に l, u, e と指しながら one, two, three, four と数え four letters. The word "blue" has four letters. 次に green と書いて The word と言ったら生徒に一緒に言うように促して The word "green" has いっしょに数えて five letters. red と書いたら生徒に言わせる。生徒だけで The word "red" has three letters. 個人指名で、blue, green, red の文を練習して確認する。単語 letter を黒板に書いて確認する。

・生徒に Can you write the English alphabet? と聞き Of course, you can. OK. Two volunteers, come to the board and write the alphabet. などで 2 人の生徒

131

を募る。男女 1 人ずつのほうが、このあとの英文が言いやすくなる。

　一人の生徒に Please write the alphabet from A to Z. と指示する。その生徒は I will write the alphabet from A to Z. と言う。もう一人の生徒に You と言うと、生徒は I will write the alphabet from A to Z. と答えたら、No. Please write the alphabet from Z to A. と指示する。他の生徒に He will write the alphabet from Z to A. She will write the alphabet from A to Z. と確認させる。長い文だが、このあとの活動に必要な文なので、個人練習を入れるなどしてスムーズに言えるようにしておくことが大切である。

・黒板の両端から同時にスタートさせる。次の文をしっかり言わせる。
They are writing the alphabet. He is writing the alphabet from Z to A.
She is writing the alphabet from A to Z.

・A から書き始めた生徒が Z まで書き終えたら You finished. と言う。次に、Z から書いている生徒を指して、He is writing the alphabet from Z to A. You finished（書き終えたアルファベットを指して）writing the alphabet from A to Z. その生徒は I finished writing the alphabet from A to Z. と言う。

　全体や個人で He is writing the alphabet from Z to A. とコントラストさせながら She finished writing the alphabet from A to Z. 練習する。Z から書き始めた生徒は、途中で終わらせる。次の動名詞主語の文の導入のために、最後まで欠かせないほうがよい。

② 動名詞が主語になる文の導入

・Z から書いた生徒に Is it easy? と聞くと No, it is difficult. と答えるので、次に A から書いた生徒に Difficult? と聞くと、Easy. と答える。教師はその答を拾って Yes, easy.（A から Z の黒板の文字を指して）Writing the alphabet from A to Z is easy. と文で確認する。黒板の Z から途中までしか書けていないアルファベットを指して、コーラスで Writing the alphabet from Z to A is difficult. 2 つの文を全体や個人練習をする。必要ならペアワークで練習させる。

・2 人の生徒を席に戻らせる。不定詞が既習事項であれば次のような文も練習することができる。

　They went to the board to write the alphabet.

　She finished writing the alphabet.

　But he could not.

　Writing the alphabet from Z to A is very difficult.

③ Writing

・次のような絵を貼る。

絵を見ながら次の文を発表させ、練習する。ペアワークで確認する。それができたらノートに絵と文をかく。文を黒板に書いて確認する。

　1 : I finished writing the alphabet from A to Z.

　2 : He is writing the alphabet from Z to A.

　3 : Writing the alphabet from Z to A is very difficult.

④ ワークシート

　1 : How many letters are there in the English alphabet?

2：There are twenty-six letters in it.   3：Can you write the letters?

4：Yes, we can.   5：Is it easy?   6：Yes, it is.

7：Two students, Kinko and Yuriko, will go to the board.

8：Kinko will write the alphabet from A to Z.

9：Yuriko will write the alphabet from Z to A.

10：Yuriko is writing the alphabet from Z to A.

11：Kinko finished writing the alphabet A to Z.

12：Yuriko finished writing the alphabet from Z to A.

13：Writing the alphabet from A to Z is easy.

14：Writing the alphabet from Z to A is not easy (difficult).

GDM's View ⑥   ♠♠ コントラストを活用して教える動名詞 ♠♠

　GDM では、1 時間目の授業の I と You の導入から、常にコントラストを使って生徒に提示していく。I ⇔ You そして He ⇔ She 次に He・She ⇔ It というようにコントラストしていく。here ⇔ there や This ⇔ That は言うまでもない。in ⇔ on が分かったら、その on と off をコントラストして off の意味が分かる、というように広がっていく。take の授業では will take / taking / took の 3 つの中からまず 2 つをコントラストして使い分けを考えさせ、それをもとにもう一つを提示し、最終的に 3 つの使い分けを理解させる。

　このようにコントラストを使った導入は *English Through Pictures* を教えるときに効果的であるだけでなく、ほかのいろいろな場面、もちろん検定教科書を教える授業でも非常に有効である。

　finish + ...ing を導入する授業作りでは、どんなコントラストをつけた場面を作ればいいかが最初のポイントとなる。日本語でも同じだが「昼食を食べましたか？」と聞くときと「食べ終えましたか？」と聞くときでは前提条件が異なっている。「食べ終えましたか？」と聞くときは食べ始めたことが分かっているという状況で使われる。すなわち「食べ終えた？」と言うときには「食べている最中」のイメージが頭の中にある。「食べている最中」＝ eating であり、finish のコントラストは進行形、すなわち ...ing ということになる。文法のルールで finish に続く動詞は不定詞ではなく動名詞が来ると決められたのではなく、頭の中のイメージをふつうにそのまま言葉にした結果 finish ...ing という言い方になっているだけと考えれば、それを生徒に SEN-SIT で提示すれば

理解しやすくなる。SEN-SIT の観点からは、検定教科書の基本文の enjoy よりも finish のほうがクリアな分かりやすい場面を作ることができる。

　今回の授業案では、アルファベットを書くという中学 2 年生がとても簡単だと思っていることでも、Z から書けばたいへん難しいことになるというちょっとしたサプライズ的な活動で、文法用語を使った説明を聞くことなく、楽しみながら自然と finish ...ing の文が言えるようになり、動名詞の使い方が理解できるようになることをねらいとした。

♠♠　中学校でのワークシート例　♠♠　　 in　 on　 the

9. This is my bag.
10. This is my pen.
11. They are on the table.

1. This is my ball.　　5. Those are her bags.

2. It is in the box.　　6. They are in her hands

3. That is his bag.　　7. This is a picture.

4. It is on the table.　　8. It is on the board.　　≫≫≫ 本書 pp.21-23

6	不定詞（1）	分類よりも必要な情報を追加する感覚を

＜言語材料＞

・不定詞：副詞用法、名詞用法、形容詞用法

＜ Grading ＞

・不定詞は、2016 年版ではどの検定教科書においても 2 年での指導事項であったが、2021 年版では小学校英語の教科化にともない教科書によって指導学年が異なってきている。

・小学校の外国語活動の教材として使われていた *We Can!* では、want to ＋動詞の原形や want to be が扱われていた。2020 年からの小学校の検定教科書

においても want to + 動詞の原形や want to be は扱われている。

◆ 2021 年時点では「習っている」ではなくて「扱われている」と表現するのが適切である。つまり「習っている」＝定着させることを目標としているとは、小学校の英語科においては教科になってもまだ言えない。その結果、中学の教科書によって扱い方が今までとは大きく違っている。

【*New Horizon*】（東京書籍）

1 年の前半で「〜したい」「〜になりたい」という決まり文句のような形で want to ..., want to be ... が使われ、その後の本文では扱われず、約 50 ページ後に新しい文法事項として名詞用法を導入している。2 年で副詞用法と形容詞用法を同じ unit で導入している。

【*Here We Go!*】（光村図書）

1 年の前半で新しい文法事項として名詞用法を導入し、それ以後の本文でも扱っている。2 年で形容詞用法、少したって副詞用法を教えるというように配列されている。

【*New Crown*】（三省堂）

これまでと同じように 2 年での指導事項になっている。ひとつの Lesson のなかでまず名詞用法、次に副詞用法と形容詞用法が同じページで導入されている。

・It is ... to 不定詞は、*New Horizon* と *New Crown* ではこの不定詞に続けて指導するように配列されている。*Here We Go!* では 3 年での指導事項となっている。

┌─────────────┐
│ 形容詞用法 │
└─────────────┘

＜準備＞

いろいろなブラシを箱か袋に入れておく。お好み焼きの写真。

＜授業の流れ＞

① 食べ物の話題で Small Talk をする。

・給食のある学校では給食の内容について、時制の復習を兼ねて話題にする。

毎週火曜日はパンが出る ⇒ 現在形　We have bread for lunch on Tuesdays.

昨日の昼食 ⇒ 過去形　We had curry and rice yesterday.

今日の給食（午前中の授業）⇒ 未来　We will have curry and rice today.

（午後ならもちろん過去形）

・好きな食べ物を話題にする。そのなかでお好み焼きの写真を見せる。タレが

かかっていることがよく分かる写真がよい。さりげなく黒板に貼っておく。

② 不定詞の導入。

・いろいろなブラシを入れた箱、あるいは袋を手に持ってガサガサと振る。生徒は What is in the box? と聞く。ある生徒に中を見させ、他の生徒がその生徒に質問 What is in the box? や What do you see in the box?　生徒は I see a lot of brushes in the box. と答える。

　　　◆ 学級の状況に応じて、What did you see in the box? なども練習できる。他の生徒がその生徒に疑問文を言うときは、その生徒を立たせると誰に聞いているのかはっきりする。

・ブラシを箱から外に出して見せる。

　　　◆ 時制の定着が不十分なときは take を使った文でしっかり確認する。

　　　You will take the brushes out of the box.

　　　You took them out of the box.

　　　They are on the table. They were in the box.

・ブラシをひとつ手にとって This is a brush. もう一つ取り上げて This is a brush. と言って、種類の違うブラシなので brush だけでは言い分けることができないということに気づかせる。

・ペンキなどを塗るような刷毛を持ち上げて This is a brush to paint a wall or a fence. 靴磨きのブラシを取り上げて This is a brush to clean shoes. と詳しい情報を付け加える言い方を導入する。歯ブラシを持ち上げると、生徒は That is a brush to clean teeth. 以上 3 つのブラシについて全体や個人で練習する。

・絵筆を取り上げて That is a brush to paint a picture. 次にお好み焼きのソースを塗る刷毛を取り上げて、どう言えばいいか考えさせながら黒板に貼っておいたお好み焼きの写真を使い、刷毛でソースを塗る動作をして生徒は That is a brush to put sauce on *okonomiyaki*. と練習する。

　　　◆ 教室に生徒の習字の作品が掲示してあるようなときは毛筆も使える。

③ 不定詞の表現を練習する。

・生徒に There are other brushes in this room. と言って考えさせる。What is it? や Where is it? と聞きながら生徒の答を待つ。掃除道具が入れてあるロッカーの前に移動して There are other brushes in this box. と言う。2、3 本取り出すと生徒は Those are brushes to clean the floor. と練習。

◆ 教室や学校に他にブラシはないか探させてもよい。

外掃除で使う落ち葉を集める竹ぼうきが生徒から出れば、簡単に黒板に竹ぼうきの絵を描いて That is a brush その周りに落ち葉を何枚か描き、それを集める動作をして to put leaves on the ground together を導き出す。

黒板の桟(さん)のチョークの粉を集める小型のほうき（荒神ぼうき）が黒板の横にかけてあるのを生徒が指摘したら That is a brush to clean that part of the board.

・授業の初めにブラシを入れておいた箱を持ちながら教師は I showed you a lot of brushes. They と言って箱を指さすと生徒は They were in the box. 教師は They are not in the box now. Where are they? ときょろきょろする。

◆ ブラシは紹介したら、それぞれ違う場所に置いておく。

・ブラシを見つけた生徒に発表してもらう。The brush で言いはじめて、そのあとどう言えばいいか困ったら to とヒントを出して to clean teeth is on that table. と発言。The brush to paint a wall is by the computer. 教師のポケットに入れてあるブラシに気づいた生徒は The brush to put sauce on *okonomiyaki* is in your pocket. など練習できる。

◆ 上記の文の文構造は、中学生が苦手な文のひとつである関係代名詞節が文の主語についている文と同じである。必要な情報を後ろに付け加えていくという英語の文構造を理解するのにこの活動はたいへん有効である。そして文構造としては難しい文であるが、プリントのドリル問題ではなく、実際の物を見ながら発言する活動であるため、生徒にとっては言いやすい。　　　≫≫≫ 本書 p.128 p.164

④ Writing で確認する。

・生徒は自分でブラシをひとつ選び、それを手に持っている絵を描いてその英文を書く。This is a brush to clean teeth. It is in my hand.

・テーブルの上にブラシが置いてある絵を描かせ、次の文を確認する。The brush to put sauce on *okonomiyaki* is on the table.

副詞用法・名詞用法

＜準備＞

写真：東大寺、奈良の大仏、ピラミッド、いろいろな物が積んである車

◆ 注意深く見ると、あるいは近くで見ると意外な物が写っている写真が

生徒の興味、関心をひくので教材として使いやすい。筆者の実践では

- 関西空港の写真・・・多くの飛行機、いろいろな車、空港タワーなどが写っていて、遠くに小さく船が見える。
- 万里の長城の写真・・・山のなかに続いている万里の長城にたくさんの観光客やいろいろな色の旗がまず目につく。しかし壁のわきの木立のなかにライトアップ用の照明器具が写っている。

このようなよく知っている有名な場所の写真のなかに意外な物が写っていると使いやすい。

◆ 今回の授業案では数による意外性を活用している。

＜授業の流れ＞

① 写真を見せる。

・教師は写真を手に持ち、写っているいろいろな物を生徒とのやり取りのなかで確認していく。

　T : What do you see in the picture?

　L1 : I see a mountain in the picture.　　　L2 : I see the sky in the picture.

　L3 : I see trees in the picture.

　・多くの生徒に発言させ、授業の雰囲気作りをしていく。

② 不定詞の導入

・東大寺の写真を見せ、いろいろやり取りをする。場所や鹿などを話題にして建物の中の大仏の話に持っていく。

　◆ 既習の文の復習をうまく入れていくように心がける。

　　We see a lot of animals around the building. What are they?

　　They come to visitors and get some food. Some of the visitors give them
　　　shika-senbei.

　　There is a very famous big statue in the building. Do you know its name?

　生徒が奈良の大仏と答えたら
No, its name is *Rushanabutsu.*
We call it the Great Buddha of
Nara.

・奈良の大仏の写真を見せる。生徒は
That is a picture of the Great Buddha of
Nara. と確認。How tall is it? や How old

is it? などのやり取りを終えたら、大仏の写真をドアに貼る。

・次にピラミッドの写真を見せる。
教師は What do you see in this
picture? と言いながら 生徒の席
の間をまわって教卓に戻り、写
真を教卓の上に置く。そして
What did you see in the picture?

と聞き、生徒は I saw pyramids in the picture. I saw a desert in the picture.
I saw two camels in the picture. など答える。

・How many pyramids did you see in the picture? と何人かの生徒に聞く。I
saw three pyramids in the picture. と答えるので、教師に聞くように指示す
る（Please give the question to me. とか Question to me. など）教師が I saw
five pyramids in the picture. と答えると生徒は驚くので 2、3 人の生徒に見
に行かせる。見ている生徒に他の生徒が Do you see the five pyramids in the
picture? と聞く。Yes, we see them in the picture. と確認。

・教師は I showed you a picture of the Great Buddha of Nara. How many buddhas
did you see in the picture? 生徒が I saw one buddha. と答えたら教師は I saw
seven buddhas in the picture. と伝える。

・ドアに貼っておいた大仏の写真で確認する生徒を指名して、立たせる。その
生徒が I will go to the door. と発言したら、ピラミッドの写真を見に行って
教卓のところにいる生徒を指して They went to the table. と確認して、大仏
の写真を見に行く生徒に戻り He will go to the door to see the seven buddhas
in the picture. と導入する。教卓の生徒を指して、生徒と一緒に They went
to the table to see the five pyramids in the picture. He will go to the door to
see the seven buddhas in the picture. と確認。全体と個人で何回か練習する。

・次にピラミッドか奈良の大仏のどちらかを見に行く生徒を何人か募る。適当
なところでペアワークをして確認する。終わったら発表する。

③ 不定詞の文を練習する。

・右の写真を見せて、教卓に置く。生徒
が何を見たか発表する。

〈*New Crown* 3 年 p.87 より〉

◆ 関連があまり無いいろいろなも
のが写っており、人によって記憶
に残っているものが様々なので使
いやすい写真である。

・I saw a dog in the picture. という発言
が出たら、何人かの生徒に聞き、I did not see a dog. と言う生徒数人に絵を
見に行かせる。その生徒は、I will go to the table to see the dog. と練習。

・同じように I saw two cats in the picture. に対して、I saw a cat in the picture.
や I didn't see a cat. の生徒に挙手させる。教師は You can go to the table to
see the two cats in the picture if you want. と言って生徒に Do you want to
see the two cats? と聞く。生徒は Yes. I want to see the two cats. So I will go
to the table to see the two cats in the picture. 他の生徒は He will go.... で確認、
練習する。

・写真をよく見ると「だるまさん」シリーズとして人気のある絵本 3 冊が写っ
ているのでそれを話題にしても面白い。

◆ この絵本を取り上げるときは、1 週間ぐらい前に絵本を話題に Small
Talk をしておく。そのなかで「だるまさん」の本の写真を見せたり、
話題にしたりする。読んだことがあり、持っている生徒がいたら学校
に持ってきてもらい、生徒に紹介しておくとよい。持ってきた生徒の I
will go to the table to see the book of *darumasan* series in the picture. の
発言は、その生徒にとってとても印象に残るものになる。

◆ この Small Talk の時に誰もこの絵本のことを知らなかったら、取り上
げないほうがいい。

④ Writing

・簡単に絵を描いて次の文を確認、練習する。

There are two cats in the picture.

I didn't see them. So I want to see the two cats.

I will go to the board to see them in the picture.

⑤ワークシートで振り返る

1： There are three persons in the room.

2： Two of them are at the window.

3： The other is their mother.

4： She and her son are at the table now.

5： What did you see at the window?

6： I saw a frog on the seat.

7： Really?

8： I will go there to see the frog.

9： She went there to see the frog.

10： I do not see it. It was (isn't) there.

11： Emi isn't in the room. Where did she go?

12： She went to the kitchen to make tea.

13： She got three cups of tea.

14： Here you are.   15： They look happy.

16： They talked for thirty minutes.

17： I will go to the park to play tennis.

18： Can I go there?

19： Did you finish your homework?

20： No, I didn't.

21： 自由作文　例：You can't go out. You have to finish it first.

> GDM's View ⑦　　♠♠ 形容詞用法から教えて英語脳をステップアップ ♠♠

　2021 年版の 3 種類の検定教科書のなかで、名詞用法などの分類の用語がどう使われているか見てみると、3 種類とも、まとめのページでは使われている。そのうち 2 種類は、導入のページから使っている。

　～用法という用語を使った分類を理解し、それを覚えることが教科書では当たり前になっているが、それがほんとうにその文の内容理解に必要だろうか。分類することよりも、区別するのに必要な情報を付け加えるという英語の文構造における大切な基本原則を理解することの方がはるかに大切である。

　例えば、黒板に地図と富士山の写真が貼ってある場面で I will take the picture of Mt. Fuji off the board. と言う必要はなく the picture だけでコミュニケーションとして十分である。富士山の写真と東京タワーの写真が貼ってある時には the picture ではどちらの写真か分からないので of Mt. Fuji の情報が必要となるので付け加えるというのが英語の文構造の特徴である。

　the picture + of Mt. Fuji と the brush + to paint on a fence の文構造は名詞に必要な情報を付け加えるという点で同じであり、文法的な働きとしては形容詞という分類になる。I went to the park + to play tennis の場合は、S と V を備えた文に付け加えているので副詞という分類になるが、I went to the park をひとかたまりとして the brush と同じように考えれば、文構造は the picture + of Mt. Fuji や the brush + to paint on a fence と同じと言える。

　I like to play tennis. の文も I like を the picture と考えれば、文構造は同じである。富士山と東京タワーの写真を区別するのに of Mt. Fuji と付け加えるように、テニスをするのが好きなのとテニスの試合を見るのが好きなのを区別するのに to play tennis と付け加えると考えれば、用語による分類は意味内容を理解するのに必要なくなる。

　導入の時に用語を使った分類の説明をすることは、このように必要でないだけではなく、用語を覚えて分かったと錯覚するなど逆にマイナスになることが多い。GDM は説明をしない教授法なので、不定詞を使う必要がある場面を提示（SEN-SIT）して、その使い方や意味内容を学習者に考えさせ、気づかせるのを大切にしていく。このことは小学校や中学校などの英語学習の入門期における指導として非常に重要なことであり、新学習指導要領でも強く求められていることでもある。

　また高等学校で英語の苦手な生徒に対して中学校の内容を復習するような場合に、必要のない文法的な分類を暗記できなかった生徒に、また同じように丸暗記させても効果が出ないことは明らかである。ここで示したような別の観点からアプローチする GDM を活用したやり直しは有効な手段となり得る。実際にいくつかの高校で実践され効果を挙げている。

♠♠　中学校でのワークシート例　♠♠　　| will　take　taking　took (1) |

1. This is my bag.　　　　　　2. I will take my bag off the table.

3. I am taking it off the table.　4. I took it off the table.

5. It is in my hand.　　≫≫≫ 本書 p.28　　（2）は本書 p.150

7	不定詞（2）	ドリル練習 10 回より 1 回のリアリティ

＜言語材料＞

　疑問詞＋不定詞、It is ... for ＋人＋不定詞

< Grading >

・この不定詞は、2016 年版の中学校の検定教科書では、どの教科書も 3 年での指導事項だった。仮定法などが新しい文法事項として追加された 2021 年版では、2 年で指導する教科書も数冊見られる。

・疑問詞＋不定詞と It is ... for ＋人＋不定詞の指導順については、教科書によってまちまちであり、また 2021 年版で今までと逆になっている教科書もある。この 2 つの指導時期の間隔もいろいろである。

・ここでは、2 つとも折り紙を使って導入する授業なので、連続した 2 時間で指導する授業案となっている。

　　◆ 教科書における言語材料、すなわち語彙や基本文の指導順は必ずしも教科書の新出順に教えなければならないわけではない。教師が指導の効果の観点から見直すことが大切である。教科書の編集意図として指導順を重視していない言語材料が多くあり、上記のように同じ教科書

でも指導順が変わっているということから考えて、この不定詞もその1つであることは明らかである。

◆ 指導順（grading）に関しては、検定教科書では5年ごとの改訂でいろいろ変更がなされ、特に学習指導要領の改訂の時には大きな変更がされる。<u>教科書を</u>教えるのではなく、<u>教科書で</u>教えるという言葉は教員研修でよく使われるものだが、言語材料の指導順について教師が見直すことは「教科書で教える」ということのひとつである。

・この授業案は2年、3年のどちらにも対応している。どの学年においても既習の文を十分に入れながら、適切な場面で本時のねらいの新出文を導入し、練習していくことが大切である。SEN-SIT の原則をもとに、その場面で必要なコミュニケーション ＝ 情報交換を英語でする、すなわち「英語で授業を」という基本方針を大切にしていきたい。無味乾燥なドリル練習10問よりも、実際に自分の手で折り紙をおりながら相手に伝える1回の発言を大切にする授業である。

┌─────────────┐
│ 疑問詞＋不定詞 │
└─────────────┘

＜準備＞

折り図（高井弘明折り紙教室のホームページから）、生徒数 ×2 の折り紙

＜授業の流れ＞

① 折り紙を話題にする。

・折り紙について Small Talk をする。

・ネコの顔を作ることを伝える。

Can you make a cat's face? No, I can't make a cat's face. 生徒の状況に応じて You don't know the way to make a cat's face. など既習の文で言えることを練習する。

② what to do next / how to make a cat's face を導入する。

・全員に折り紙を配る。

◆ ここで I will show you how to make a cat's face. と言える場面だが、未来のことで、はっきりと示すことができないので、言わないほうがよい。

・最初の手順を示す。First fold like this. 同じように次の折り方を示す。

・このように1手順毎に教師が折り方を示して教えることが分かったと考えられる3手順目に、I will show you what to do next. と言って折り方を示す。・・・(1)

・次の手順では、教師は I と言って生徒に発言をうながして生徒は You will show us what to do next. と確認。全体と個人で練習。・・・(2)

・次の手順では、既習の依頼表現を使って練習する。Can you / Could you show us what to do next? 教師は Sure, I will. 生徒は You will show us what to do next. と練習できる。・・・(3)

◆ 1 手順目から機械的に I will show you what to do first / how to make a cat's face. などをリピートさせないように気をつける。その英文が表している場面がすっと納得できる時まで待つことが大切である。

◆ (1)(2)(3)のように段階的（graded）に言い方を変えていくと生徒の集中力を持続させやすいし、理解が深まりやすい。

・目的語での what to do に慣れてきたら、最後の目や鼻を描く手順では What to do next is to put its eyes on it. と指示する。描き終わった生徒を指名すると生徒は I put its eyes on it. と確認する。次に何をすればいいか考えさせ What to do next is to put its nose on it. と練習。全体でも確認する。

◆ 何を描くか気づかないときは、教師は自分の目を指して eyes とゆっくり言いながら、その指を鼻のほうに向けるなどのヒントを出す。

◆ its は定着させづらい語句のひとつなので、このような機会を逃さず生徒に its を実際に使う場面で復習させることが必要である。

≫≫≫ 本書 p.35

・作り終えたら、生徒は I made a cat's face. 教師は I showed you how to make a cat's face. と導入する。

◆ ここまでに生徒は "show you what to do next" は理解できているので、showed you で少し間を取って、作り終わったのだから次にすることはないし、will show ではなくて showed で何を言うのだろうというようなことを生徒に考えさせ、showed したことは how to make a cat's face だよということを伝える。

・教師が Now you can make a cat's face. You know と言うと、生徒は I know how to make a cat's face. と確認できる。

③ ペアワークで練習する。

・次にイヌの顔を作る。ペアの一人に折り図を配る。折り図をもらった生徒はもう一人に折り方を説明しながら、お互いに what to do next や how to make a dog's face を使った文を言いあう。

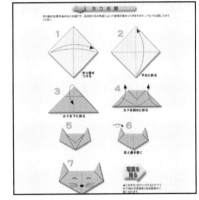

　　◆ 生徒の状況に応じて使う表現を板書してもよいが、なるべく書かないで練習しあう。分からないときは相手や周りに聞いたり、教師に聞いたりするように指示する。

　　◆ 折り紙に熱中してしまうこともよくあるので、英語を使っていないペアには使うことを個別指導する。

　　◆ 途中でいったん活動を止めて、いくつかのペアにやりとりを発表させると効果的である。そのペアが言えなくて止まったときは、どう言ったらいいか言える生徒に発表させたり、教師がヒントを出したりする。黒板に書いてある英文をそのまま言うのではなく、このように間違えたり、言えなくて困ったりしながら、最終的に自分の力で英文を言えたという実感を持たせることが大切である。

④ Writing

・簡単に線画を使って次のような文を確認して、教科書やノートに書く。

　　I will show you what to do next.

　　I learned how to make a cat's face.

> It is ... for ＋人＋不定詞

＜準備＞

　カエルと恐竜の折り図　参考ホームページ：高井弘明おりがみ教室

＜授業の流れ＞

① 前回の授業の折り紙を話題に Small Talk をする。

・既習の文を復習する。

147

be good at ...ing　　know how to make ....

　◆ このあとに広島の原爆を扱った題材を取り上げているような検定教科
　　書では、平和の折り鶴の写真を見せるのも有効である。

② It is ... to 不定詞の導入

・前時に作ったイヌの顔の折り紙と折り図を黒板に貼る。折り図を示しながら
There are only seven steps to make a dog's face.　When you make a dog's face,
only seven steps are needed.　You learned how to make a dog's face. We know
how to make a dog's face. などを既習の文も含めながら前時に学習した「疑
問詞＋不定詞」の文を確認する。教師は Is it interesting? とか It is easy. とか
を確認しておく。

・次に教師が折ってきたぴょんぴょんカエルを見せる。
You made a dog's face and a cat's face in the last lesson.　Yesterday after you
left school, I made another animal.　What is it? などやり取りをしながらぴょ
んぴょんカエルを見せる。This frog can jump.　Take a look. と言ってジャン
プさせる。

・生徒に When did I make it?　Between the classes?
と聞く。生徒は After we left school. と答える。
教師は Yes.　I can make a dog's face between the
classes.　But I can't make this frog between the
classes. ぴょんぴょんカエルを手に持って Why?

Because it is not easy.　It took about thirty minutes to make this frog.　How
many steps are there to make this frog? と言って折り図の 1 枚目を黒板に
貼る。2 枚目を貼る。3 枚目を貼る。最後の手順を指して Eighteen steps と
言って生徒と一緒に Eighteen steps are needed to make a *pyonpyonkaeru*.
と確認。Is it easy? と生徒に聞く。生徒は It is not easy と言うのでそれに
続けて to make a *pyonpyonkaeru* と言い、全体で It is not easy to make a
pyonpyonkaeru. と確認。イヌの顔を指して、It is easy to make a dog's face.
と全体と個人で練習する。

　◆ 個人指名で発言させるときは、教師がどちらを言うのかを指示するよ
　　りも本人に選択させる方が効果的である。

・恐竜も折れることを知らせる。恐竜の折り図を貼っていく。

　◆ ぴょんぴょんカエルをていねいに扱ったときは、恐竜の折り図はテン

　　　ポよく貼って、7 枚も折り図があることを見せた方が効果的である。

・イヌの顔を指し示すと生徒は It is easy to make a dog's face. 同様に It is not easy to make a *pyonpyonkaeru*. と言う。恐竜を指すと生徒は It is very difficult to make a tyrannosaurus. と全体で確認。

◆ 教師はこれに続けて、So I didn't try to make it yesterday. I was too busy to make it. It takes me more than one hour to make it. など言ってもよい。

・次に「高井弘明折り紙教室」のホームページを紹介する。ICT をうまく利用して手際よく生徒に見せる。Mr. Takai teaches us ways of making a lot of animals and things such as a dog's face, a *pyonpyonkaeru* and a tyrannosaurus. I am not good at making *origami*. と言ってホームページの彼の似顔絵を指さす。生徒は He is very good at making *origami*. 恐竜の折り図と似顔絵の両方を指して生徒に difficult? と聞くと生徒は首を横に振るので生徒と一緒に It is not so difficult for Mr. Takai to make a tyrannosaurus, と言って、for Mr. Takai と確認して for と言って生徒から him が出るのを待つ。出たらもう一度 It is not so difficult for him to make a tyrannosaurus. を全体や個人で確認する。

・ペアワークでイヌの顔、ぴょんぴょんカエル、ティラノザウルス、高井さんの 4 つの文を練習させる。発表して確認。

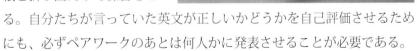

◆ 原則として黒板には折り紙と折り図だけで練習させる。自分たちが言っていた英文が正しいかどうかを自己評価させるためにも、必ずペアワークのあとは何人かに発表させることが必要である。

③ Writing

・恐竜と 7 枚の折り図の簡単な絵と文をノートさせる。

It is easy to make a cat's face.

It is not so difficult for him to make a tyrannosaurus.

◆ 生徒に発表させ、黒板に英文を書いて確認させる。次のような問題形式で取り組ませてもよい。

(　)(　) not so difficult (　)(　)(　) make a tyrannosaurus.

149

◤ GDM's View ⑧ ◢　　♠♠　自分の経験の情報交換は記憶に残る　♠♠

　文法用語を使った文法の説明は抽象度が非常に高いが、このことを意外と英語教師は意識していない。説明をすれば分かるはずであると思い込んでいることが多い。そして機械的なドリル練習をすればするほど定着が高まると同じようにはっきりとした根拠無く思い込んでいる。抽象的と機械的、この2つは多くの生徒にとって最大の敵である。このことは1990年頃から、いろいろなところで指摘されてきた。また平成31年度に実施された全国学力調査でも明らかになっている。　　　≫≫≫ 本書 第3章 pp.97-102

　つまり一般的な「説明 ⇒ ドリル練習 ⇒ 実際の場面での練習」という流れの授業の改善や改革が求められている。GDM の「身のまわりの事実についてやりとりしながら気づき、習得していく」という学習方法は、その改善や改革の非常に有効な方法のひとつである。

　ドリル練習が「無味乾燥なドリル練習」と形容されるのは、英語の文字・文と日本語の文字・文とを往復する活動ということを意味しており、それに対してイヌの顔を折りながら次の折り方を教えてほしいという気持ちの場面で折り紙を持ちながらペアワークの相手に Can you show me what to do next? と言うことの学習効果をどう考えるかが、授業改善のターニングポイントとなる。

　多くの教師はドリル練習をどれだけ増やしても、それは砂場の砂に水を注ぐようなものであることを実感しており、それに代わる有効な指導法を求めている。そして GDM を活用した授業はそのひとつの答である。

◇◆◇◇◇◆◇◇◇◆◇◇◇◆◇◇◇◆◇◇◇◆◇◇◇◆◇◇◇◆◇◇◇◆◇

♠♠ 中学校でのワークシート例 ♠♠　│ will　take　taking　took (2) │

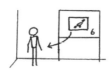 

6. He will take the map off the board.

7. He is taking it off the board.

8. He took it off the board.

9. It is in his hand.

10. It is not on the board.　　　≫≫≫ 本書 p.28　　（1）は本書 p.144

8	受け身	書き換えではなくストーリーが必要

＜言語材料＞

　受け身

＜ Grading ＞

・中学校の 2016 年版の検定教科書では、どれも受け身は現在完了の前に指導するという順序だったので、過去分詞を使う文の初出であった。2021 年版では現在完了を先に教える教科書もある。

・2021 年版の受け身を先に教える教科書では 2 年 3 学期での指導事項で、現在完了の後に教える教科書では 3 年はじめに指導する。

・受け身の導入として気をつけることの一つ目として、単に能動態の文の書き換えとして教えてはいけないことがあげられる。　≫≫≫ 本書 p.156

・授業の流れを考えるときの次のポイントは、扱う動詞の順番を考えなければならない。話題の内容とも関連するが、規則変化の動詞と不規則変化の動詞の順番、現在形の文ばかりでなく過去形の文や主語が複数の文をどこに入れるかを考えていかなければならない。

・規則変化から入るのと不規則変化から入るのとはそれぞれメリット、デメリットがあるので、学級の様子を考慮しながら、それぞれのデメリットが少なくなるような配慮が必要である。

・この授業案では、①規則変化 use、②不規則変化 speak、③過去の内容 take の順で導入する。そのあと make, write, read で習熟していけるように grading してある。

・関係代名詞 which（主格）の授業で受け身の文が必要となってくるので、そこでも使うことを考えた授業案作りが必要である。

＜準備＞

　黒板に世界地図を貼っておく。写真、本、言語カード

＜授業の流れ＞

① 受け身の導入・・・規則変化の動詞を使って

・好きな飲み物について Small Talk をする。

・カバンを見せる。生徒は What is in the bag?　教師は There are two cups in the bag. など応答。カップを取り出して、生徒は You took the cups out of the bag. They were in the bag. They are in your hands. 教師は Both of them are mine. と説明し、2 つを手に持ったまま One cup is used in the teachers' room. The other is used in my house. と説明する。生徒はまだどちらがどちらなのか分からない。教師は Which cup is used in the teachers' room? と聞いて、それぞれのカップを持ち上げて This cup? This cup? と聞いてクイズのように手を挙げさせる。手を挙げている生徒に You think と言って生徒が I think that cup is used in the teachers' room. と確認できるように導く。

- ◆ カップを見せて話題の中心がカップになってから I use this cup in my house. の文を言わないように気をつける。能動態の文で言ったことを受け身の文に変えるようなことはしない。
- ◆ カップが主語になるような自然な流れを作ることが必要。2 つのカップをコントラストしながら、クイズの形で問いかけるとカップについての情報交換をするのでカップが主語の文が言いやすくなる。

・教師は I will give you the answer. When you come to the teachers' room, you may see this cup on my desk. と言ってそのカップを少し前に差し出す。次にもう一方のカップを持ち上げて This cup と言うと、生徒は That cup is used in your house. と確認。両方のカップで全体と個人で練習する。

- ◆ 他にも教師が学校で使っているコンピューターと家で使っているコンピューターや同じような使い分けをしているカメラなども教材となる。

② 受け身の導入・・・不規則変化の動詞を使って

・世界地図を示しながら、教師は There are many countries in the world. How many countries are there in the world? と聞き、生徒は There are about two hundred countries. と確認。次に There are many, many languages in the world. How many languages? と聞く。生徒はすぐには答えられないので選択肢を黒板に 1. 50 2. 100 3. 200 4. 700 5. 7000 のように書いて挙手させる。There are about seven thousand languages in the world. と説明する。

- ◆ 受け身の文につなげるための話題提示なので、手短におこなって、言語に興味を持たせたい。

・次に I will show you some of them. と言って言語カードを見せて生徒は That is English. That is Chinese. .... と確認する。

- ◆ 言語カードは、日本語、韓国語、中国語、英語、フランス語、ドイツ語、ポルトガル語、ロシア語、ヒンズー語、アラビア語などを準備しておく。

・中国語のカードを持って Chinese is spoken in China. と言って地図の中国の

場所にマグネットを置く。言語カードは地図の左横に貼る。次に日本語のカードを見せて生徒は Japanese is spoken in Japan. と練習。次に韓国語のカードを出して Korean is spoken in Korea. と確認。地図の横に貼ったこれらの 3 つの言語カードを指して、それぞれの文を全体と個人でテンポよく練習する。

　◆ is spoken の初出の Chinese is spoken in China. の時は、is spoken が何を意味しているのかを考えさせたい場面なので、オウム返しの練習をさせない方がよい。練習はこのあとたくさんできるので、まずしっかり考えさせることを優先したい。

　◆ 言語カードと地図上で扱った国に置いたマグネットが Chinese is spoken in China. の文の意味を視覚的に示しているので、日本語に訳さずに英文を言ったり、理解したりするのに効果的である。目の前にその文が示していることを直接は示せない文でも、このようにすれば日本語に訳すことなく導入できる。

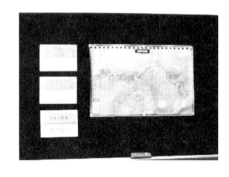

　◆ 言語カードは、生徒から見て地図の左横に貼ることが大切。そうすると英文の主語である Chinese と in China の位置関係とその視覚情報である黒板の言語カードと地図の位置が一致する。

・英語のカードを見せて English is spoken in America / Australia / New Zealand.... など個人発表。

　◆ is spoken の意味がだいたい理解できてから、だいたい 4 つめか 5 つめぐらいの言語として英語のカードを提示するのがよい。なぜなら英語は in 以下の国が多く言え、理解した is spoken を使って自分で文を作って発表することができるので、この順番がとても効果的である。

・ペアワークでいろいろ練習して発表する。

　◆ フランス語の文を生徒が発表したら、カナダでも話されていることを伝えると主語が複数の文の練習もできる。English and French are spoken in Canada.

・次に遠足や野外生活、修学旅行などの行事を話題にする。修学旅行の準備が始まっていれば You are going to visit Tokyo on a school trip next month. な

ど確認する。1 年や 2 年で行った遠足やキャンプなどについてやりとりをする。

◆ 黒板に簡単に地図を描いて確認すると理解の助けになる。過去形の文をしっかりと確認する。was / were の文が入るように進める。

　　When we got there, it was rainy.　We were there for three days. など。

・その行事での写真を提示する。This picture was taken in ... two years ago. と確認して黒板に貼る。

◆ 遠足と野外生活など 2 ヶ所あるときはどちらかの写真を複数にすると Those pictures were taken.... となり効果的な練習となる。

◆ 文化祭や体育大会などの行事の写真も使える。That is a picture from Sport Day.　It was taken last September.　We had a good time together.

・黒板に貼ってある写真を使ってペアワークで確認する。

③ by 〜のついた受け身の文の導入

・アニメを話題にする。生徒の好きなアニメ、人気のあるアニメ、教師が中学生の時に人気があったアニメなどのやり取りをしながら、そのなかのいくつかのアニメの写真を見せて、黒板に貼る。

・教師が When I was a boy like you, one of the most popular comics was "Astro Boy."　It was made by Tezuka Osamu. と言って手塚治虫の写真を見せ、This is Tezuka Osamu.　He made many other good comics.　Do you know their names? と聞いて、生徒が発表した名前を黒板に書く。あるいはあらかじめ写真を準備しておいて貼る。それらを指し示して These comic books were read by many people and their movies were watched by many people. と練習。

◆ 写真を使うと個人練習の時に言えない生徒に対して効果的にヒントを出すことができる。写真や物を使わないと教師のスピーチになってしまい、やり取り（Small Talk）にすることが難しい。生徒は写真や物があるとオウム返しではなく、自分で考えながら英文を話そうとする。

◆ 中学校では、美術や技術・家庭の生徒作品がよく展示されている。それを使うのも効果的である。この時も必ずはじめにその作品のことを話題にして、そして誰が作った物なのかを伝える文として受け身の文が出てくるような流れが大切である。

④ 関係代名詞の指導につながる受け身

・他の言語に翻訳されている本を使う。たとえば『坊ちゃん』の日本語版と英語版の 2 冊。

◆ 2 冊を手に持って、This book is written in Japanese. This book is written in English. と言って生徒に練習させると、実際の物を見せながらの活動といえども、ほとんどドリル練習に近いものになってしまう。自然な流れのなかで、能動態の文ではなく受け身の文が使われる場面を提示し、今までの言い方と違うことに気づかせることが大切である。10 個の機械的なドリル練習の文よりも、流れのなかでの 1 個の受け身の文が効果的である。教師自身の実体験や思い出のある物とか生徒に親しみのある本の翻訳版などは興味をひきやすく、流れを作りやすい。

・筆者の実践では『星の王子様』をよく使った。例えば中学校の図書室に置いてあるような装丁（岩波少年文庫）の『星の王子様』を見せる。This book is popular in the world and of course, also among children. など言いながら、

作者を示すと生徒は That book was まで言って次の単語に困るので written を導入して That book was written by Saint-Exupery. と確認する。生徒に読んだことがあるかを聞き、つぎに教師に聞くように指示する。Did you read it before? に対して、Yes. I read it when I was a university student. と答える（一部の生徒から long time ago の声、内容が理解できており、かつ正しいコメントなので表情は穏やかに認める）。

・そして I will show you another book. と言って、もう 1 冊を見せる。Everyone, take a look at this title. と言って注目させ、*The Little Prince* を生徒に読ませて、本を開いて英文を見せる。生徒と一緒に That book is written in English. 日本語版を見せて That book is written in Japanese. と全体と個人で練習する。黒板の世界地図のところに行き、*The Little Prince* is very popular in the world. と言って *The little Prince* is read by many people in the world. と生徒と一緒に練習する。ペアワークで確認する。

◆ 授業の流れ③ by ～のついた受け身の文でアニメやコミックを使わなければ、ここでアニメを話題にしてもよい。

⑤ Writing

・授業で扱った動詞のなかで、不規則動詞の受け身の文を 1 文、by ～がつい

ている文を1つ、それぞれ線画で確認して、板書する。

・ワークシートで練習する。

1: You have two cameras in your hands.
2: One is small. The other is big.
3: The big one is used at school.
4: The small one is used when I go on a trip.

5: I like taking pictures.
6: Taking pictures is a lot of fun.
7: I will show you some pictures.

 8: I put two of them on the board.
 9: They were taken in Mihama two years ago.
10: I will show you the other pictures.
11: They are pictures from our ski trip.
12: They were taken in *Kurumayama* last February.

13: She has a book in her hand.
14: It was written by Murakami Haruki.
15: It is popular. It is read by many people all over the world.
16: English is spoken in many countries.

> GDM's View ⑨   ♠♠ 能動態の書き換えとして教えてはいけない ♠♠

　検定教科書の受け身の導入のページにおいて、受け身の文を能動態の文と並べて提示している教科書はない。つまり能動態の文の代わりに使っているわけでも、また能動態の文の目的語を主語にすると受け身の文が使われるという考え方でもない。

　英語では文の中で旧情報が前に、新情報が後ろに来るという大原則がある。まずある話題を提示した時点ではその話題が新情報であるが、次にその話題についてさらに情報を伝えようとする文では、その話題は旧情報となり、伝えようとする情報が新情報となり文の後ろに来る。つまり鉄腕アトムが話題になったので、次の文ではそれが主語となり、新情報である手塚治虫は It was made by Tezuka Osamu と文の後ろに来る。Tezuka Osamu made it. とすると新情報の Tezuka Osamu が前に来て、旧情報の it が後ろになり、英語の大原則からはずれてしまう。

　大切なことは、このようなことを生徒に気づかせるような指導を心がけることである。受け身の導入の 1 時間目に教師がこのことを説明しても、もちろん説明の内容は正しいものであるが、生徒の理解にはほとんど寄与しない。この点においても GDM の基本である説明を（もちろん英語での説明も）しないということは非常に大切なことである。実際に生徒はこの授業の感想で「なにか今までと見方が違う」といったコメントを述べることがよくある。このような気づきを大切にしたい。

　検定教科書の *Here We Go!*（光村図書）では、まとめのページで次のように問いかけている。My favorite musician is Stevie Wonder. He wrote "I Just Called to Say I Love You." と My favorite song is "I Just Called to Say I Love You." It was written by Stevie Wonder. の 2 つを提示して、どんな違いがありますか？と聞いている。答は載せていない。このような指導が「主体的・対話的で深い学び」につながっていく。

　導入のページでは能動態の文を示していないが、文法的なまとめのページでは並べて、さらに能動態の文の目的語と受け身の文の主語、能動態の文の主語と受け身の文の by 〜をそれぞれ矢印で結んでいる教科書もある。まとめのページでも書き換えをイメージさせるような説明や図はマイナスである。せっかくの気づきが台無しになってしまう。2 つの文の関係については「事実関係は同じだが、言いたいことや相手に伝えたいことが違うから書き換えはできない」といったような確認が生徒にとって納得しやすい。

⬡ GDM's View ⑩　　♠♠　間違った受け身の日本語訳はやめよう　♠♠

　問題集や参考書で受け身の問題として次のような日本語訳をよく見かける。「鉄腕アトムは手塚治虫によって作られた」受け身を意識させるのには都合よくそしてわかりやすく思えるが、この日本語で受け身を覚えると実際の場面で受け身の文が出てこなくなってしまう。なぜならふつうの場面では「鉄腕アトムは手塚治虫が作った」と言うからである。

　英語は I と You 以外は He でも She でも It でも be 動詞は is でうけて同じ、そして複数も They と同じ扱いをする。日本語は人と物で区別して、人は「います」に対して物は「あります」と変える言語である。日本語の主語は「〜する人」という「主体」を表しているのに対して、英語の subject は「主題」を表すという大きな違いがある。日本語の主語は主体、すなわち人を前提としており、英語の人ではない物や事が主語になることに日本語の感覚は合わないので、「無生物主語」という文法用語が必要となる。主語は人を前提としているので「生物主語」という言葉はない。以上のことから「〜は○○によって〜された」式の日本語は、受け身の文の理解を妨げるものであり、ふつうの日本語の「〜は○○が〜する」を正しく受け身を使って英語で伝えることができなくなってしまう。教師は使わないことはもちろんのこと、このような日本語の問題を見たら、その日本語を訂正することが必要である。

　≫≫≫ 本書 p.187　資料 I

| 9 | 現在完了 | We are here. の気持ちを大切に |

＜言語材料＞

　現在完了

< Grading >

・中学校の検定教科書で、「継続」「経験」「完了」の指導順序は、それぞれの教科書毎にまちまちである。同じ教科書でも 2016 年版と 2021 年版で教える順番が変わっているものもある。

・3 年で教える教科書が多いが、2 年の最後に教える教科書もある。

　◆ 現在形、過去形、現在進行形、未来の 4 つの使い分けが十分に理解されていることが必要であることは言うまでもない。

・中学 3 年 5 月での指導を想定した授業案である。

$$\boxed{\text{継続用法}}$$

＜授業の流れ＞

① 1、2 年のクラスを話題にする。

・3 年のクラスを確認。You are in 3-1 class this year.

　次に 2 年のクラスを聞く。A *kun*, which class were you in last year?　生徒は I was in 2-1 class last year. と答える。1 年のクラスも聞いて黒板に名前とクラスを書く。2 人目の B san も同じように黒板に書く。

　　A *kun*　1-3　2-1　3-1

　　B *san*　1-1　2-2　3-1

　2 人の 2 年のクラスを指して Two one. Two two. と言って They were not in the same class last year.　1 年も同様に They were not in the same class.　This year, you are here in the same class.

・3 人目の C kun に自分のクラスを発表してもらい、黒板に書く。

　　C *kun*　1-2　2-2　3-1

　2 年を指して、B *san* and C *kun* と言って、生徒と一緒に B *san* and C *kun* were in the same class last year but in the first grade they were not in the same class. と確認する。

・同じようにやりとりをしながら 5、6 人の生徒のクラスを書き込んでいく。

　　◆ 3 クラス程度の学年ならば必要ないが、5 クラス以上の学年では、事前に誰と誰が 3 年間同じクラスかを調べておくこと。8 クラスの学年での実践では、3 年間同じクラスだった生徒はどのクラスでも 2、3 人はいた。

② have been を導入する。

・最終的に右の表ができあがる。

	1	2	3
A kun	1-3	2-1	3-1
B san	1-1	2-2	3-1
C kun	1-2	2-2	3-1
D san	1-1	2-3	3-1
E kun	1-3	2-1	3-1

　そして A *kun* と E *kun* の 1-3 を指して in the same class 次に 2-1 を指して in the same class そして 3-1 を指して、生徒が in the same class と確認。

・教師は少し驚きながら They と言って 1-3 から 3-1 までを線を引くように指し示して have been in the same class for three years. と言う。

　　次に色チョークで A *kun* と E *kun* のクラスの下に線を引きながら They have been in the same class for three years. と生徒と一緒に確認する。この文を個人と全体で練習。厳密には 2 年と約 2 ヶ月であるが、クラスについては

年単位でカウントするので、for three years で問題ない。

・他に 3 年間いっしょのクラスの生徒がいないか聞き、その生徒を立たせてクラスを黒板に 1-2　2-1　3-1 のように書いて They have been in the same class for three years. 本人は We have been in the same class for three years. と発表。

> ◆ 黒板に名前と 3 年間のクラスを書かなくても生徒は文を言うことができるが、1 組目と同じ文でも具体的な内容は違うので、名前とクラス名を黒板に書いた方が、英文の内容を視覚的に確認しながら言えるので効果的である。

③ have been の意味を理解する

・3 年間同じクラスの生徒の確認がすんだら次に 2 年間を探させる。まず黒板で B *san* と C *kun* の 2-2 と 3-1 をチョークで囲むなどすると、生徒は They have been in the same class for two years. と言う。もういないかなという表情で待っていると、B *san* と D *san* の 1-1 と 3-1 で They have been in the same class for two years. の文を発表してくれる。3 年間や 2 年間続いていることをチョークや手の動きで確認して、この場合が 2 年で途切れていることに気づかせ、have been は使えないことを確認する。

> ◆ 教師が先に説明をするのではなく、まず使わせてからその違いに気づくようなヒントを提示していくように心がける。

> ◆ 学級によっては小学校まで話題が広がることもある。教師の説明から始まる授業ではないので、このような広がりが出ることがよく起こる。このような広がりこそ「主体的・対話的で深い学び」の重要な要素である。

④ 身の周りのことで、一般動詞に広げる。

・愛用の物とか、公立学校の教師なら今までの経歴を話題にする。

・次のように黒板にタイムラインを引き、三角の印と now をかきこむ。

・教師自身の大学からのことについて生徒とやり取りをする。

When I was a university student, I wanted to be a teacher. So I became a teacher in 2006.

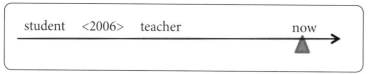

・次に勤務校のことを話題にして First I worked at ○○ Junior High School for six years. と言いながら学校名を書く。

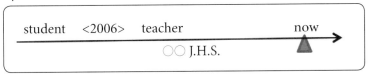

・△△ J.H.S. と書きながら生徒と一緒に You work at this school now. 次に 8years と書いて I came to this school eight years ago.

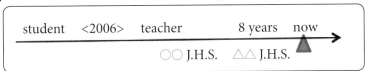

・このような図を完成させ、○○ J.H.S. を指して six years、△△ J.H.S. を指して eight years と言って fourteen years を確認して、図の teacher から手を横にスライドさせながら I と言って生徒に You have been a teacher for fourteen years. を確認。さっと図の△△ J.H.S. を指して I work at △△ J.H.S. now. I have worked と言って生徒は You have worked at △△ J.H.S. for eight years. と一般動詞の現在完了の導入をする。全体と個人で練習する

・次に 8 年前に一緒にこの学校に来た先生について Mr. ... and I came to this school together. 生徒は He has worked at △△ Junior High School for eight years. と確認、練習。担任の先生や他の教科の先生を話題にして、慣れてきたところで How long has she worked at this school? の文を導入する。ペアワーク等を入れながら、練習させて、その内容を発表させる。

　　◆ have been の文について、生徒はこれまでの be 動詞の理解、It is here / there. からはじまり is / am / are そして was / were 次に will be と段階的に広げてきた理解をもとに考え、使い方を学んでいく。2021 年度から中学校の学習内容となった現在完了進行形を「have + been + ...ing」と公式のように覚えさせるよりも、まず have been 自体をこの授業のようにしっかりと理解させることがとても有効である。この理解から現在完了進行形への理解は非常に容易である。

　　◆ since をこの時間で導入するときは、2006 年を使えば視覚的にも容易に導入できる。

⑤ Writing

・3 年間一緒の生徒の名前とクラス名をノートや教科書に書いて

A *kun* and I have been in the same class for three years.

・担任の先生の名前を書いて

Mr. ... has worked at this school for five years.

完了用法

＜準備＞

　生徒数分の折り紙、折り図　参考ホームページ：高井弘明おりがみ教室

＜授業の流れ＞

① 折り紙を話題にする。

・折り紙の話題で既習の文を復習する。

　　be good at ...ing　　know how to make ...

　　◆ このあとに広島の原爆を扱った題材を取り上げている検定教科書では、
　　　平和の折り鶴の写真を見せるのも有効である。

② have just / already made の導入

・折り図と折り紙を配布する。

　　　◆ 折る物はなんでもいいが、あまり簡単でも、また難しすぎても適当で
　　　ない。得意な生徒と不得意な生徒である程度の時間差ができるものが
　　　よい。15 から 20 ぐらいの手順のものが適当である。例：ふうせん（15
　　　手順）　ピョンピョンカエル（18 手順）　オットセイ（15 手順）

・完成したら、手をあげて知らせることを指示して、開始。

　　We will make a jumping frog. I am making a jumping frog.

・生徒は折り始めるとそれに夢中になる
　が、常に問いかけながら英語を言わせ
　るようにする。

・最初に完成した生徒が手を上げたら、
　全員いったん折るのを止めさせて、そ
　の生徒に注目させる。教師は生徒のと
　ころに行き、折ったカエルを手に持た

せて Everyone, you are making a jumping frog. Please take a look at her. と
言ってカエルを指さすと生徒は She has a jumping frog in her hand. それに
続けて教師が She has made a jumping frog. もう一度ゆっくりと She has just
made a frog. と確認する。その生徒に You と言って促すと I have just made a
jumping frog. と発言。全体でも確認。

- 折ることを再開させ、完成したら挙手して知らせるように指示。作り終えた生徒には困っている友だちを手伝ってもいいことを指示。
- 挙手した生徒のところに行き、I have just made a jumping frog. の文を確認する。
- 半分ぐらいの生徒が作り終えたぐらいで、挙手した生徒が I have just made a jumping frog. と確認したら、最初に完成した生徒を指し示して She has already made a frog. Now she is teaching her friend how to make a frog. とコントラストしながら has already made を導入する。
- 2、3 人同時に挙手したときなどに、全員に注目させて They have just made jumping frogs. そして最初の生徒を示して She has already made a frog. の文を全体や個人で練習する。

③ yet の導入

- 半数以上の生徒が作り終え、まだ作り終えていない生徒を教えているぐらいの時に、折り紙が苦手であまり進んでいない生徒を見つけて、その生徒に They have already made frogs, but you と言いながらまだ完成していない折り紙を見て、苦労しているねという気持ちで you have not made a jumping frog yet. と導入する。全員に注目させ、制作途中の折り紙を見せてその本人が I have not made a jumping frog yet. と発表。全体で確認したら、同じようにまだ折り終えていない生徒を指名して I have not made a frog yet. と言ってもらう。

  ◆ 苦手な生徒も得意な生徒に教えてもらいながら楽しい雰囲気で取り組ませたい。ただし生徒が英文を言うときは、しっかりと集中させてから発言したり、聞いたりできるようなクラスコントロールが必要である。

  ◆ 現在完了がねらいだが、その場面に応じて既習内容をできるだけ取り上げることが非常に大切である。Helping each other is very important. Learning from each other makes your class better. 完成していない生徒に You need someone's help. It's difficult for you to made a frog. その生徒は I want someone to teach me what to do next. など。

④ Writing

- 折り終えたかえるを持った手を挙げている生徒の絵を黒板に描き、その英文を確認する。I have just made a frog.
- 折り終えていない生徒の絵で He has not made a frog yet. を確認する。

♠♠ 中学校でのワークシート例 ♠♠ | will put　putting　put (1)

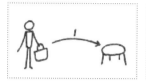  

1. He will put his bag on the table.　2. He is putting it on the table.

3. He put it on the table.　　　　　4. It is on the table.

5. She will put the picture on the wall.

6. She is putting it on the wall.　7. She put it on the wall.

　　≫≫≫ 本書 p.30　　（2）は本書 p.173

| 10 | 関係代名詞 | 箱を使えば簡単に言える関係代名詞 |

＜新しい言語材料＞

　関係代名詞 which 主格

＜ Grading ＞

・EP Book1 p.50　The part which is between his head and his body is his neck.

・関係代名詞は、ほとんどの検定教科書（2016 年版まで）では中学校で学習する言語材料の中で最後に教える文法事項として扱われていた。2021 年版からは、仮定法が関係代名詞のあとに指導する最後の文法事項となっている。

・中学校では which, who, that の 3 種類の関係代名詞を教えるが、その指導順序は検定教科書によってまちまちである。2016 年版では半数が who から、残りが that からとなっている。これは本文の内容によるものと思われる。

・GDM では which を最初に教えることからも分かるように、関係代名詞節の働きをもっとも理解させやすいのは主格 which である。次に、この which とコントラストしながら who を教える。

・後置修飾の指導

　　第 1 時：which 主格

　　第 2 時：who 主格

第 3 時：which 目的格

第 4 時：that、復習

第 5 時：分詞による後置修飾、接触節

◆ 4 時間目の復習を生徒の実態に合わせて 3 時間目におこなったり、第 5 時を 2 時間で扱ったりして、定着を図ることが大切である。

・2021 年版の *Here We Go!*（光村図書）では、主格の which→who→that そして目的格の which→that の順に配置されており、which の持っている意味を大切にした教え方となっており、学習者の気づく力や自分で英語を使っていこうとするのに効果的な順序となっている。

＜準備＞

黒板に世界地図、写真を貼っておく。大きめの箱2個。1本脚と3本脚のイス。同じ本の日本語版と英語版。同じ数で絵柄の違うトランプ 3 枚。

＜授業の流れ＞

① 疑問詞 which の復習

・柄の部分が同じスプーンとフォークを見せて、生徒に You have a spoon and a fork in your hands. など言わせる。体のうしろで生徒には見えないようにして、両手にそれぞれを柄の部分だけ見えるように持ち直して生徒に示し、Which is the spoon? Which is the fork? と聞く。

・2、3 枚のトランプを見せて、Those are playing cards. One card is a club. Another is a spade. The other is a heart. と絵柄を確認させてから裏向きにして Which is the club? と聞く。スプーンと同じようにクイズの雰囲気にして、授業の初めの雰囲気作りを意識する。終えたら、黒板に貼っておく。

・学校の多くの教室はドアが 2 つあるので、どちらか一方を開けておく。This room has two doors. と言ってドアを見る。生徒に言えることを発表させる。One door is open. The other is closed. That door is open / closed.

◆ 文としては 1 年生の内容なのでテンポよく発言させるように心がける。

・事前に教卓の両サイドに箱を、ひとつは床に、もう一つはイスの上に置いておく。この箱を話題にする。Today I came to this class with two boxes in my hands. Where are they? と言って探

させる。生徒は One box is on the seat. The other is on the floor. と確認。

> ◆ the box on the floor は半数以上の生徒が見えないので、生徒に立たせたり、少し移動させたりしてしっかり確認させる。あるいは一度持ち上げて見せ、おろして The other is on the floor. と言わせるとよい。

・次にこの 2 つの箱を教卓の上に置く。

まず両方の箱を指して Now they are not together. と確認してから、教卓の上を指し示して They と言って生徒は They will be together on the table. の文を確認。2 つの箱を教卓の上にくっつけて置く。生徒は They are together on the table. と発言。片方の箱を指して This box と言ってその箱があった場所を見て、手で指し示して生徒に That box was on the floor. 同じようにもう一方の箱でも That box was on the seat.

> ◆ 本時の学習のポイントとなる文なので、全体や個人指名でしっかりと確認することが必要。生徒から見て教卓の右側にあった箱は、教卓の上でも右側に置くこと。

② 関係代名詞 which の導入

・黒板に貼ってある地図、写真を取るために 2 人の生徒を募る。学級の実態に応じて既習の文を確認する。

例：They will go to the board. They will be at the board. They are at the board. They went to the board to take the map and the picture.

・それぞれ何を取り外すかを言わせ、まず地図を取らせる。He took the map off the board. その生徒に Please put the map in the box. と指示して、その生徒に発言させる。生徒が I will put the map in the box. と言ったら、教師はそれぞれの箱を指さしながらどちらの箱？という感じで box, box と言う。生徒が指さしたり、this box と言ったりしたら、文を最初から言わせ I will put the map in this box と指さしたら、その指を使わないように教師が生徒の手を生徒の体の方へ引き寄せる。手が使えないと this box と言ってもどちらの箱が分からないということを分からせ、教師は 2 つの箱を指して the box, the box と言って、少し間を取って which と言って、地図を入れようとした箱があった場所を指し示して was on the floor. 生徒に I will put the map in the box 同じような動作をして which と言って生徒をリードして was on the floor. 全体に He will put the map in the box which was on the floor. と確認する。

> ◆ ここで個人指名の練習を無理にする必要はない。今日の授業で学習す

　　　る新しい文だということにまず気づかせる。

・地図を箱に入れて、その生徒に I put the map in the box which was on the
　floor. と発言させる。全体での確認、個

　人指名での練習をしっかりおこなう。

　　　◆ 生徒が次に何を言えばいいか分か
　　　　らずに止まったときは、その単語
　　　　を教えるのではなく、その物を指
　　　　し示す。put で止まったら箱のな
　　　　かの地図を、box で止まったら箱

　　　2つを交互に指さす、which で止まったらその箱があった場所を示す。

　　　◆ ここで使う箱（紙袋でもいい）は大きさ、形、色など同じであること。
　　　　大きさが違えば the big box とか、色が違う紙袋なら the red bag と言え
　　　　ばどちらなのか伝えることができ、which 以下の文が必要なくなるの
　　　　で注意すること。

・同様に写真を黒板から取って箱に入れさせて、その生徒本人、全体、個人指
　名での練習をバランスよく選択して練習させる。長い文だが、目の前に実際
　の物があるので生徒はその物を見ながら必死に言おうとする。

　時間がかかる生徒に対してしっかり応援しながら取り組ませ、言えたらその
　がんばりを認め、生徒と一緒に喜べるとよい。

・2つの物を箱に入れたら、教師は You saw と生徒に言って黒板を指して We
　saw the map and the picture on the board. と確認。教師は They were on the
　board. They are not on the board. Where are they? と聞く。地図を指して
　The map is in the box which was on the floor. The picture is in the box which
　was on the seat. のようにそれぞれの物の場所を確認する。

・ペアワークで、地図について He put the map in the box which was on the
　floor. と The map is in the box which was on the floor. 同様に写真について
　She で始まる文と The picture で始まる文、あわせて4つの文を練習する。

　　　◆ 入れる物（この授業では地図と写真）が箱のなかに入ってしまう大き
　　　　さだと、どちらに入れたか分からなくなり言いづらくなる。箱と入れ
　　　　る物の大きさの関係は、必ず入れる物の一部が箱から出るぐらいの大
　　　　きさであること。

　　　◆ 2人の生徒は席に戻さず、教卓のところでペアワークをさせる。そうす

ると他の生徒は黒板から取って箱に入れた生徒を見ながら練習できるので、より言いやすくなる。

③ which 主格の練習

・3 本脚と 1 本脚のように脚の数が異なっているイス（seat）を教卓に置く。それぞれのイスについて生徒に発言させる。You put two seats on the table. One seat has three legs. The other has one leg.

◆ One seat.... The other.... の文をしっかりと練習することが大切。

・疑問詞 which の復習で使った後、黒板に貼っておいた数枚のトランプを生徒に外してもらう。そのトランプをイスの上に置くように指示するとその生徒は I will put the playing cards on the seat. と言うので、教師は the seat, the seat とそれぞれのイスを指しながら言って which と軽く言って生徒に which has three legs. と続けさせる。教師はその生徒を手で指しながら You と言って最初から言うように促す。生徒は I will put the playing cards on the seat which has three legs. と言う。置いたら生徒全員に He put them on the seat which has three legs. They were on the board. Now they are on the seat which has three legs. を確認して、個人指名で練習する。

◆ 慣れてきたら seat のあとで間をあけないようにさせる。ポイントは seat の声の調子を下げずに、同じ調子か軽い上昇調にすると、seat と which がつながっているように聞こえる。　　　≫≫≫ 本書 p.65

④ 関係代名詞が主語につく文を練習する。

・袋を手に持って生徒に What is in the bag? と問いかける。一人の生徒に中を見させ、他の生徒から中を見た生徒に What did you see in the bag? と聞かせる。その生徒は I saw two books in the bag. と答える。

◆ 袋の中を見させたら、その生徒を立たせるとよい。そうすると他の生徒が What did you see in the bag? と聞いたときに、誰に言っているのかをはっきり意識させることができる。

・教師は袋から取り出すしぐさをして、生徒は You will take the books out of the bag. と発言。取り出して You took them out of the bag. They are in your hands. 次に本のタイトルを見せて Their names are "The Little Prince." と確認する。タイトルや本文から One book is written in Japanese. The other is written in English. を引き出す。

◆ 初めて見せる本より、受け身の学習で使った本を用いたほうがよい。

　　　なぜなら受け身の文の練習や定着がこの授業の目的ではなく、which を使って必要な情報を付け加えることができることに気づかせ、その文構造を理解させることがねらいだからである。　　≫≫≫ 本書 p.171

・どちらかの本を教卓に置いて、その本に視線を向けて生徒に The book ... と投げかける。生徒が The book is on ... と言いかけたら、教師は手に持っている本を少し持ち上げて The book と言い、そして教卓の上の本を見て The book と言いながら「どっち」という雰囲気できょろきょろして which という発言を引き出す。The book which is written in English is on the table. を確認する。手に持っている本を示して The book which is written in Japanese is in my hand. 全体と個人練習、そしてペアワークで確認する。

・こんな長い文を何も見ずに言えるようになったことを褒めて、Today's last sentence. など言いながら、手に持っている日本語版の本を、おもむろにトランプを置いていない方のイスに置く。This sentence is very long and difficult. Try! Challenge! と言って挙手を求める。The book which is written in Japanese is on the seat which has one leg.　全員で言えたら、Good job. Excellent! など言って拍手が起きるような雰囲気になると理想的である。

　　◆ 語句が表している物を生徒の発言の状況に応じて指し示すと効果的。

　　　　The book　・・　イスの上の本を見えるように立てる
　　　　is written　・・　タイトルを指さす
　　　　2 つめの is　・・　イスの上を手でしめす
　　　　seat　　　・・　2 つのイスを交互に指して which を導く
　　　　has　　　・・　1 本脚を指す

　　このような教師の動作が補助となる。

　　◆ このような指導は日本語訳に頼らずに英語を聞いたり、理解したりするのに有効である。

⑤ 線画で練習

⑥ ワークシートで練習

　◆ ワークシート作成の意図

　　　次ページの左の絵［A］は、中学校でよく行われている募金の場面がもととなっている。筆者の学校では、ドラえもんのイラストの入った紙の箱が使われていた。このようにワークシートは実際の学校生活の場面をなるべく題材とするように心がける。一般的な問題は問題集など

にまかせておけばよい。

[A]

1: I have two boxes in my hands. This one was on the seat. This one was on the table.

2: I will put 100 yen in the box.

3: Which box?   4: I will put it in the box which was on the seat.

[B]

5: There are two tables in the room.   ※7 番では has の文で

6: One has one leg. The other has four legs.

7: The room has two windows. One is closed (shut), the other is open.

8: Kinko and Jo are in the room.

9: Jo is at the window which is open.

10: Kinko came into the room through the door which is shut.

11: She has a book which was written by Dazai Osamu.

12: She will put it on the table which has four legs.

13: I see two pictures on this table.

  ※1 年の This table is here. を復習。ここで関係代名詞 which の文は不自然。

14: One was taken in Tokyo. The other was taken in Nara.

15: I will give you one of them.

16: Which picture?

17: Can you give me the picture which was taken in Nara?

18: Sure.

19: The picture which was taken in Nara will be on the wall.

  ※ 問 5 〜 12 は、絵を見ている生徒が言っている文。

> GDM's View ⑪　　♠♠『必要な情報を追加』が英語の文構造の大原則 ♠♠

　中学生が友だちと一緒に公園の前を歩いていて Look at the man who is reading a book on the bench. He is my father. と言ったときはどんな光景だろうか。実際に筆者はなんどか研修会などで先生方にこの英文を示して「必要な情報を簡単に絵に描いてください」と言って描いてもらったが、ほとんどがベンチで一人の男性が本を読んでいる絵であった。逆にこの一人の男性の絵から英文を考えたら、まずほとんどの人は Look at the man on the bench. He is my father. という英文を言うはずである。つまり男性が一人しかいないのなら who is reading a book の情報は必要ない。ベンチに男性が二人以上すわっていて、他の男性と見分ける情報が reading a book ということになる。

　多くの検定教科書の関係代名詞をはじめとする後置修飾の導入や指導では、この観点が抜け落ちている、そして 2 つの文を関係代名詞で 1 つの文にするといったドリル的、機械的な指導になっている。関係代名詞は、その情報がなければどちらか区別することができない場面で使われるのが基本であり、導入においてはこのことが目の前で明確に見えることが大切である。

　本時の＜授業の流れ＞②で箱を一つだけ使って、イスから教卓に移動させて He put the map in the box which was on the seat. と導入しても、英文としては正しい英文であるが、情報伝達というコミュニケーションの観点からは必要のない which 以下の文を言わされており、ほとんどドリル練習と同じことになる。これでは関係代名詞を使えるようにはならず、当然コミュニケーション能力を育てることにはつながらない。

　またイスの上と床に置いた 2 つの箱を移動させずにコントラストして、He put the map in the box which is on the seat. と導入することもできる。この英文は正しい文であるが、in the box on the seat と関係代名詞を使わずに言うことも可能である。しかし移動させて which was on the seat とすれば、省略することができない。また前述したように箱自体で区別するポイントはないので、which was on the seat がどうしても必要な情報となる。以上のことから 2 つの箱を使ったこの導入はとても分かりやすいものである。

　GDM での最初（中学校なら 1 年の 4 月）の学習である It is here / there. が、was / were や will be の理解はもちろんのこと、いろいろなところでつながりながら、中学校の最後でとても難しいことの一つとされている関係代名詞の理

解においても大きな助けとなっている。これも GDM の grading の素晴らしさ
のひとつである。

> **GDM's View ⑫**　♠ 後ろから先行詞にひく『←』を使った説明はやめよう ♠

　関係代名詞の定番の説明である「後ろから前の名詞を修飾する」に使われて
いる矢印は、何の効果があるのだろうか。英語の文構造の最大の特徴は『必要
な情報を付け加えていく』ということである。それはまず subject に表れてい
る。何気なく「主語」という訳を使っているが、subject の文における働きを
正確に表す日本語は「主題」である。まず「主題」を示して、それに関する情
報を付け加えていく。レポートや論文のタイトル、テーマをイメージすると分
かりやすい。「タイトル・テーマ → はじめに → 第 1 章 ...・→ 第 2 章 ...・→
おわりに」 このような流れで「はじめに」にあたるのが「動詞」と考えれば、
そのあとにタイトルに関する情報が分かりやすく追加されていくという自然な
イメージができる。（どうでもいいが「おわりに」がピリオド）

　こう考えると、後ろから前にもどって考えさせる矢印は英文の思考経路に逆
行するものと言える。リスニングの場面を考えれば、助けどころか障害になる
ものであることは明らかである。関係代名詞節の内容を聞き取って、それを先
行詞に結びつけて「〜という○○」とまとめている間に、次の文が半分以上
もすんでしまっている。前述の GDM's View ⑪の公園の例でいえば、Look at
the man を聞いたときに、the man と言われても 3 人いるのだから Who? と思っ
たときに who is reading a book という情報が付け加わり、どの人かがわかり、
次の文を聞く準備ができる。このときに「本を読んでいる男性」と後ろから前
の名詞を修飾する作業は、百害あって一利なしと言える。

　中学校の検定教科書でどんなふうに扱われているかというと、導入の場面で
はほとんどの教科書で「説明を加える」といった説明だが、まとめのページに
なると「後ろから修飾する」や「後ろから先行詞にむかう前向きの矢印」を用
いている教科書が半数ある。それに対して光村図書の *Here We Go!* では、以前
から一貫して「名詞の後ろに説明を追加する言い方」や、追加する働きをイ
メージさせるようなデザインで関係代名詞を強調している。このような感覚で
関係代名詞をはじめとする後置修飾を理解させるのが望ましい。

　後置修飾は関係代名詞だけではなく、多くの教科書のまとめで示されている
ように前置詞や不定詞も同じ使い方で用いられる。大切なことは、中学 3 年の

後半でまとめるのではなく、1 年のときからこのことを意識して指導していくことである。具体的な例は本章の前置詞 for や不定詞のところでくわしく紹介している。　　　　≫≫≫ 本書 p.125　p.135

♠♠　中学校でのワークシート例　♠♠　| will put　　putting　　put (2) |

8. I will put my hat on my head.

9. I am putting it on my head.

10. I put it on my head.

≫≫≫ 本書 p.30　　（1）は本書 p.164

11	間接疑問文	『必要な情報を追加』はいつも効果的

＜言語材料＞

間接疑問文

＜ Grading ＞

・検定教科書における間接疑問文の指導時期は、どの教科書でも 3 年の後半である。2021 年版から仮定法や原形不定詞が新たに文法事項として加わったため、3 年生の後半は関係代名詞などによる後置修飾、仮定法、間接疑問文など盛りだくさんになっている。

・これらの文法事項の grading に関しては、教科書によってまちまちである。教える側は、文法的なカテゴリーによる区分けで指導していくが、学ぶ側にとって分類の文法用語である間接疑問文、関係代名詞などはその英文の理解に役に立つわけではない。

・間接疑問文に関して学習者の視線で考えれば、文頭に使ってきた疑問詞が文中で使われるという点が大きなポイントとして挙げられる。疑問詞としての意味がなくなったり、変わったりしているわけではないので、新しい使い方という文法的な視点からの指導観はもたないほうがよい。疑問詞＋不定詞が What to do next is ･･. というように文頭に来る文もあるが、導入における学

習者の気づきという点では、この文は考慮しなくてよい。

・導入の流れは次のようにすると、学習者は既習の疑問文からスムーズに理解していくことができる。

 ① What is in the bag?

 ② What is this?

 ③ 一般動詞の疑問文

この順で間接疑問文を導入していくと、①の形の be 動詞の疑問文では、間接疑問文になっても主語と動詞の語順を入れ替える必要がない。また GDM のライブで頻繁に使っている疑問文なので、言い慣れているという点でも効果的である。まずこの文を使って He doesn't know what is in the bag. や She will see what is in the bag. などの文に慣れさせる。次に②の段階では、その物を見せたり、持ったりすれば What is that / this? という場面になるので、そこで He doesn't know what this is. I will tell you what it is. などで主語と be 動詞の語順の違いについて気づかせる。そして③では be 動詞の語順の違いを一般動詞へと広げていく。

・このような流れで GDM の SEN-SIT の考え方に基づいた導入をしていけば、「間接疑問文では・・・」という説明をすることなく、生徒は既習の疑問文とコントラストしながら考え、気づきそして理解していくことができる。

<準備>

ライトなど、ちょっと見ただけではなんだか分からない物

<授業の流れ>

① What is in the bag? で導入。

・袋や箱を手に持って、何か入っていることを知らせ What is in the bag? と生徒が聞く。教師も What is in the bag? と聞きながら、一人の生徒を前に来させる。

 ◆ 1 年から What is in the bag / box? という疑問文を使っていることが大切である。

 ◆ 袋の中には、ちょっと見ただけでは何なのか分からない物を入れておく。

・生徒が袋の中をのぞいているときに教師は He sees what is in the bag. と導入する。全員で He sees what is in the bag. と確認する。のぞいている生徒に What is in the bag? と聞くと、分からない顔をして答えられないので You don't know what is in the bag. と言って生徒は No. I don't know what is in the bag. 全体で He doesn't know what is in the bag. と練習する。

・次に別の生徒を前に来させる。その生徒が席から動くときに She will see what is in the bag. 最初に見た生徒を指して He saw what is in the bag. と全体や個人で確認する。

> ◆ 3 年になっても時制の復習は大切な指導事項のひとつである。このような機会を捉えて will see / see / sees / saw の使い分けの復習をすることが効果的である。

・同じように She doesn't know what is in the bag. を確認する。

② 語順の変化に気づく。

・袋からその物を取り出して What is this? と聞く。取り出してそれを見ても分からないので生徒が I don't と言いかけたら know から教師も一緒に言って what this is とリードする。もう一度はじめから I don't know what this is. とゆっくりと確認する。全員に He doesn't know what that is. と練習。近くの生徒に見せて I don't know what this is. と確認。

・何だろうという気持ちをうまく持続させ、前に出てきた生徒の一人だけにそれが何なのか分かるように見せると、その生徒はうなずいたり「あーっ」とか言ったりするので He knows what it is. と確認して、全体や個人で練習する。もう一人の生徒にも分かるように見せて She knows what it is. 他の生徒にも同じようにして、He / She / They で練習する。まだそれが何か分からない生徒は We / I don't know what it is. と確認。

> ◆ 同じ文を何回も練習しているが、単なるドリル練習ではなく、実際に指している人が（つまり主語が）He / She / They / I / We と変わるので集中力を持続させることができるのが GDM のライブのメリットである。

・他の生徒にも分かるように見せながら、やりとりをしていく。全員が分かったところで What is this? と聞いて It is a light. と確認する。

> ◆ クラスの状況に応じて別の物で同様な練習をしてもよい。またすぐに分かった生徒が答を言うこともあるので 1 つか 2 つ余分に準備しておくとどんな展開にも対応できる。

・今まで授業でよく使ってきた写真を題材にして練習する。

> ◆ GDM の授業では写真をよく使うが、その目的は 2 つある。写真の内容

を話題にする時と、内容ではなく移動させる物として使う時とがある。後者の写真はいつも同じ写真を使ったほうがよい。なぜなら毎回違う写真を使っていると生徒はそちらに注意が向いてしまうからである。同じ写真を使っていると、生徒はその写真が出てくると新しいことを習うということが分かり、いわゆる学習のレディネスに効果がある。しかし何の特徴もない写真よりも富士山とか東京タワー、金閣寺といった誰もが知っているものの写真の方が自然で使いやすい。このような今まで使ってきた写真の内容を題材にすると、生徒は見慣れており、知っているものなので話題にしやすい。しかも詳しい内容で知らないことがあり、いろいろな話に発展させやすいので、間接疑問文の練習に向いている。

◆ 教科書でこれまでに取り上げられた話題はどの生徒にもなんらかの記憶が残っているので、この授業の教材として適している。たとえば筆者の経験では、3年のはじめにモアイが教科書の本文で取り上げられており、また中学の国語の教科書でも取り上げられていた時には、モアイの写真を見せながらいろいろな間接疑問文を自然な形で取り入れることができた。

③ 一般動詞の導入

・検定教科書 *Here We Go!*（光村図書）では2年の Let's Read で自由の女神像の紹介文を取り上げている。その内容について生徒はすべて覚えているわけではないので、間接疑問文の場面を作りやすい。

・自由の女神像の写真を見せて Where is the Statue of Liberty? 分かる生徒に世界地図にマグネットを置かせる。He showed us where it is. と確認。次に What country gave it to America? と聞き、覚えているかどうかを確認して、覚えていない生徒に You studied と言って生徒が I studied what country gave it to America but I have forgotten the country. と発言。覚えている生徒は I know what country gave it to America. 覚えている生徒の中の1人を立たせて、覚えていない生徒は Can you tell me what country gave it to America? と依頼、France did. と答える。

・同じように When did France give it to America? と聞いて、忘れている生徒は We studied when France gave it to America but I have forgotten. と練習する。

◆ 他にも What do you need to go into the Statue of Liberty? や How many people visit the Statue of Liberty? などいろいろ練習できる。

・検定教科書 *Here We Go!* では、3年の1学期に修学旅行で広島に行く話題が

Unit 2 と 3 で展開される。それに続く Let's Read 1 では原爆の犠牲となった中学生の日記が紹介されている。生徒は 2 ヶ月以上かけて広島に関することを学習している。このなかで扱われていることや、広島についてのこと、例えばアメリカの現職大統領の初めての訪問といった話題は、写真をうまく使いながらやりとりをするのに適しており、間接疑問文のいい教材となる。

◆ 間接疑問文を使うことを意識しすぎると Do you know when / where / why / how・・・? の文を教師が言うことが多くなり不自然になる。また同時に生徒が発言することが少なくなってしまうので、疑問詞で始まる疑問文で聞いて、知らない生徒が I don't know.... や知っている生徒に Can you tell us ...? と頼んだり、He told us.... と練習したりする活動を入れるように心がける。

・どの教科書にも最後に補充用読み物教材が用意されている。*Here We Go!* では Let's Read more1 〜 3 で 1964 年の東京オリンピック、杉原千畝、トム・ソーヤの冒険が取り上げられている。*New Horizon* では資料編 Optional Reading として平昌オリンピック、東日本大震災、海外支援、名作鑑賞 The Letter が載っている。これらを扱うときの布石として、その内容を簡単に紹介するやりとりも間接疑問文の題材としてうまく活用できる。

④ ワークシートに取り組む。

1: She is saying, "What is in the box?"
2: He sees what is in the box.
3: I will show you what is in the box.

4: What is that?
5: He is showing what that (it) is.
6: She doesn't know what it is.
7: It is a light.

8: Who is that man?

9: I don't know who he is.

10: I will tell you who he is.

11: He is the man who went to the moon first.

12: When he walked on the moon, many people were very excited.

13: That's great. But I don't know when he went to the moon.

14: Let's find out when he went there.

15: This is a picture of Moai. Where are they?

16: I'll show you where they are.

17: I'll tell you how many Moai there are on Easter Island.

18: I have the book which teaches us a lot about Moai.

19: Do you know why people made big statues like Moai?

20: No. We have wanted to know the reasons.

12	仮定法	困ったらコントラストにもどる

＜言語材料＞

仮定法

＜ Grading ＞

- 仮定法は 2021 年から新しく中学校で学習することになった大きな文法事項のひとつである。他には高校の学習内容から現在完了進行形や原形不定詞などが中学校におりてきている。

- どの検定教科書でも 3 年生 2 学期後半で指導する配列となっている。

- 指導する文型としては、If 節で始まるものと、I wish で始まる文の 2 種類ある。*Here We Go!* と *New Crown* は If で始まる文型から教える順序をとっており、*New Horizon* では I wish の文から教えるように配列されている。

- 2021 年の学習指導要領で求められている主体的・対話的で深い学びの大きな要素のひとつに「生徒みずからが気づく」ということがある。教師が上手に説明して「分かった？」「はい」という授業スタイルでは授業の最初の段階でアクティブ・ラーニングにならない。仮定法では、まず事実と異なることや可能性が非常に低いときに使うということに気づかせたい。このときに

GDM で活用しているコントラストが有効である。仮定法の文だけを提示しても気づきづらい。この観点から考えると、I wish の文よりも If 〜のほうがコントラストを作りやすいので、If 〜の文型を先に教えたほうがよい。

＜準備＞

写真　　クイズ用のライトなど

＜授業の流れ＞

① 既習の If ・・・ 文を確認する。

・チョコレートを入れた箱を振って、音を出す。生徒は What is in the box? と聞く。数人の生徒に答えさせる。Pens are in the box. 教師は A good answer. But, no. などやりとりしながら 1 人の生徒に箱の中を見せる。

  ◆ その生徒が見る前に I will see what is in the box. や、見てから全員に He saw what is in the box. などの既習の文を練習することを忘れない。

・中を見た生徒に、the other students が What is in the box? とか What did you see in the box? など質問する。There are chocolates in the box. I saw some chocolates in the box. など答える。チョコレートを見せる。

  ◆ 教師が質問をして、1 人の生徒が答えるという 1 問 1 答方式ではなく、ふだんから他の生徒が生徒に聞くパターンを入れると、同じ時間で生徒の活動量を増やすことができる。

・次に、見てもなんだか分からない物を見せて What is this? If your answer is right, you can get a chocolate. と説明する。

・生徒が Is that a pen? It is a pen. など答えたら教師は His answer is a pen. If it is a pen, he can get a chocolate. と言って、生徒は If it is a pen, he can get a chocolate. と確認する。教師は pen と生徒の名前を黒板に書く。

・同じようなやりとりで 4、5 人の生徒が答え、黒板にそれぞれの答と名前を書いていく。

・黒板を見ながら If it is a pen, A *kun* can get a chocolate. という文をペアワークで練習する。

  ◆ この文は 2 年の学習内容であるが、しっかりと言えるように練習することが仮定法の文を理解するのに必要なことである。答と回答者の名前は、生徒から見て左から答、名前の順に書くと、英文の順序と同じなので言いやすくなる。

② 仮定法の文 If it were ..., he could .... を導入する。

・教師は I will show you what it is. と言って、おもむろに見せる。You know what it is. What is this? と聞いて、生徒は It is a light. と答える。黒板のところに行き、書いてある pen を指して It is not a pen. Can A *kun* get a chocolate? と聞くと生徒は He can not get a chocolate. と確認。教師は It is not a pen. He can not get a chocolate. ともう一度言ってから、少し間をおいて生徒に先生が何か伝えようとしているということに気づかせてから、持っているものを少し持ち上げ生徒の方に示して If it were a pen, he could get a chocolate. 生徒の表情を見ながらもう一度ゆっくりと If it were a pen, he could get a chocolate. It is not a pen. So he can not get a chocolate. と確認する。教師は If と言って黒板に書いてある pen を指して生徒に発言を促して If it were a pen, he could get a chocolate. と一緒に確認する。個人指名をして練習。全体で確認。

・他の生徒の答でも確認して、ペアワークで練習。

・個人発表で確認。

　　◆ペアワークで練習した後は、必ず発表させることを忘れない。ペアワークは導入した内容を練習し、理解を深めるのに非常に有効な活動である。しかし、間違った英文で練習しているペアもいるのがふつうである。その間違いのすべてを個別指導することはできない。ペアワークをさせているときに教師がしなければいけないのは、間違いを訂正する個別指導ではなく、全体を見渡してきちんと活動しているか、それを確認しながら学習したことから自分で発展的な表現をしているようなペアを見つけ、認めていくようなことである。ペアワークの後の発表がなぜ必要かというと、学習者それぞれが練習したことの自己評価としてその発表が働くからである。他の生徒の発表を聞き、その内容と自分たちの練習内容を比べて自己チェックすることができる。

・ペアワークでの活動の様子から生徒の理解が不十分と判断される場合は、次の 2 つの文の使い分けについて話し合わせてもよい。

　If it is a pen, A *kun* can get a chocolate.

　If it were a pen, A *kun* could get a chocolate.

　　◆教師はあわてて文法用語を使った説明で理解させようとしないほうがよい。生徒の感覚からでた言葉の方が生徒はより納得できる。

③ 一般動詞の仮定法過去の導入。

・アニメや漫画を話題にする。ドラえもんを取り上げ、生徒は知っていることを発表する。右のような写真を見せる。生徒は *Doraemon is flying with Nobitakun in the sky.* など言う。教師は How can they fly? や What do they have on their heads? など聞いてタケコプターを確認する。When *Nobitakun* wants to fly in the sky, *Doraemon* gives him a *takekopter*. So he can fly in the sky. などと確認する。Do you have a *takekopter*? Can you fly with a *takekopter*? と聞く。持っていないこと、できないことを確認して If we と言って写真のタケコプターを指して、生徒と一緒に If we had a *takekopter*, we could fly in the sky. と確認する。個人と全体で練習する。

・どこでもドアやスモールライトなどを取り上げる。*Doraemon* has many useful tools such as a small light, a *dokodemo* door. と確認。どこでもドアやスモールライトの写真を見せ、生徒は If we had.... の文をペアで練習する。ペアで練習した文を発表する。

　　◆ ドラえもんで使われるいろいろな道具のなかから、教師がこれを使いなさいと限定するのではなく、生徒が自分で自由に選ぶようにする。3年生後半の学習なので、既習のいろいろな文を復習するとてもよい材料となる。

④ 線画で確認する。

・授業の流れ②の内容を線画で確認する。

　　The students don't know what it is. His answer is a pen.

　　If it is a pen, he can get a chocolate.

　　They know what it is. It is not a pen.

　　He is saying, "If it were a pen, I could get a chocolate."

> GDM's View ⑬　　♠♠ 英語脳に近づくカルチャーショック ♠♠

　検定教科書は基本的に日本語と英語の考え方の違いに関して、まずその違いがあまり関係しない部分から導入し、それが定着してから次に大きく違っていることを提示して理解させようとする。These / Those が 1 年の後半に出てく

るとか、一般動詞の現在形の 3 人称主語を 1・2 人称主語の文を学習してから数ヶ月後に教えるなど多くあげられる。GDM では 1 時間目から They を学習し、つねに単数と複数の使い分けを意識しなければいけない。see と sees も同じ時間にその使い分けを学ぶ。この違いはとても大きい。日本語と考え方が同じことから学習して、慣れてから次の段階になって「ほんとうはこう違うんだよ、分かったね」と教えられるのは、一見易しそうに見えるが、実はいちど定着したことを変えるのは難しい。スポーツで言えば悪い癖と同じである。GDM のようにはじめから違いがあることを提示し、それに気づかせ、大変だと実感させ、何回も間違いながら定着に近づいていく方が効果的であることを筆者は現場の教室で痛感してきた。カルチャーショックは気づきであり、意欲に大きく貢献する。この貴重なカルチャーショックを、精緻に考えられたGDM だからこそ『英語脳に近づく手段』として使うことができる。

13	時制	現在形スタートでは英語脳にならない

1　なぜ時に関する表現が苦手なのか

　まず第 1 にあげられるのは、日本語と英語の時制の概念が大きく違うことがあげられる。しかし、筆者の経験では GDM で教えた学年は、まったく取り入れなかった学年とその理解度は大きく違っており、外部テストの結果でも明らかな差があった。検定教科書それぞれで細かな部分での違いはあるものの、時に関する表現の指導で共通していることと GDM との違いを見ていく。

　検定教科書では動詞（一般動詞）の現在形、それも 1 人称と 2 人称（次ページ図 I の 1-A）をまず教える。そして数ヶ月後に 3 人称が出てくる。いわゆる 3 単現の s（同じく 1-B）である。それから現在進行形（同じく②）を指導する。その指導の多くは、動詞を〜 ing の形にして be 動詞＋〜 ing とする、すなわち既習の動詞は現在形のことであるから、現在形をもとに現在進行形を理解させようとする。次に過去形（同じく③）が出てくる。これも動詞を〜 ed の形にすると過去のことを表すことができるという指導であり、現在形をもとに過去形を理解させる。未来も同じよう（同じく④）に教える。特徴はそれぞれを単独に 1、2 ヶ月の間をあけて指導していくことと、現在形とコントラストして理解させようとしていることがあげられる。いくつかの教科書では、現在形と新出事項の現在進行形、あるいは現在形と新出事項の過去形の文が次のように並べて書かれている。（*New Horizon*　2016 年版）

現在進行形

Kota drinks　　water every day.

Kota **is** drink**ing** water now.　　※ 太字とスペースの表示は原文通り

過去形

I watch　TV every day.

I watched TV yesterday.

以上のことをタイムラインを使って図で示すとこのような感じになる。

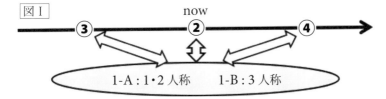

このような教科書の指導に対して、GDM では次の図のように指導していく。

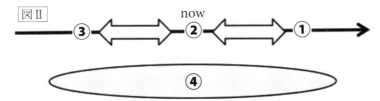

　まず take / put / give / go / come で will … と …ing と過去形の使い分け（それぞれ図Ⅱの①、②、③）を学習する。次に see / sees と have / has の意味と使い分けを（図Ⅱの④）理解する。

　以上のように GDM と教科書の教え方は非常に対照的である。この図にあるように時に関する表現で基本となる 4 つの言い方を、教科書では 5 つのパートに分け、ひとつずつ別個に期間をあけて指導していく。そして常に最初に教えた現在形と比べながら新しい言い方を理解させようとする。GDM では、その中の 3 つの使い分けを同時に理解させる。そしてこの 3 つの使い分けとは別のこととして現在形を教える。現在形と比べながら、過去形を教えるのはふつうのことのように思えるかもしれないが、I play tennis. は 1 週間前のことも、明日のことも含んでおり、概念としては難しい内容で、I played tennis last Sunday. と単純に比べづらいものである。動詞の形としては、原形に ing や ed を加えるので原形からスタートするが、時に関する表現は意味内容やその場面で使い分けをしなければいけないので、その形の変化と同じ考えでは使い分け

を効果的に教えられない。

　前ページに紹介した教科書の基本文は、yesterday, every day, now が文尾にあるため、わかりやすいコントラストに思えるが、それは視覚的に整然としているだけで、意味内容としてはまったくクリアではない。実際にドアを開ける場面を考えれば、現在形と比べてどの文で言えばいいかではなく、I will open the door. なのか、それとも I am opening the door. あるいは I opened the door. なのか。この 3 つのどれを使えばいいのか選ばなくてはならない。検定教科書と GDM のどちらの方法が、時に関する言い方をより正確に使えるようになるか、あるいは英語の時の概念をより理解しやすいかは明らかである。

　教科書の基本文や問題集のドリル練習に必ずついている文尾の時を表す語句について、そのマイナス効果に注意する必要がある。過去形の場合、last year, ten years ago, yesterday といった語句がついている文ばかりで過去形を練習していると、多くの生徒はそういった語句がついていないと過去形の文を言えなくなってしまう。しかし実際は文章の流れの中で使われるので、そういった語句がついていない過去形の文のほうがはるかに多い。このことは第 3 章でとりあげた全国学力調査の結果にも明らかに出ている。それに対して、GDM の took / put / gave / went / came の文ではこのような語句ではなく、場面から過去形を使う文であることを読み取って使うことを要求され、理解し定着していく。もちろん現在進行形も未来の文も同じように文脈で使い分けていく。この点でも GDM の導入や練習はとても効果的である。

2　GDM で導入するだけで使えるようになるの？

　take / put / give のそれぞれ 3 つの言い方を使い分けることができるようになったら、例えば教科書の本文で I play tennis on Sundays. を学習したら、そこから I will play tennis next Sunday. とすぐに言えるようになるかというと、そういうわけではない。生徒は帰納的学習方法で will take / will put / will give を使うときの共通点は理解しているが、それを未来の文は「will ＋動詞」で表すという一般化はしていないし、急いでしないほうがよい。まずは take / put / give / go / come の未来、現在進行形、過去形の使い分けをしっかりと定着させること、すなわち時の概念や時の表現の全体像をつかませることが大切である。

　この定着が十分にできたら、一般化のステップに入る。まず生徒にこれまで使い分けてきたポイントをまとめさせると、生徒は 3 つの場面を「これから

する時、やろうとする時」とか「しているさいちゅう、とちゅう」「すんだ場面、しおわった時」というようにまとめる。教室の中の目の前のことで使い分けているので、このような言葉でまとめており、過去とか未来といった言葉は出ない。文法用語よりこれらの言葉の方がはるかに有効である。このポイントを確認したら、どの教科書にも題材としてとりあげられている「一日の生活」を活用するのが効果的である。教科書では I get up at six. I leave for school at seven. I take a bath at nine. I go to bed at ten. などのように現在形の文で練習する。これを使って、まず take や put と同じように get up, leave, take a bath, go to bed もそれぞれ 3 つの使い分けがあることを確認する。そして今朝起きた時刻を言うときは、will take / taking / took のどれと同じ言い方になるのか、明日は土曜日で部活の大会がある A 君は何時に起きるのかを言うのはどれと同じなのかというように、take, put での使い分けのルールを一日の生活の言い方に広げていく。このことに慣れたら take, put, give, go, come 以外の動詞に未来、現在進行形、過去形の言い方を実際の場面を使って広げていく。

≫≫≫ 詳しくは本書 p.195　資料Ⅱ

　基本原則は、GDM という帰納的学習方法で学んだルールをうまく活用し、それを一般化していくということである。このように広げて使えるようになってから、最終的に「will を使って未来のことを言う」といった学習が、今求められている学習スタイル（アクティブ・ラーニング）のひとつである。GDMの授業のなかで生徒が自分で見つけ出したルールと同じことが教科書で出てきたときに、それを新しいこととして文法用語を用いて教えることは絶対にしてはいけない。　　　　≫≫≫ 本書 p.53

　　GDM's View ⑭　　♠♠ 過去進行形も He is here / there. から ♠♠

　動詞 play を playing という形に直して be ＋ playing で現在進行形の文を作るという教え方では英語脳につながらない。GDM で学んできた生徒は次のような認識をしている。

　まず He / She / It is here / there. を知り、これから He is happy. Math is interesting. といった文を理解する。文法的に S ＋ V ＋ C の第 2 文型で、第 1 文型と違う文型に分類されるが、happy, interesting の意味が分かれば文型の違いはまったく問題にならない。英語脳には邪魔になる不必要な知識である。

　生徒は will take / is taking / took を使い分けると同時に、He is taking the picture off the board. の文を言うときに、それまで使ってきた He is there. の文の延長線上でこの文を認識している。He is there (at the board). という状況であるから He is taking the picture off the board. することができるのは当たり前と言えば当たり前であるが、be 動詞が使われる必然性がここにある。He plays tennis every day.→He is playing tennis now. という流れではなく、He is there (in the park). → He is playing tennis in the park. が自然な、そして必然的な使い方で理解しやすい。すなわち英語脳に近づく理解と言える。

　過去進行形も同じで、現在形→現在進行形→過去進行形という流れではなく、He was there. が当然の前提で、そのときの様子が He was playing tennis in the park then. となる。この考え方をもとにした中学校での導入例を次に示す。

　教師あるいは生徒の今朝の家を出た時刻や学校に着いた時刻を話題にする。He left for school at seven thirty today. この時にどこにいたかを確認する。ある生徒が I was on the way to school. と答えたら黒板にその様子の線画を簡単に描いて、He was there. He was と言いながら歩いている絵を指させば、今までの学習から生徒はしぜんに walking とか coming と答えるので、それをうまくひろって He was coming / walking to school. と導入する。

　過去進行形は目の前で見せることができないので、やりとりをしながらこのような線画を黒板に描くとスローラーナーズにもイメージしやすくなる。このあと他の生徒や教師のことでやりとりをして、いろいろな文で練習していく。はじめの1つか2つの文の絵を上の図のように描いてイメージができたら、それ以降の動作については絵を描かない方がいい。生徒は自分でイメージをするので、すべて教師が絵を描いてしまうと逆効果になってしまう。最初のスモールステップを教師はていねいに準備したら、あとは生徒の歩みを信じて任せるべきである。

　日本語訳や現在形からの変形練習ではなく、実際の場面のイメージをそのま

ま英語で発言する。その英文はいちばん初めに学習した He is there. の文から少しずつ情報を増やしながらつながっており、自分の学習の経過を実感しながらの学びとなる。GDM で最初に教える here / there の文は GDM の原点であり、他の教え方では重視されないが、実は魔法の文と言える。

　次に筆者が今までに GDM 教授法研究会の Year Book に発表したなかから本章に関係の深いものを資料Ⅰ〜Ⅲとして再掲する。ぜひ読んでいただきたい。Year Book は GDM 英語教授法研究会のホームページで読むことができる。

資料Ⅰ	代名詞の指導順序の重要性 － GDM と教科書を比べて－	Year Book No.69 2017 年 6 月

はじめに

　文部科学省が打ち出した「英語で授業を」という方針は、誤解を含め賛否両論あるが、英語と日本語を一対一対応させた指導は英語の正しい理解につながらないことはほとんどの人が認めている。言語はその民族の歴史や文化とともに作り上げられてきたものであり、その民族の文化そのものであるのに、それを無視してその表面的な部分だけを置き換えることが無理であるのは当然である。特にその文化や世界観ともっとも密接に関連している前置詞や代名詞などの機能語や基本的な動詞について、日本語に単純に置き換えて理解させる指導は、その言葉の間違った理解につながることのほうが多い。

1.　世界観を表す代名詞

　英語学習の入門期における大切な学習事項のひとつに代名詞（人称代名詞と指示代名詞）があげられる。それは代名詞ぬきでは英語を理解できないことと、代名詞の使い方はその民族の世界観と大きく関係しているため、単純に日本語に置き換えるだけでは真の理解にならないからである。人称代名詞と指示代名詞について英語と日本語の違いを考えていく。

（1）日本語は人とモノ

　　日本語ではまず人間とモノの
　あいだに明確な境界線を引く。
　その結果、人を指すときは「こ
　ちらは、この人は」と言い、モ

ノを指すときは「これは」と区別をする。人間は自分と相手、そしてその他

の人間は男性と女性の区別をつける。つまり英語の人称代名詞で言うと、I / you / he / she のグループと it のグループにまず二分する。そしてこれら私、あなた、彼、彼女のあいだでは文を作る上での区別はない。「私は先生です」という文の『私は』をあなたは・彼は・私の妹は、と換えても、文の他の部分はそのままでよい。英語の 1 人称、2 人称、3 人称という区分けとは根本的に異なる。

（2）英語は自分と相手とそれ以外

　このような日本語に対して英語は、まず話し手の I とその相手の you を確立させることからはじまり、それ以外の世界中のものを、he と she と it で分ける。この he / she / it は文を作る上ではまったく同じ扱いである。be 動詞の文では同じ is を使い、一般動詞の現在形の文では runs / has のように I / you の時と異なる形をとる。he / she の複数形も it の複数形も同じ they を使う。人間を指すときも This is Ken.　物を指すときも This is my book. と同じ This / That を用いる。つまり I /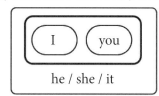
you のグループと he / she / it のグループにまず分け、次に I am / You are のように I と you の間に境界線が引かれる。しかし一般動詞の現在形では同じ形を使うことから、I / you のあいだの境界線と he / she / it のあいだの境界線は同じではない。このように世界観が大きく違っている 2 つの言語を、表面的な訳による 1 対 1 対応させるだけでは真の理解にはつながらない。

（3）「これ・あれ・それ」と this / that

　指示代名詞 this / that も日本語の「これ・あれ・それ」とは考え方が違うので、指導する際に注意が必要である。英語は話者の近いものに this を使い、離れているものに that を使うという単純な 2 分法の論理である。それに対して日本語は話者の近いものに「これ」を使うのは同じであるが、離れているものには「あれ」と「それ」を使い分ける。その基準は相手の this には「それ」を、that には「あれ」というように使い分けている。英語が自分の遠近だけで使い分けるのに対して、日本語は自分の遠近と相手の遠近を組み合わせて「これ・あれ・それ」を使い分けている。安易に this は「これ」、that は「あれ」という指導では学習者を混乱させるだけであり、that の「それ」を it と誤解して覚える結果に陥りやすい。以上のことをどうやって指導すればいいかが次の問題となる。中学 1 年の 4 月の授業でこのような

英語と日本語の違いを文法用語を使って説明すれば、正しい理解や使い方ができるようになると考える人はいないであろう。このような代名詞を GDM と教科書ではどうやって指導していくのかを見てみる。

2．GDM で教える代名詞

　GDM は中学校だけでなくいろいろなところで使われているが、ひとつの例として筆者が公立中学校で GDM を活用して教えていた時の 1 年生 4 月の最初の 6 時間を次に示す。

　① 人称代名詞 I　You　He　She　It　They

　② be 動詞　is　am　are　It is here / there.　I am here. You are here.

　③ We are here.　You（複数）are here / there.

　④ Review

　⑤ This　That　my　your　his　her　This is my hand.

　⑥ 不定冠詞 a　That is a door.　That is a clock.　It is there.

1 時間目では、I と You を基軸に世界の中でそれ以外の人を He と She に、モノを It で分けることに気づく。次に自分と相手以外は複数になると They となることを知り、日本語とは違って 1 と 2 以上を分ける必要（複数の概念）があることを学ぶ。2・3 時間目では、まず It の存在場所を表す基本として遠近の観点から It is here / there. と言えるようになる。次に He / She も同じ観点で He / She is here / there. と言えることを学ぶ。もちろん日本語訳や説明で理解するのではなく、Direct で目の前の実際の場面を見て発言していくなかで、自分で気づいていく。He / She / It に対して I や You の時は am や are という is と違う単語、しかし意味は同じ単語を使っていくことを知る。次に複数になると We も You も They も同じ扱いをすれば
いいことを知り、実際のことを何度も言っていく過程で、それぞれの頭の中で文法の人称の表ではなく I You He She It We You

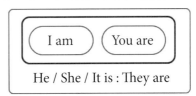

They の関係をマッピングしていく。1 の（2）で述べた英語の世界観に基づいて人称代名詞を理解していく。ポイントは He / She / It がこの図のようにグルーピングされることである。

　このグルーピングがしっかりと定着してから、ケンもマイクも He is there. となり区別できないので、手を指し示しながら That is Ken. He is there.　That

is Taro. He is there. と言えば、区別できることを学ぶ。また、here の場面で
は This is Yoko. She is here. と This を使うことを知り、here / there の基準と同
じように This / That を使い分けて言えるようになる。モノを説明するときも
This is my book. It is here. That is her book. It is there. とそれまでに理解した
ことをもとにその物を表す単語が分かれば何でも言えることを学んでいく。

　このようにまず He / She / It のグループがしっかりとマッピングされてから、
その He / She / It をより詳しく分けて言いたいときに This / That を使って説明
するという順序で学んでいくと、This / That / It を「これ・あれ・それ」とい
う日本語に対応させる誤った理解をすることはなくなる。この GDM の指導
順序は非常に巧妙に設計されており、日本語訳や説明を用いることなく英語の
世界観に基づく代名詞の使い方が理解でき、be 動詞の使い分けも定着するた
いへん有効な教授法である。

3. 教科書の指導順序

　現在（2017 年時点）中学校の検定教科書は東京書籍：*New Horizon*、三省堂：
New Crown、開隆堂：*Sunshine*、光村図書：*Columbus*（2021 年から *Here We
Go!*）、教育出版：*One World*、学校図書：*Total English* の 6 種類が出ている。
それぞれの教科書における指導順序を示す。

・*New Horizon* (NH)

　　I am / You are / Are you ? / This is That is / Is this Is that ? / Yes, No, it is
　　(not) / She is He is / 一般動詞 1・2 人称

・*New Crown* (NC)

　　I am / You are / Are you ? / This is That is / Is this Is that ? / Yes, No, it is
　　(not) / She is He is / 一般動詞 1・2 人称

・*Sunshine* (SU)

　　I am / You are / Are you ? / 一般動詞 1・2 人称 / This is That is / Is this Is
　　that ? / Yes, No, it is (not) / She is He is

・*Here We Go!* (HWG)

　　I am / You are / Are you ? / This is That is / She is He is / Is she ? /What's
　　this? It is / 一般動詞 1・2 人称

・*One World* (OW)

　　I am / You are / Are you ? / This is That is / Is this Is that? / it is / What's this? It is ／一般動詞 1・2 人称／ She is He is

・*Total English*（TE）

　　一般動詞 1・2 人称／一般動詞 1・2 人称疑問文／ I am / Are you ？/ This is
　　That is ／ She is He is ／ Is this Is that ？ It is

（1）2 つのパターンの特徴

　どの教科書も、人称代名詞 1・2 人称（I・You）⇒指示代名詞（This・That）
⇒人称代名詞 3 人称（He・She・It）という順序で指導する。しかし NH、
NC、SU、OW の 4 教科書と HWG、TE の 2 教科書とでは、3 人称（He・
She・It）の順序が異なっている。

・NH、NC、SU、OW ・・・・・・ This・That ⇒ It ⇒ He・She
・HWG、TE 　　　　　・・・・・・ This・That ⇒ He・She ⇒ It

　この違いは見落とされがちだが非常に大きく重要である。『This・That ⇒
It ⇒ He・She』で教える教科書として NH で内容を詳しく見ていく。まず
This is / That is my pen. を学習し、次のパートでは Is this / that...? の疑問文が
出され、その答として Yes, it is. No, it is not. It is.... を学習する。だいたい 3,
4 時間使ってこの 2 つのパートを学習する。モノに関するやりとりばかりで、
ちょうど日本語の人とモノを分ける世界観に合致する。その後 This is Alex.
He is my friend. などの文で、This / That で人を示し、He / She でその人のよ
り詳しい情報を伝えていくことを学習する。このような順で指導されると学習
者は This / That / It のグループ、すなわちモノのグループと He / She の人のグ
ループに分けて整理していくことになる。さらに「これ・あれ・それ」といっ
た日本語訳をもとに理解させていく授業形態であれば、This / That / It のグ
ループがより確固としたまとまりになってしまうのは容易に推測される。

　一方『This・That ⇒ He・She ⇒ It』の例として HWG を見てみる。HWG
では This / That の文として This is Aya. That's Taku. というようにモノを指し
示す文からではなく、人を指し示す文から教える。そして That's Ms. Ogawa.
She's our math teacher. というように He / She を使ってより詳しい情報を付け
加えていく。この This / That ⇒ He / She のような学習を 3, 4 時間したあと、
What's this? It's your school badge. といった文で、モノについての話題につい
ても学習する。この順で学習すれば、This / That / It をひとつのグループとし
て考えることは非常に少なくなる。そして人でもモノでも This / That でまず
話題を提示し、それからその中身に応じて He / She / It を使ってより詳しい情

報を伝えていくという概念が作られやすいと思われる。

　もう一つの問題として『This・That ⇒ It ⇒ He・She』の教科書では Is this / that ？の疑問文とその答の文が学習課題の中心となり、This / That を 2 回目には It に変えるという誤った理解をしやすいことがあげられる。NH の基本文の横に書かれている説明に「疑問文では、is が this や that の前に出る。答の文では it を使う」とあり、This / That が 2 回目になると it を使うと読み取られがちである。その結果、モノの This / That / It のグループと人の He / She グループという分け方が入門期にしっかりと作られてしまうのではないだろうか。

（2）正しい理解のために

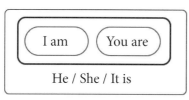 

　上図左は英語の人称代名詞の世界観を表している。これに対して上図右は日本語の世界観である。『This・That ⇒ It ⇒ He・She』の順で教える教科書で、

上図右のような世界観の日本語を使って英語を理解していく、すなわち日本語を英語に変えていくと、右図のような理解となってしまう。

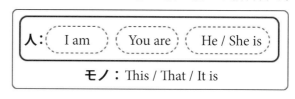

　学習者がこのような間違った理解に陥らないようにしなければならない。もちろん「指示代名詞がどうのこうの、人称代名詞は〜」といった文法用語を使った説明がその解決策にはならないことは誰もが賛成するところである。もっとも自然に英語の感覚を理解させる方法は GDM で指導することである。

　NH、NC、SU、OW などの教科書では、ひとつの工夫として This / That の疑問文に入る前に、This / That はモノだりでなく人にも同じように使うことを理解させることが有効である。例えば、友達どうしで That is Ken. He is from 〜 Elementary School. といった活動をさせる。そしてモノを聞く疑問文ばかりでなく、Is that Aya? といった人を聞く疑問文も一緒に扱っていく。このように教科書の順序そのままではなく、少し変えるだけで大きな効果が期待できる。

4. 小学校英語の教科化にむけて

　「教科書を教える」のではなく「教科書で教える」とは言い古された言葉であるが、英語学習の入門期においては特にこのことに留意して指導しなければならない。使用している教科書だけでなく、他の教授法を活用することはとても大切であり、GDM はたいへん有効なものである。現行（2011 年版）学習指導要領の英語解説書 56 ページには「文法については、コミュニケーションを支えるものであることを踏まえ、<u>コミュニケーションを実際に行う言語活動と効果的に関連付けて指導する</u>ことが重要であることを今回の改訂で新たに示したものである。」（下線部筆者）下線部は GDM の理論の SEN-SIT の説明と言っていい内容であり、GDM の教え方を取り入れることは、学習指導要領が求めている英語の授業の方向と一致すると言える。

　2020 年度から実施される新学習指導要領案が 2 月に提示され、教科となる小学校の英語科の内容が少しずつ見えてきている。現時点で考えていかなければいけないことのひとつとして、小学校で扱う語数を 600 から 700 語と示したことである。現在の中学校の教科書の単語数が 1200 語、そして新学習指導要領案ではこの 600 から 700 語に付け加えて中学校で 1600 から 1800 語と言っている。また現在示されている「小学校外国語活動年間指導計画例（素案）」で生徒が使うと想定されている単語の多くは食べ物、図形、動物、スポーツ、職業、色といった名詞である。これらの語は英語学習を支える幹とはなり得ず、入門期で育てたいしっかりとした土台作りにもプラスとならない。逆にこれらの語をたくさん覚えさせれば覚えさせるほど、日本語と英語が 1 対 1 対応するような誤った認識を植え付け、その後の英語学習に大きなマイナスとなる可能性が非常に高い。このような誤った英語学習のスタイルを身につけた中学 1 年生に GDM で教えることは大変有効である。まったく正反対の学習スタイルを示すことは効果的である。そして GDM で教えるだけでなく、早い段階でルートセンスを学ぶことの大切さを実感させるために次のようなことも考えられる。

　GDM で "off" や "take" を学習し十分に使えるようになった後、日常生活のなかのカタカナ語として「オフ」を使った言葉を発表させる。30％オフ、シーズンオフ、オフサイド、オフホワイト、スイッチのオン・オフ、スポーツのプレイオフ、オフロードバイクなどなど。これらの語の意味と学習した off のルートセンス「My hand is on the table. の状態から手をすっとテーブルから離して My hand is off the table. 壁に貼ってある絵 The picture is on the wall. が風で飛

ばされて It is off the wall. Now it is on the floor.」とがどうつながっているの
かを考え、グループで話し合わせ、発表させる。定価から 30% 離れている（日
本語では 7 掛け、見方が違う）、スイッチは理科で習った配線図を描けば一目
瞭然、白から少しだけ離れた色で白ではない、レギュラーシーズンが終わり
少し経って（離れて）行われるプレイオフ・・・どれもルートセンスから考
えていけば同じ意味であることは、1 対 1 対応が英語の学習と思い込んでいる
生徒にとって新しい発見であり、驚きでもあると想像される。それが分かれ
ば、ひとつずつ日本語で丸暗記する学習方法のマイナス面を納得する生徒もよ
り多くなるのではないか。　　　≫≫≫ 本書 p.25

　中学校で学習する動詞の中では日本語訳がもっとも多いのは take である。
教科書によっては 10 以上（日本語訳では）の意味になり、「時間がかかる」
「連れていく」「取る」「買う」「写真を撮る」「服を脱ぐ」「乗り物に乗る」など、
それぞれ出てくるたびに「いろいろな意味がある単語だからがんばって覚え
なさい」という指導がよくおこなわれている。take のルートセンスは、on the
table の状態の箱を、on the board の状態の絵を、on the wall の状態のカレン
ダーを、off の状態にする動作である。この動作をもとに考えれば、レジで代
金を払う前の動作はまさしく I'll take it. その場面を日本語にすれば「これを
買おう」となるが、take のルートセンスを理解する前に「take ＝買う」と教
えられれば、家に帰ってきてお母さんに ＊I took this pencil at.... と言うのが不
自然とは考えられないのは当然である。

　黒板に貼ってある写真を取る動作が take であることから、黒板を目の前に
広がっている風景として考えれば、その一部を取り込むカメラの機能を take
で表すのも同じ動作であることは容易に理解できる。カメラという今までにな
かった機械が発明され、当然のことながらその機能は新しいことなのでそれを
表す言葉はその時点では存在していない。このような時にその機能を表現する
方法はふたつある。ひとつは新しい言葉を作って対応させる。もうひとつは、
身のまわりの言葉で本質的に同じである意味の言葉をそれにあてる。どちらが
有効で多く使われているかは明らかで、写真の take もこの後者の例である。

　「時間がかかる」take も黒板から写真を取る動作がきちんと理解されていれ
ば、黒板にタイムラインとして矢印を左から右に描いて、そこに昨日の出来事
の時刻を入れながら話していく。8 時半に家を出て、9 時半に名古屋駅に着い
たことを確認して、その矢印上で 1 時間分を取り出す動作をしながら、It took

one hour from my house to Nagoya Station by car yesterday. と言えば、生徒は黒板から写真などを取る took と時間の took を容易にそして自然につなげて理解することができる。

　せっかく GDM で "take" や "put" の 3 時制を教えても、教科書を指導していくときに "take" を上記のような観点で導入せず、「今日の意味は今までと違ったものを買うときに使うんだよ」とか「写真を撮るときにも使うよ」といった説明で教えていては、GDM を取り入れた良さが半減してしまう。

　GDM を何らかの形で学校現場に取り入れている教師がそれぞれの実践を出し合い、共有していくことが求められる。ひとつひとつの小さな取り組みを積み重ねていくことしか、今後予想される英語教育の困難な状況への対応策はないと思われる。まさに「戦略は細部に宿る」という言葉が当てはまる。月例会や各セミナーでの実践報告、Year Book での発表、などの活用が大切になってくる。

資料Ⅱ	GDM と教科書のマッチング －動詞の扱い方－	Year Book No.64 2012 年 6 月

はじめに

　時制や関係代名詞、受動態は日本人がよく間違えるものとして挙げられる。根本的に日本語と考え方が大きく異なるものであることに加え、日本語に訳してそれと照らし合わせて理解しようとすることも大きな理由となっている。教科書も基本的には日本語訳で説明しているため、いくらていねいに指導しても、この問題の解決にはならない。例えば 1 年生の教科書（東京書籍 *New Horizon*）では、次のように記述されている。

＜教科書 14 ページ Unit1 ＞

　be 動詞 am の導入のページに「I は『わたしは』am は『です』に当たる。」

＜教科書 16 ページ Unit1 ＞

　be 動詞 are の導入のページに「you は『あなたは』are は『です』に当たる。疑問文では are が you の前に出て、文末が上げ調子になる。肯定の答えには yes を使う。」

この例のように、教科書を用いてダイレクトで教えようとしても非常に難しい。GDM と教科書はいろいろな点で対照的である。関係代名詞や受動態も同様である。反対に GDM でこれらのことを指導すると、生徒の理解は教科書での指導と比べて格段によくなる。しかし GDM を公立中学校で取り入れよ

うとすると時制の扱い方の大きな違いに直面する。この課題を克服しないと英語学習の入門期の指導に最適な GDM のメリットを中学校で活用することができない。小牧西中学校での時制についての指導の実践を報告する。

1　教科書（*New Horizon*）での時制の指導

　教科書での時制の扱いは次のようである。これはどの教科書もだいたい同じである。

　① be 動詞

　② 一般動詞の現在形 1・2 人称

　③ 一般動詞の現在形 3 人称

　④ 現在進行形

　⑤ 一般動詞の過去形

　⑥ be 動詞の過去形

　⑦ 過去進行形

　⑧ 未来 be going to

　⑨ 未来 will

　⑩ 現在完了形

①から⑤までは 1 年生の範囲、⑩は 3 年生の内容である。この指導順序の問題の一つは、④から⑨までの流れにある。動作の時間的流れは、例えば部屋の窓を開ける場面でいうと次のようになる。I will open the window. → I am opening the window. → I opened the window.

　このように、未来と進行形、過去形を使い分けることが時制のポイントであるが、教科書ではそれらをひとつひとつ単独に扱っている。実際の動きと比べ、とても不自然であり、普段の生活場面と結びついていないため、「現在進行形に直しなさい」とか「未来の文に直しなさい」という指示がないと使えないということになりやすい。

　過去形が出てくるのが 1 年の 3 学期後半という遅さが、もう一つの問題点である。ほとんど 1 年間現在形の文ばかりというのと、日本語と英語の時制の感覚の違いとが相まって、日本人学習者の時制が苦手という原因につながっている。また、その現在形の指導も 1・2 人称と 3 人称の指導が数ヶ月離れているため、いわゆる 3 単現の s の定着が悪い原因となっているのは明らかである。教科書の編集方針の一つに、日本語と英語で概念が違うときは、同じ部分をま

ず学習させ、それから違う部分を提示して理解させようということがあるように思われる。これは一見学習者にとって親切、分かりやすいと思われるが、実際は逆効果である。なぜなら、まず同じ部分で学習すれば、当然のことながら「日本語と同じように考えればいいんだ」と思い込み、それが定着してから、実際はこういうときは違うから変えなさいと言われても、なかなか対応できない。まずカルチャーショックを与え、「英語の考え方は日本語とは違うんだ」ということを意識させるほうが、3 単現の使い分けにしろ、単数複数の使い分けにしろ、最終的には定着は良くなる。もちろんそのことを初めて習うときは、使い分けのある方が間違いは多くなるが、その部分だけで判断すると、結果として学習者には不親切な指導方針となってしまう。

2　GDM の指導の特徴

　GDM では be 動詞のあと take, put を使って、will take / put, taking / putting, took / put を指導する。次に will give, giving, gave を教える。そのあと will go, going, went が出てくる。1 学期終わりには、生徒は目の前の場面を次のように言うことができる。

He will go to the board. He is going to the board. He went to the board. He is at the board. He will take the map off the board. He is taking it off the board. He took it off the board. He will put the map on the table. The map will be on the table. He put it on the table. It is on the table now. It was on the board.

　しかし、未来の文や過去形を使っているという意識はない。GDM はダイレクトメソッドであるので、文法用語を使った日本語による説明をしない。だから生徒は、will take を使う場面と took を使う場面をどう使い分けるのか、あるいは took の場面か put の場面かを分けているだけである。2 学期に入り、教科書で一般動詞の play, watch を習っても I will play tennis tomorrow. という文は使えない。これをどう結びつけるのかが、教科書に GDM を取り入れるときの大きなポイントとなる。GDM での take, put, give, go の学習が時制の理解に手助けにならないと、GDM を取り入れる効果が半減することになる。

3　帰納的学習法で獲得したことを一般化する手順

（1）第 1 段階

まず、take, put, give, go, come の横の関係から共通点を確認させる。

will take	will put	will give	will go	will come
taking	putting	giving	going	coming
took	put	gave	went	came

今まで縦で 3 つの使い分けを考えていたが、それぞれの使い分けのポイントは同じであることを確認させることが必要である。give や go のあたりで、何人かの生徒は「今までと同じ考えで使い分ければいい」という感想をワークシートに書いていたので、気づいている生徒は多くいるが、気づいていない生徒もおり、まずこのことを確認することが必要である。文法用語で未来、進行形とまとめるのではなく、内容を説明させた方が有効である。生徒に考えさせると 1 段目は「これからやるときに使う、やろうとしているとき」2 段目は「しているさいちゅう、している途中」3 段目は「すんだあと、やったあと」というような言葉でまとめていた。

（2）第 2 段階

　教科書で出てきた一般動詞と上の動詞の 3 時制とをつなげる単語が必要である。take / put / give はまだ教科書では出てきていないので、come を使って 4 段目を付け加える。教科書の本文「I usually come to school by bike.」の文を示して、will come / coming / came と比べさせて、どれとも形が異なっていることを確認させ、4 段目に付け加える。

　どういうときに使うかを考えさせると「いつもの時、特定のあるときではない」とまとめた。さらに今まで使ってきた He comes to school by bike. の文を確認し、4 段目を come / comes で付け加える。

（3）第 3 段階

　教科書で習った play / watch / study に 4 つの使い分けを広げる。まず、4 段目を板書し、そこから 1 段目から 3 段目を推測させる。will play / playing までは take / put / give などの例から考えられるが、過去形はいろいろあるので全部を同じやり方で作ることができないことを確認する。

　その後、play は played に watch は watched にすればいいことを教える。study はまず、studies から考えさせて studied になることを推測させ、確認する。

（4）第 4 段階

　教科書（*New Horizon*）78 ページの 1 日の生活を活用して、この 4 つの使い分け（未来、進行形、過去形、現在）を身の回りのことで使えるようにする。まず教科書の内容は、4 段目（現在形）であることに気づかせる。今朝起きた時刻を言うときは、この 4 段目の文ではなく、3 段目（過去形、この用語は使わない）の got up を使わなければいけないことを、明日の朝のことを言うときは同じく 1 段目の will get up を使わなければいけないことを確認していく。教科書で出て来る 8 つの内容のほかに、毎日することは他にないかを尋ね、「宿題をする」ことを生徒から自主的に出させ、do my homework と study ではなく、do を使うことを知らせる。これは、時制の練習だけでなく、このあと出てくる What do you do after school? の文のフィードフォワードとしての役割もある。

　「起きる、家を出る、歩いて学校に行く、学校に着く、食事をする、放課後〜をする、勉強する、宿題をする、寝る」について、4 つの使い分けとそれぞれの否定文、疑問文についてもその作り方を指導する。

（5）第 5 段階

　4 つの時制の使い分けだが、実際の場面ではそれに否定と疑問の文が加わるので結局は 12 の形になる。これらをドリル的にただ単に練習させるだけでは使えるようにはならない。できるだけストリーのなかで使い分けができるようにしていきたい。

　I usually get up at seven.　My mother usually gets up at six and cooks breakfast.　But she did not cook today.　She was sick.　So I got up at six and cooked breakfast today.　I will cook breakfast tomorrow, too.

このような流れのなかで使い分けができるように練習させるのが大切である。

5　時制の感覚の定着にむけて

　以上の手順での指導の時期だが、単語的には Unit3 の段階（小牧西中学校でのカリキュラムでは 10 月）で扱えるが、帰納法的考え方の大切なポイントのひとつに、ある程度の回数が必要なことと、ある程度の時間が経たないと教え込みと同じ事になってしまうということがある。このことから、2 学期の最後の時期ぐらいが適当と考える。そこから 3 学期の終わりにはこの 4 つの時制

の使い分けが正確にできるように指導している。1 年生の間に未来、現在進行形、過去形、現在形の 4 つの使い分けができると、その後の英語の学習が非常に楽になる。この使い分けがはっきりしていない状態に、過去進行形や不定詞、そして動名詞が入ってくると、とてもたいへんである。動詞の形の変化はこれに現在完了と受動態が加わる。動詞のこれらの使い分けは中学校の英語学習のとても大きなものである。それ故に 3 年間で何を、いつ、どんなふうに教えていくのかしっかりと方針を持って、生徒の理解の状況を的確につかみながら指導していくことが必要である。

資料Ⅲ	教科書の苦手と GDM の得意 －関係代名詞の指導から－	Year Book No.67 2015 年 6 月

はじめに

　GDM に出会って 23 年になるが、その数年前に『日本人の英語』（マーク・ピーターセン著）を読み、当時は教科書を使い、どうやってその内容を定着させるかに四苦八苦していた私は、次の内容をとても興味深く読んだことを今でも強く覚えている。

　　私が見てきたかぎりの日本人の英文のミスの中で、意志伝達上大きな障害と思われるものを大別し、重要なものから順に取り上げてみると、次のようになる。

　　　1　冠詞と数、a、the、複数、単数などの意識の問題・・・
　　　2　前置詞句・・・
　　　3　Tense、文法の時制・・・
　　　4　関係代名詞・・・
　　　5　受動態・・・
　　　6　論理関係を表す言葉・・・　　　　　　　(注)

この上位 5 項目は、すべて中学校の学習内容であり、そのどれもがふだん教えていて、理解や定着が悪く、どうやって教えればいいか悩んでいたことばかりであった。教科書で（正確には、教科書だけで）教えることが当たり前と思って指導していた私は、このことが日本人全体の傾向であるなら、私の授業だけの問題ではないなぁということを知った。しかし目の前の理解できていない生徒を見ると、「何とかしなくては」とか「どう工夫をすればいいのか」と思うものの、すぐにいい方法が見つかるわけもなく、いろいろ試行錯誤してい

た。そういった時に GDM を知り、自分が理解した範囲で、授業に取り入れていった。そしてそれを少しずつ増やしていくなかで、「日本人の英語」で指摘されていた 5 つの項目をはじめ、自分が教えづらい、わからせづらいと感じていたことの多くが、GDM を活用すると、それまでとは違い生徒が自然に納得する表情が多く見られるようになった。それをねらって、あるいはそうなるであろうという確信に近い思いを持って取り入れたのだが、あらためてその効果の大きさにとても驚いた。

　注　『日本人の英語』（岩波新書）7 ＆ 8 ページより抜粋

1. 教科書と GDM の根本的な違い

　GDM の特徴である「説明をしない」ということから、生徒は自分の頭で考え、いろいろな発見をしていく。たとえば、受け身の 1 時間目の授業の感想では、「今まで習ってきた文とポイントが違っておもしろい。」とか「今までと逆の見方をする文を習いました。」といった感想が多く見られた。関係代名詞の 1 時間目の授業では、「今日の授業では物ばかりでしたが、人でも同じように which を使っていいですか？」と、教師がうれしくなる感想を書いてくる。このような感想は、教科書で説明から入って、本文を暗記させる一般的な授業では出てこないものである。

　教科書の基本的な編集方針の一つに、学習者の負担（目先の）を減らすためになるべく日本語と同じようなところ（日本語の発想で考えていいところ、あるいは日本語を単純に英語に変えても支障のないところ）をまず学習、理解させ、それから大きく違っている点を提示して、ほんとうはこういうことだから、覚え直しなさいということがある（と思われる）。

　間違えやすいトップにあげられている数の概念に大きく関わる、they, we, these, those の新出ページは、本文全体 118 ページの中で they（p.56）we（p.56）these（p.74）those（p.74）である。つまり、日本語と同じ感覚で使える単数ばかりをまず扱う。

　一般動詞の三単現も同様である。一般動詞の現在の文は、まず一、二人称の文が 28 ページ（だいたい 6 月ごろ）に出てくる。三人称の文が出てくるのは、50 ページ（10 月から 11 月に習う）である。「好き」は「like」、「テニスをする」は「play tennis」と覚え、慣れた頃に My father で始まったら "likes" "plays tennis" にしなさいと言われ、大混乱だけならまだしも、英語嫌いをさ

らに増やす効果しかない。^(注1)

このような教科書に対して GDM は、日本語と英語で考え方が大きく違う点に、なるべく早い段階で気づくように grading されている。カルチャーショックを与え、前述の受動態や関係代名詞の感想のように自分で気づかせ、どう対応すればいいか考える手立てを与えていく。These / Those は、GDM で週 4 時間教えたら 1 ヶ月たつ前に習い、They については 1 時間目あるいは 2 時間目に数によって使い分けなければいけないことを学んでいく。

三単現についても、see / sees あるいは do not see / does not see を同時に提示し（コントラストさせ）その使い分けのルール^(注2)に気づかせ、定着させていく。その導入の 1 時間だけを見れば、like / play だけの方が理解しやすく、負担は少ないが、最終的なきちんとした英語の理解に必ずしもつながっていかないことは明白である。

中学 3 年生の学習でのおもな新出文型は、現在完了、受動態、後置修飾、間接疑問文などがあり、どれも日本人には理解が難しいものとなっている。特に日本語と大きく語順が異なる後置修飾は、入門期から日本語訳に頼って学習しているとさらに難易度が増すことになる。この後置修飾、特に関係代名詞の指導について、教科書での取り扱いを確認し、それに対して GDM を使った実践の有効性について考えていきたい。

注 1 *New Horizon* 2014 年版 1 年

注 2 GDM を使って学んでいる生徒は文法用語を教えられていないので、この場合のルールも自分の知っている知識を使って整理していく。具体的にはそれまでに習った is, am, are の文で is を使っていた文では、sees / does not see を使えばいいというように使い分けていることを、生徒の言葉から知った。これは三単現という言葉で使い分けていくよりもはるかに実際的な効率のいいルール作りである。

2. 後ろから修飾という説明は効果的？

教科書（*New Horizon* 3 年）では、まとめのページで次のように示している。

This is the <u>bus</u> which goes to Midori Park.
先行詞＝物　　　　　　　　　bus を修飾している

このような説明の仕方は、教科書をはじめ問題集や参考書で一般的に使われている。しかし、英文の内容を理解するときに、図のように which 以下の部分

が前にさかのぼって bus という単語を修飾するという考え方が有効だろうか。読んでいるときなら、次の文に行くのをやめて bus の内容を確認する時間を作れるが、会話とかリスニングテストで次の文がすぐに続くときにはそんな時間的余裕はない。そう考えると、後ろからひっくり返って前の語を説明するという理解の仕方は、有効ではないといろいろなところで言われているが、教科書では依然として、上のような説明を続けている。^(注)

コミュニケーション能力ということがよく言われるが、この「後ろから修飾する」という考え方にはコミュニケーションの観点は入っていない。コミュニケーションとは情報のやりとりであり、必要な情報を相手に伝えることである。前述の文はまとめで使われている説明のための文なので、次の文で関係代名詞節の働きを考えてみたい。Tom is running into the bus which goes to Midori Park. この文を相手に言うときに、バスは何台見えているかという観点が、教科書の説明では欠落している。1台しかいない場面なら、which 以下は必要な情報ではなく、このような文は使われない。少なくとも2台以上のバスが見えていて、the bus だけではどのバスか分からないので、which（Which bus? と聞くのと同じ気持ち）goes to Midori Park と必要な情報（不足している情報）を付け加えている。

英語の文はもともと、subject（その文のテーマ、主語という日本語は正確なイメージを伝えない）に必要な情報を付け加えていくという構造になっている。

The boy + is walking + with a bag on his back + in the park.

このように絵で示すと明らかになるが、頭の中でも「男の子」にまず「歩いている」という情報を付け加え、それに「かばん」とその場所「背中」が付け加わり、最後に背景の「公園」が出てきて、この文が表している場面ができあがる。「その少年はかばんを背負って公園内を歩いています」と日本語に訳さなくても、このイメージができれば英文の内容は十分に理解できるし、そのほうが分かりやすい。

後置修飾においてもこの英文の大原則から外れているわけではない。GDMを使って教えると効果的であるが、関係代名詞をはじめとする後置修飾は、学

習者にとって難しいことではある。よって、1 年生の段階から前置詞による後置修飾を意識的に指導していくことが有効である。例えば、before / after を 1 年で学習するが、そのときに次のような文を数多く練習させるとよい。Monday is after Sunday. Friday is before Saturday. これに次のような文を入れると関係代名詞の文への準備となる。The day before Sunday is Saturday. The day after Monday is Tuesday. バリエーションとしては number / month / between などが使える。

　また、教科書では for が比較的早く出てくる。教科書では What do you have for breakfast? という文が初出であるので、その前に私はコップを使って導入している。コップを 3 つ提示し、

S: I see three cups in your hands. / You have three cups in your hands.

T: This cup is for tea. This cup is for coffee. This cup is for Japanese tea.

と練習をして、それぞれ違う場所に置く。他のものでさらに練習してから、コップに話題をもどして、

T: Where are the three cups? They were in my hands. Where are they? The cup for coffee

S: The cup for coffee is on the table. The cup for tea is in the box. The cup for Japanese tea is on the seat.

この「the cup for tea」というのは関係代名詞節と同じ感覚であり、目の前の実物を見ながら言うので言いやすい。

　　注　高校の教科書の「PRO-VISION」*English Communication I*（桐原書店）では、「名詞の後ろに情報を追加する関係代名詞 who, which」とか、「だれって、それは … →情報追加を予期」「which は『どれって、それは …』と情報追加を予期」といった説明をしており、このような教科書も出てきているが、中学校ではない。（2021 年の状況は、本書 p.172 を参照）

3.　教科書の指導順序

　3 年の 2 学期に学習する後置修飾の文は、関係代名詞節、接触節、分詞の後置修飾の 3 種類ある。これらがどの順序で出てくるのかを各教科書で調べると、どの教科書も分詞、接触節、関係代名詞の順であった。関係代名詞の指導順は、以下の通りである。

＜ *New Horizon* ＞ who　　that (which)　　that (which) 目的格 [注]

＜ *New Crown* ＞　　that　　that 目的格　who　　which

< *Sunshine* >　　　who　which　that　which 目的格

10 数年前に調べたときは、関係代名詞からの教科書、接触節から教える教科書、分詞から導入する教科書というように三者三様であった。しかし、現行の教科書ではどの教科書も分詞から指導し、次に接触節、つまり関係代名詞の省略された形から入り、最後に関係代名詞の文を学習するという順番になっている。この理由は確かめたわけではないが、たぶん実際の日常生活で使用頻度の高い方を先に指導するという方針があるように思われる。例えば

① Yesterday I got a camera made in Japan.

② Yesterday I got a camera which was made in Japan.

どちらの文がよく使われるかといえば、①である。発話の心理からいって、be 動詞の部分を正確に言うのは面倒くさい（ネイティブでも）からである。しかし使用頻度とその言語を外国語として学習するときに、その言語を理解するのに効果的な順序とがいつも同じではないことは明らかである。

　短縮形についても同じ事が言える。英語の最重要概念の一つである be 動詞を例にとると、What's this?　It's a book. That's a table. と短縮形を使うのに対して、This は短縮形がないので、This is a door. となる。入門期においてこの短縮形が英語の基本的構造を理解させるのに効果的とは思えない。ましてや小学校で文字を使わないという条件を入れると、さらに問題が多いと言わざるを得ない。

　　注　（which）のかっこの意味は、「that または which を使います」という説明が
　　　　つけられている。関係代名詞の基本は which であるから、このようなことを
　　　　まったく無視した指導観である。

4．疑問詞 which を大切に

　3 年で学習する関係代名詞、接触節、分詞による後置修飾を指導する順序はどの順番が効果的だろうか。まず基本的に英語と日本語の構造が違うことを感じさせ、英語の基本である「必要な情報を付け加える」という感覚をつけるのに効果があるのは、関係代名詞の which である。前にも触れたように、複数の可能性（2 台以上のバス）があるなかで 1 つのものに絞り込むための情報を付け加えるという感覚は、複数のものからどれ？と尋ねる which そのものであり、いちばんイメージしやすい。だから which が使われるようになったのであり、関係代名詞という品詞が別に新しく作られたわけではない。例えば部屋にドアが 2 つあって、One is open. The other is shut. という場面で、Please

put this picture on the door. と指示されても候補は2つあってどちらか分からないので、Which door? と聞く必要が出てくる。だから必然的に、あるいは自然と the door に which is shut と付け加えることになる。こう考えてくると、最初に関係代名詞 which を教え、そして次に不足している情報の対象が人の時は who を使うことを理解させる。まずこの関係代名詞節を使って必要な情報を付け加える感覚をしっかりと定着させることが大切であるし、有効であると言える。

このような観点から次の指導順序を提案したい。

① 関係代名詞（主格）

② 分詞による後置修飾

③ 関係代名詞（目的格）

④ 接触節

②と③の順序は逆もあり得る。②と④については、関係代名詞を省略した形として指導する。関係代名詞を教える順は、疑問詞の感覚そのままで使える which を先に教えてから who に入る方が効果的である。この2つの使い分けができてから that を指導する。

教科書（*New Horizon*）では、分詞による後置修飾のあとの次の新出文型は接触節ではなく、間接疑問文である。この間接疑問文の学習においても、関係代名詞が既習事項になっているとスムーズに導入しやすい。というのは、ワークシートの振り返りを読むと「関係代名詞」という文法用語を授業のなかでは使わないので、生徒は「which の新しい使い方」とか、「今まで文の初めだった which が文中で使われる」といったとらえ方をしていることが分かる。関係代名詞という新しい別の言葉を習うととらえるよりもこのほうがはるかに有効であり、そこから対象が人になれば which ではなく who というのも自然に理解できる。ある生徒は感想に「which と who にこんな使い方があるなんてびっくりした。when や what でも使えるのかな？」「which と who が出てきたのだから、where や how はいつ、どんなふうに出てくるか楽しみです」などと書いていた。この発想がとても大切である。which / who の延長線上で間接疑問文を捉えた方が、学習者にとっては理解しやすいだろうし、間接疑問文における語順の変化の理解にも効果があると思われる。もちろん文法上のカテゴリーは違うものであるが、文法上の違いを理解することが、その文が理解しやすくなるということにいつもつながるわけではない。

5. 関係代名詞 1 時間目の授業の指導例

（1）指導項目　which

（2）指導時期　3 年 10 月下旬

（3）指導のポイント

・疑問詞 which の意味をもとに「どっち」という気持ちが必要な場面で、その内容を which 以下で付け加えていく感覚をつかませる。

・目の前の物を見ながら英文を聞いたり話したりすることが、特に関係代名詞節を使った文では有効なので、場面設定をていねいに確認していく。

（4）扱う文

　　① He put the picture in the box which was on the seat.

　　② She will go out of the room through the door which is closed.

　　③ I will put the card on the seat which has four legs.

（5）場面設定

　　①の文の場面は机の上に同じ形、同じサイズの箱が 2 つ置いてある。色とか大きさで見分けがつくと the big box とかでどちらの箱か言えるので、同じ箱を使うことが必要である。One box was on the floor. The other was on the seat. という状況を確認する。黒板から写真を取り、それを箱に入れてもらう。生徒が指をさして I will put the picture in this box. と言えばどちらの箱か相手に伝えることができるが、指さしを止めさると、どちらの箱か分からないので Which box? と聞きながら You will put the picture in the box which was on the seat. ポイントは be 動詞を過去で使う場面設定である。現在だと the box which is on the seat のように関係代名詞を使って言えるが、the box on the seat と既習の言い方でも言えてしまい、関係代名詞節の必要性がない。しかし過去は関係代名詞が必要となる。

　　②の文では、教室にある 2 つのドアが 1 つは開いている、もう 1 つは閉まっている状況で、いつも教室に持ってきているバスケットを廊下に置いておく。そのバスケットを生徒に取りに行ってもらう。I will go out of the room through the door. と既習の文でここまで言えるが、ドアは 2 つありどちらのドアか分からないので、I will go out of the room through the door which is open. と言う必要が出てくる。

　　③では、1 本脚や 3 本脚、4 本脚のイスを用意しておく。You see three seats. One has one leg. Another has three legs. The other has four legs. これは 1 年で

学習した内容で生徒になじみ深いものである。そのイスの上に何を置くかは、授業の流れや今までの学習でどんな物を使ってきたかで何が適切かは変わってくる。He put the card on the seat which has one leg. I will put this card on the seat which has three legs. といった感じで不足している情報を which で付け加え、どのイスかを相手に伝えることができる。

（6）授業の流れ

　まず疑問詞 which のレビューをしっかり行うことが必要である。材料としてはトランプ、スプーンとフォーク（持つ部分が同じ形状）などが使いやすい。上記の場面設定で述べたように、One is.... Another is.... The other is.... という文が使えるようになっていると自然な流れになりやすい。扱う 3 つの文のどれから導入するかは、授業全体の流れのなかで考えることが大切である。

　目の前で見て話す、聞く（ライブ）の次は、絵を使って文を確認する。ライブで扱った 3 つの関係代名詞の場面のどれかを選び、その場面を絵で提示し、その英文をまずは言えるようにする。それから黒板に英文を書いて確認させる。最後にワークシートで問題を解き、答合わせをする。

（7）生徒の感想

　次は 1 時間目 which　2 時間目 who を指導したあとの生徒の感想である。

・前回は which で今回は人で who だから、もっとほかの単語 what や where なども新しい使い方ででてくるのかと思った。

・who や which のあとにどうつづくかがまだよくわからないので、次の授業で分かればいいと思います。1P とかでどんどん使っていって早く身につけたいと思いました。（1P は毎日の課題の呼び名）

・ which, who と出てきて「もしかしたらまだ出てくる！？」とそわそわしながら授業をうけていました。でもまだ他には必要ないよなーと考え直して自分でへこむ。

・今回は who をやりました。またびっくりしました。what とか when とかもあるんですか？ which も who も上手に使いこなせることができるようになれば英語の力も上がると思うので使いこなせるようにしたいです。

・長い文が多くなってきたので、まず何を説明してから何を説明していくのかがポイントだと思いました。（あのバスの窓の問題を思い出して）^(注)

・which や who は普段の生活からも考えやすいと思うので、いろんなパターンを使ってみたいです。

・まったく新しい単語を習ったわけではなく使うはばが広くなっただけなので、しっかり使えるようにしていきたい。

・すごく長い文が作れるようになるので楽しいです。スムーズにこの長い文が言えるようにしたいです。難しそうで意外と簡単なのでしっかりと意味を確認していきたいです。

・今日は前の № 40 で習った which のつづきの who をやりました。2 つの使い分けを絵を見たりしてできるようにしたいです。文をそのまま覚えるのではなくて、絵を見て答えられるようにしっかり復習をしたいと思います。

・which と who が上手く使えるようになった。

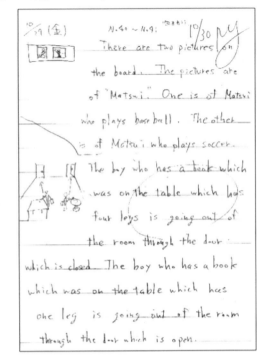

　注　1 年の 6 月に学習した The windows of the bus are closed. の文

（8）生徒の課題より

　右上の資料は、家庭学習 1P ノートで生徒が書いてきたものである。1 つの文に関係代名詞を数個使っており、スマートな英文ではないが、必要な情報を付け加えるという感覚が表れており、関係代名詞を 2 時間習ったあとに書いた英文として、授業のねらいがこの生徒に関して達成されたと言える。

　資料の生徒作文　There are two pictures on the board. The pictures are of "Matsui". One is of Matsui who plays baseball. The other is of Matsui who plays soccer. The boy who has a book which was on the table which has four legs is going out of the room through the door which is closed. The boy who has a book which was on the table which has one leg is going out of the room through the door which is open.

　本章の資料 I ～ III は、Year Book に掲載されているものに加筆修正をした。

理論編 II

広がる Graded Direct Method の世界

第6章 「分かる」へ導く仕組みと学び合い
—GDM による授業：授業記録と授業案—

松川 和子

はじめに

　本稿ではまず GDM の「指導の実際」を小学校の授業記録から再現する。そこには、教師は「導く人」に徹し、学習者たちは「気づき」を共有することで、悩みながらも仲間と励まし合い、英語のルールを獲得していく姿がある。GDM のクラスでは実際に何が起こっているか。子どもたちを「分かる」に導く工夫はどこにあるか。ポイントを3つに絞って指摘する。

　次に「進んだクラスの授業案：MAKE, KEEP を教える」を紹介する。GDM ではより抽象的な構文をどのように指導できるのか。筆者がこれまでの指導経験で培った「教え方」にセミナーや研究会の学びを加味し、授業案としてまとめたものである。実際に体を動かし、変化や動きが体験できる「目に見える」導入から入り、少しずつ抽象度を上げていくやり方である。

　「授業を支える理論的背景」としては、「授業記録」のポイントとしても取り上げた、*SEN-SIT* とそれに深く関係する *Opposition* や、「授業案」で参考とした *Lucidity* を I. A. Richards[1]（以下リチャーズと略す）、相沢佳子のことばを引用しながら考察する。

　「集団としての学び」の項では、まず、授業記録の学習者の発話量や発話内容の観点から明らかになった「考え、発話し続ける」子どもたちの様子を伝える。次に GDM 授業者ならではの喜びと気づきを二人の教師の声を通して紹介する。教師集団の学びとしては「授業デモ」を介して学び合う GDM 教師グループの今日的意味を深田桃代のことばから受け取りたい。

1．GDM による公立小学校英語授業[2]
・小牧市立三ツ渕小学校（6年生24名、2007年6月）授業者：松浦克己[3]
・前時のねらい：*in, on* の使い方が分かる。*the* を使うことができる。
・本時のねらい：*in, on* の広げた意味の使い方がわかる。
　　　　　　　That picture is on the wall. His bag is in his hand.
◎ T（教師）、Ls（複数生徒）、L1-9（個人の生徒）

◎（　）は場面の説明や授業の背景。

◎（　）内の ⑦〜⑨ は GDM 授業のポイント。

　⑦ 教師は観察し、導く人。

　⑧ 発語は必ず、その文章が意味する場面と共に。

　⑨ みんなで学ぶから分かる。

◎ 文の最後が「...」になっている箇所は T が意図を持って発話をそこでストップしている場合。または L や Ls の発話がそこでとぎれていることを示す。

◎ 下線は導入文を示す。

（1）授業記録

① | 復　習 |

T：黒板の前にある机から少し離れたところで、その机を指す。

Ls：That is a table. It is there.

　　（Ls は場面が示されると、言えることを自分たちから発話する学習形態がすでにできている。教師は復習では Ls の発話に注意し既習事項の定着度を測る。）

Ls：That table ...

T：That table...

　　（⑦ T は L や Ls のつぶやきに耳を澄ませて、発話を先取りしないで待つ。）

L1：That table is there.

T：ここでも少し待つ。

L1：It is there.

　　（⑦ That table ＝ It の感覚が養えるよう留意し It is there. の文章もしっかりと発話させる。　⑧ 1 つの場面を 3 つの文章 That is a table. That table is there. It is there. で表現できることを学ぶ。）

T：拍手の後、ドアを指す。

　　（⑦ 声には出さず拍手で Good。ここまで T の発話は That table の 2 語のみ。）

Ls：That is a door. It is there.

Ls：That door ...

Ls：That door is there. It is there.

T：Good! の発言の後、掲示板を指す。

Ls : That is a …

　　（「掲示板」の意味の board はここが初出。）

T :　Board.

Ls:　That is a board. That board is there. It is there.

　　　（ イ　この場面でも一つの場面を 3 つの文章で表現することができた。）

T :　Good! の発言の後、拍手。再度、掲示板を指す。

T and Ls :　That board is there.

T :　黒板を指して発言を待つ。

Ls :　That …

　　　（「黒板」の意味の board はここが初出。）

T :　Board.

Ls :　That is a board. That board is there. It is there.

T :　スピーカーを指す

Ls :　That is a speaker. That speaker is there. It is there.

T :　自分の帽子を手に持つ。

Ls :　That is your hat.

T :　その帽子を自分の頭に乗せる。

　　　It is …

Ls :　It is there.

　　　（Ls はここで on your head の場所を there と表現。）

T :　Good.

L1 :　It is on your head.

　　　（ ウ　前時の学びを思い出し、発話。）

T :　Good. Everyone.

Ls :　It is on your head.

　　　（ ウ　先の L1 の発話を受けて、Ls も発話。）

T :　Good. 透明のプラスティックの箱を見せる .

　　　（この箱は T の持ち物であり、前週に授業で用いている。）

Ls :　That is your box.

T :　自分のペンを取り出しその箱に入れる。

Ls :　That is your pen. It is in your box.

T :　ボールを箱の上に置く。

Ls : That is your ball. It is on your box.

(イ 先の on your head の on を復習し、on your box に応用。)

T : 自分の bag を見せ、それを黒板の前のテーブルに乗せる。

(この机は授業の最初に That is a table. It is there. として紹介した机。)

Ls : That is your bag. It is there. It is on ...

(この発話までは my box, your box, your head など、名詞の前には所有を表す代名詞をつけて表現していたが、ここで持ち物ではない table の前に何をつければ良いのか、発話が止まっている。the は前時で導入されたがまだ十分には定着していない様子。)

L2 : It is on the table.

T : Good.

(ウ 1 人から the table の発話があり、T が Good! といったので他の Ls は the table なのだと確認し、学ぶ。)

T & Ls : It is on the table.

(ア T はここで初めて Ls に文をしっかりと聞かせ、理解を深めさせる。)

| 2 人 1 組で発話練習 |

T : OK, check.（Check! はペア練習の合図。）

Ls : 隣同士の 2 人で、自分たちの周りの物、遠くの物、それぞれの持ち物などを使って in, on の文章を言い合う。(イ 自分たちで場面を設定し、発話。ウ お互いの発話をチェックし合い、発表に備える協同作業。)

T : ペアで発話練習をしている様子を見回り、対応する。

(イ Ls の理解が不十分の時は日本語で説明せず、T は必ず、場面と共に発話し、Ls にヒントを与え、言えるように導く。)

| 発 表 |（ウ 仲間の発話を聞き、修正や確認をする。）

T : 手をあげて Ls を促す。「やってみよう。」

T : 手を上げた生徒に言わせる。

(ア T の方針は「手を挙げている生徒に当てる」。)

L3 : T の帽子を自分の頭に乗せる。

This is your hat. It is on my head.

(イ It is on my head. は T が用意した場面ではなく、L が場面を設定して

発話。）

T ： Good. の発言後、帽子をそのまま頭に乗せておくようにジェスチャーで示し Ls に発話を促す。

Ls ： That is your hat. It is on his head. It is there.

（Ls はこの発話により on his head は there ともいえることを確認。）

T ： It is on his head.

（ ア 既習の his が登場する文は本時ではここが初めてなので、his を含む文を聞かせ指導する。）

L4 ： 自分のファイルを持つ。

This is my file.

L4 ： それを自分の机の中に入れる。

It is in my table.

（ イ L4 が場面を設定して発話。）

T ： Good, everyone.

Ls ： That is his file. It is in his table.

T ： His. Good.

（ ア his が再登場したので、この箇所のみ T は Ls と声をそろえて発話。）

L5 ： 手の中にプラスティックの「小さな手」を持っている L5 はそれを握って、

This is a hand. It is in my hand.

（ イ L5 が場面を設定して発話。）

T ： Good.

L5 ： It is here.

T ： Good. とその発話を認め、さらにその手を指して Ls の発話を待つ。

Ls ： That is ...

T ： A hand.

（ ア T はヒントとなる語のみを与え、文の発話は Ls に任せる。）

Ls ： That is a hand. It is in his hand. It is there.

T ： OK, good.

L6 ： 手を上げて立ち、自分のファイルを自分の机に置く。

This is my file. It is ...

T ： 手を机に置いて on。

（ ア ヒントとなる語のみを与え、文の発話は Ls に任せる。 イ on の場

217

面を再現し、語を与える。）

L6 : It is on my table. It is here.

（ ア T のヒントで正しい文章を発話することができた。）

T : OK, good.

T : 修学旅行の写真を前述の透明ボックスの上に乗せて発話を促す。

This is a picture.

Ls : It is on your box.

T : It is on my box.

② 　 導入 -1 　〈 on の意味の広がり－側面に接触している on 〉

Ls : 数人の生徒を座席順で答えさせる。It is on your box.

T : 5 人目 6 人目の発話で、上に乗っていた写真を box の側面に移動。

It is on my box.

（ ア on の導入文をしっかり聞かせる。 　 イ 側面の場合も on であること
を Ls は写真の位置を見て理解する。）

T : 黒板にその写真を貼る。It is 次に on といいながら発話を誘う。

（ ア ヒントとなる語のみを与え、文の発話は Ls に任せる）

Ls : It is on a board.

It is on the board. などの声が上がる。

（生徒は a board と言うべきか the board と言うべきか迷っている。）

T : It is on the board.

（ ア the を確認させるため T が発話。）

map を黒板に貼る。

L7 : It is ....（黒板は L7 から離れているので That というべきところ。）

T : This ....

（ イ T は map に近い場所にいるので自分の場所から発話。）

L7 : This ....（L7 はなおも This と発話。）

T : This? This?

L7 : That map is there. It is there.

（ ア T はヒントのみ、L7 が自分で修正。）

T : Good.

（ イ T は自分のいる場所から発話を聞かせることで This, That の意味の

違いを L7 に再確認させる。）

T：　This is a map.

Ls：　It is on the board.

　　　（　ウ　 the の発話があった。自分達で間違いを訂正。）

T：　Good.

　　　ball を取り出し大きな箱（T の持ち物ではない）にその ball を入れる。

Ls：　That is your ball. It is in your box.

T：　your box の箇所で首を振って否定のジェスチャー。

Ls：　It is in the box.

　　　（　ウ　 the の発話があった。自分達で間違いを訂正。）

③　　導入 -2　　〈 in の意味の広がり：すっぽり入る in から一部が入る in へ 〉

T：　pen, bag, basket（いずれも T の持ち物）を順に手に持つ。

　　　（　イ　 物の大きさの変化で手と物の in の関係が変化することを認識。）

Ls：　That is your pen. It is in your hand.（ペンが手の中に収まる。）

　　　That is your bag. It is in your hand.（持ち手部分のみ手に収まる。）

　　　That is your basket. It is in your hand.（持ち手部分のみ手に収まる。）

④　　導入 -3　　〈 文頭が my, your などで始まる in, on の文章の導入 〉

T：　bag や basket を両手に持ち、それらを順にあげて。

　　　My bag ... in ....

　　　My basket ....

　　　（　ア　 文頭の語のみをしっかりと聞かせ、続けて Ls に発話を促す。）

Ls：　<u>Your bag is in your hand.</u> Your basket is in your hand.

　　　（　ア　 導入文だが、T のヒントがあり、正確な文章表現ができた。）

T：　ball を入れた大きな box をあげて。

　　　My ball ....

Ls：　Your ball is in your box.

T：　（　ア　 T が沈黙することで Ls は何か間違っていると察し考える。　イ　 この box はこれまでの授業で使用し、T の持ち物ではないことを Ls は知っている。Ls が your box を the box に修正することを待つ。）

Ls：　Your ball is in the box.

（ ア ここで the の発話があった。 イ その物が所有物かどうかを考え、次に誰の所有かを考える。所有物でなければ a をつけるべきか、the をつけるべきか、ここでも場面を通して学ぶ。）

T： 黒板の map（T の持ち物）を指す。

Ls： Your map is on the board.

（ ア ここで the の発話があった。）

T： 教室内のスピーカーを指す。

The speaker ...

Ls： The speaker is on the wall.

T： wall を指しながら wall, wall と発話し指導。

（ ア wall はここが初出なので何度も聞かせる。）

T： 時計を指す。

Ls： The clock is on the wall.

T： 生徒の筆箱、ファイルなどを指す。

Ls： His pen case is on his table. His file is on his table.

T： 筆箱、ファイルの両方を指しながら

They ...

Ls： They are here. They are there.

（ イ Ls の座席により here または there と発話が異なる。）

T： Check.（ペア練習の合図）

　 2 人 1 組で発話練習

T： 座席を回って、必要に応じて対応する。発話が活発でない組には場面を示し、ヒントを与えて発話を促す。

（ イ 日本語で説明することはない。T の発話も常に場面と共に。）

　 発 表

T： 手を上げた生徒を当てる。生徒は学習した内容を使って自由に発話。

（ ア ペアで発話練習をしているので不安なく発話。 ウ 仲間の発話を聞く。）

L5： プラスティックの手が再登場。

This is a hand. It is on my table.

Ls : 拍手。

　　（ ☑イ L5 が場面を設定して発話。　 ☑ウ 仲間の発話を称賛。）

L8 : 壁の時計を指す。

　　That clock is ...

T ：　自分の手を L8 の机に置きながら、on と発話。

L8 : That clock is on the wall.

Ls : 拍手。

　　（ ☑イ L8 が場面を設定して発話。　 ☑ウ 仲間の発話を称賛。）

☐練 習

T ：　近くの seat を指す。

　　This is a seat.

Ls : This is a seat.（発話した Ls は seat から座席が離れている。）

　　（ ☑イ this, that の意味の区別が曖昧になっていることが判明。）

T ：　This is ...

　　（ ☑イ T は seat の近くにいるので This と発話。）

Ls : That is a seat.

　　（ ☑イ This → That に修正ができた）

T ：　自分の hat を見せる。

Ls : That is your hat.

T ：　その hat を seat に乗せる。

　　It is ...

Ls : It is on ...（Ls の中にはまだ the の運用が難しい生徒がいる。）

T ：　The.

　　（ ☑ア 語のみを与え、Ls には文の形で発話させる。）

Ls : It is on the seat.

T ：　黒板上の map を指す。

Ls : That is your map. It is on the board.

T ：　黒板上の写真（前述の修学旅行の写真）を指す。

Ls : That is your picture. It is on the board.（黒板上の地図と写真の両方を視界に入れて）They are there.

　　（ ☑イ They are there.　 Ls が場面を設定して発話。）

⑤ reading, writing activities

（既習場面の）絵で全体練習→ペア練習→発表→文字カード→ワークシート [4]→黒板の絵を見て穴埋め問題（クラス全体の作業）→手を挙げている Ls が指名され、適語を入れる→答え合わせ→板書の文章を読んで確認→宿題（学習内容に基づいた絵と英文を書く）→ T が添削→返却→ファイルに綴じる。

(2) 指導ポイント ア ～ ウ の解説

ア 〈教師は観察し、導く人〉

・学習者の「言いたい気持ちや表情を読み取る」「つぶやき」を逃さない。
・可能な限り学習者に発話させることで学び合いを促進。
・学習者の発話内容からひとりひとりの進度や問題点を知る。
・発表を強制しない。「言いたい人」に言わせる。
・拍手や Good! で励まし、ヒントや重要ポイントのみ教師が発話。
・学習者の理解が不十分な箇所は「しっかりと聞かせる」。

イ 〈発話は必ず、その文章が意味する場面と共に。〉

・これはリチャーズが提唱した *SEN-SIT* [5]という考え方である。
・一つの場面を 3 つの文章で表現。物や場面を変えて 6 回観察された。
・in, on の文章表現は、個人・クラス全体で 34 回観察された。
・理解が不十分な箇所も教師は必ず場面を伴った発話を聞かせた。
・学習者が場面を設定し、発話する様子が 7 回観察された。

ウ 〈みんなで学ぶから分かる。〉

・仲間の気づきが助けとなり、間違いもヒントとなり、協同の学びがあった。
・ペア練習でお互いの間違いをチェックし、発表した。
・仲間から拍手で承認と励ましがあった。

注

1) リチャーズは Basic English（以降、ベーシックと記載）の理論から、その語学教育への応用面を開拓して力を注いだ。C. K. Ogden（ベーシックの考案者）との『意味の意味』の共著、ベーシック理論、教育論など数えきれないほどの著作を残した。（相沢 1995 : 225）
2) 松川和子（2008）の報告から授業部分のみ転記。授業は 1 年間（2007 年 4 月～ 2008 年 3 月）実施された。本時の既習事項は I, You, He, She, It, We, They, am, are, is, here, there, This, That, my, your, his, her, a, in, on。
3) 授業当時は愛知県小牧市立小牧西中学校教諭。
4) 教師が間違いと子どもたちの感想をチェックし、担任から返却。ワークシート

　　は reading 教材、単語調べ、復習教材としても利用された。

　5)　別の項で言及する。

2.　進んだクラスの授業案：MAKE, KEEP を教える

　これらの語は put, take, give, get, go, come と同じように、手や足、腕や脚を使い、具体的に体の動きで表現できる語であり、教師は文を発話しながら、動作を通して、文の意味を学習者に体得させることができる。またこれらの語は SVOC[1]（C が形容詞、または動詞）文を構成する語として、必須である。

　MAKE の授業案では、最初に紙飛行機を使った 3 つの sentence patterns を体験学習する[2]。*make a plane → make the plane red → make the plane go* である。学習者が実際に plane に変化を加えたり、動かしたりしながら発話する。この 3 つの *lucid sentences*[3]（動作から文構造が、文構造から動作が透いて見える）の学習が土台となり、より抽象的な文の理解と運用が可能となるので、これらの最初の学びは非常に重要である。学習者に動きを伴った発話の機会を十分に与えることが「分かる」に繋がる。

　次に heat という目には見えない存在を warm を体感することにより理解し、それが動作主となって、水を変化させる様子を表現する。そしてさらに、heat が水に働きかけ、水に新たな動きを起こさせる様子も make を使えば表現できることを学ぶ。

　KEEP の授業案では、最初に、保温ボトルや保冷バッグの中の様子を観察し、warm , cold を体感し、それらの機能を keep を用いて表現する。次に cold air のつながりから食品の紹介と共に冷蔵庫 icebox[4] の用途に言及する。

◎ 以下の授業案はそれぞれ「導入」部分の手順を説明したもので、復習、練習部分は簡略化している。実際のクラスではそれらを強化する必要がある。

◎ 括弧は新出語及び動作の説明。下線は導入文である。

◎ 発話文の「...」は T（教師）がここで自分の発話を止め、Ls・L（複数の学習者・個人の学習者）の発話を促すべき箇所。

（1）MAKE

①　導入 -1　〈一枚の紙から飛行機が生まれる。〉

　　　（make, making, made, plane）

T：（文を言いながら紙を折る様子を見せる。）I will make a plane.

T：（飛行機を折りながら）<u>I am making a plane.</u>

T：（作り終えて）<u>I made the plane.</u>

Ls：（Ls も紙飛行機を折る。他の Ls が折る様子についても、発話を促す。折り終える時間は個人差があるので、それも発話練習の題材になる。）

I will make a plane.

You made the plane.

He is making a plane.

She made the plane.

② 導入 -2 〈飛行機に作用して色を変化させる。〉

T：（赤のペンと自作の紙飛行機を持ち）<u>I will make my plane red.</u>

T：（色を塗りながら）I am making it red.

T：（色を塗り終えて）I made it red.

（Ls にいろんな色のペンを見せて）Will you make your plane blue? Will you make your plane green? Will you make your plane yellow?

Ls：（どのような色にするのか、他の Ls の様子ついても発話を促す。）

I will make my plane green. He is making his plane yellow.

She made her plane red.

③ 導入 -3 〈飛行機に作用して、新たな動きを生み出す。〉

T：（飛行機をドアに向けて飛ばす様子を見せて）

<u>I will make my plane go to that door.</u>

T：（飛行機をドアに向けて飛ばす。ドアに届かない場合は何度も挑戦。）

I made it go. It went to that wall.

T：I will make it go to the door again.

T：（再度飛ばす。一つの場面で、I, He, She, You が主語の文と plane が主語の文を比較して練習－点線の箇所）

I made it go again, and it went to the door.

Ls：You made it go, and it went to the door.

He made it go. It went to that table.

T：（make it go の語順は後に登場する make the water give off steam を導くことになるので、文の意味と身体の動きがしっかり結びつくよう Ls には文

を言いながら動作するよう、指示を徹底する。）

L1 : I will make my plane go to the door.

L1 : I made it go. It went to that window.

L1 : I will make it go to the door again.

L1 : It went to the door.

Ls : He(She) made it go again. It went to the door.

L2 : I made it go. It went to that wall.

L2 : I will make it go to the door again.

Ls : She(He) will make it go to the door again.

L2 : I made it go again. It went to the door.

④　　導入 -4　　〈warm を体感し、air, heat の存在を知る〉

　　　(flame, heater, steam very, warm, heat)

　　　(保温ボトルに熱いお湯、glass には水。別に cup と電熱ヒーターを用意。)

T :　This is my bottle.

　　　(保温ボトルの蓋を取る。steam が立ち上る。保温ボトルを Ls の近くに
　　　持参。steam を見せる。)

　　　<u>This is steam.</u> Steam is coming out.

Ls :　This is steam. Steam is coming out.

T :　(カップにお湯を入れる様子を示し、) I will put ...

Ls :　You will put some water in the cup.

Ls :　You put some water in the cup.

T :　(cup にお湯を注ぎ、その cup を Ls の近くに持参し、手で触らせる。)

　　　<u>The water in the cup is very warm.</u> It is very warm.

Ls :　It is very warm. The water in the cup is very warm.

T :　(水の入ったグラスを触らせる。)

　　　The water in the glass ...

Ls :　The water in the glass is not warm.

T :　(in the cup と in the glass の水を比較。warm, not warm を確認)

　　　The water in the cup ...

　　　The water in the glass ...

Ls :　The water in the cup is very warm.

The water in the glass is not warm.

T： （candle, heater を用意）

（candle に火を点ける）<u>This is a flame.</u>

（flame の上に手をかざす）<u>The air over the flame is warm.</u>

（Ls を T の近くに呼び、同様の体験をさせる）

Ls： The air over the flame is warm.

T： （heater を on にする）

Now the heater is on.

The air over the heater is ...

Ls： The air over the heater is warm.

T： （ここで flame, heater を比較し）

The air over the flame is warm.　　<u>The flame has heat.</u>

The air over the heater is warm.　　The heater has heat.

T： The air ...

Ls： The air over the flame is warm.　　The flame has heat.

The air over the heater is warm.　　The heater has heat.

⑤　 導入 -2 の抽象度が上がる 　〈熱の作用で水が変化する様子を表現。〉

（前述の heater、水の入った透明 pot を用意。）

T： （水の入った pot を Ls の近くに持参し、触らせる）

Some water is in this pot. Is the water warm?

Ls： The water in the pot is not warm.

T： No, it is not warm.

T： （heater の電源を入れて、手を heater の上にかざす。）

The heater is on.

Ls： The air over the heater is warm.

T： The heater has ...

Ls： The heater has heat.

（水の入った pot を heater に近づける。）

I will put ...

Ls： You will put the pot on the heater.

T： The water is not warm now, but the water will ...

Ls：The water will be warm.[5]

T：（pot を heater に乗せる）

Ls：You put the pot on the heater.

T：（水が温められていく様子を Ls と一緒に観察）

The air over the heater is warm. The heater has heat.

The heat of the heater is making the water warm.

Ls：The heat of the heater is making the water warm.

T：（個別に発話させる）

L1 L2：The heat of the heater is making the water warm.

⑥　導入 -3 の抽象度が上がる　〈熱の作用で水に動きが生まれる様子を表現。〉

（boiling, give off）

T：（水の入った pot を heater に乗せる。）

Ls：You put the pot on the heater.

T：The air over the heater is ...

Ls：The air over the heater is warm. The heater has heat.

T：The heat of the heater is making ...

Ls：The heat of the heater is making the water warm.

T：（pot の水が沸騰する。）

The water is boiling.

Ls：The water is boiling.

T：The water is very warm. The heat of the heater made ...

Ls：The heat of the heater made the water very warm.

L3 L4：The heat of the heater made the water very warm.

T：Do you see steam?

Ls：Yes, I see steam.

T：（水と steam の関係を Ls にもしっかり観察させる。steam が主語の文と

water が主語の文をコントラストさせて練習。以下の点線の文。）

Steam is ...

Ls：Steam is coming out of the water.

T：The water is ... The water is giving off steam[6].

Steam is coming out of the water. The water is giving off steam.

T： The water is ...

Ls： The water is giving off steam.

T： Steam is ...

Ls： Steam is coming out of the water.

The water is giving off steam.

L₅ L₆： Steam is coming out of the water. The water is giving off steam.

T： The air over the heater is warm.   The heater has ...

Ls： The heater has heat.

T： <u>The heat of the heater is making the water give off steam.</u>

Ls： The heat of the heater is making the water give off steam.

L₇ L₈： The heat of the heater is making the water give off steam.

（2）KEEP

① 　導入 -1　 〈warm, cold を体感、保冷バッグや保温ボトルの機能を表現〉
　　　　（cold, ice, icebox, cheese, milk)

T： （保温ボトルには熱いお茶が入っている。ボトルの蓋を取る。）

This is my bottle. It has some tea in it.

Ls： Steam is coming out. The tea in your bottle is very warm.

T： （お茶をコップに注ぐ。）

Ls： You are putting some tea in the cup.

T： （お茶の入ったカップを Ls に触らせて熱いことを確認。）

Ls： The tea in the cup is very warm. It is very warm.

T： （お茶を bottle に入れた時間と今の時間を板書する。）

I put warm tea in my bottle at 9:00 this morning.

Now the time is 11:00. The tea in the cup is very warm.

<u>My bottle keeps the tea very warm.</u>

Ls： Your bottle keeps the tea very warm.

T： （保冷バッグの中の氷、a bottle of water を紹介。）

This is my bag. It has some ice in it. This is a bottle of water.

T： （氷を Ls に近くに持参し、触らせる）<u>This is ice. It is cold.</u>

Ls： This is ice. Ice is cold.

T： （保冷バッグの中に手を入れて）

The air in the bag is cold.

（バッグを Ls の近くに持参し、中の冷たさを感じさせる。）

Ls : The air in the bag is cold.

T : （a bottle of water の購入時間と今の時間を板書する。）

I got this bottle at 9:00. The water in the bottle was cold.

Now the time is 11:00.

（ペットボトルを Ls に触らせる。）

Ls : This bottle is cold.

T : The water in the bottle ...

Ls : The water in the bottle is cold.

T : The air in the bag is cold. The cold air in the bag ...

Ls : The cold air in the bag keeps the water cold.

L7 L8 : The cold air in the bag keeps the water cold.

T : （icebox[4], cheese, eggs, a bottle of milk の写真を紹介。）

<u>This is an icebox.</u>　<u>This is cheese.</u>　<u>These are eggs.</u>　<u>This is a bottle of milk.</u>

The air in the icebox is ...

Ls : The air in the icebox is cold.

T : （cheese を指し）The cold air in the icebox keeps cheese ...

Ls : The cold air in the icebox keeps cheese cold.

L9,L10 :（eggs, milk を指し）The cold air in the icebox keeps eggs (milk) cold.

②　導入 -2　〈状態が変化しないように入れておく〉

T : （保温ボトルに熱いお茶をいれておく。コップを二つ用意。一方のコップ
にお茶をそそぎ、冷めるまでしばらくおく。その後、もう一つのコップに
ボトルからお茶を入れる。Ls に両方のコップを触らせる。）

Ls : This cup is warm, but the other cup is not warm.

The tea in this cup is warm, but the tea in the other cup is not warm.

T : The bottle keeps ...

Ls : The bottle keeps the tea warm.

T : <u>I keep warm tea in this bottle.</u>

（Ls にも聞く）You keep ...

Ls : I keep cold water in my bottle.

I keep warm coffee in my bottle.

T：（icebox, butter, juice などの写真を提示しさらに発話を促す。）

T：（財布の中のカードを見せて、すぐ大事そうに戻す。）

This is my moneybag. These are my cards.

Ls：You keep your cards in your moneybag.

L11：I keep my cards in my card case.

T：Your keys?

L12：I keep my key in my pocket of my jacket.

L13：I keep my keys in my bag.[7]

（3）MAKE, KEEP の root sense[8] と意味の展開

make　①「新しい物（状態）を生じさせる」

　　　　　make a dress

　　　　　make a decision [history, money...]

　　　②「新しい状態に変化させる」

　　　　　make the table round, make the statement clear

　　　　　make him go away

keep　①「時間幅をもっておさえておく」

　　　　　keep the book for a week, keep them in the house,

　　　　　keep it in mind

　　　　　keep fire burning, keep the room warm → keep warm

　　　②「方位詞が加わる」

　　　　　keep the flies off the food → keep off the grass

　　　　　keep to the right

（相沢 1995: 78）

（4）授業案に関連するテキストの箇所〈*English Through Pictures* Book 1〉

Mary is making the soup.　　　　　　　　　　　　　　　　　　　（p.91）

The water in the pot is boiling. This is steam.　　　　　　　　　（p.93）

This water is boiling. It is giving off steam.

The heat of the flame is making it give off steam.

This is ice. Ice is cold.

The room is warm. The heat of the flame is making the room warm.

(p.94)

The water in the pot is very warm. It is boiling.

The air over the flame is very warm. This is the icebox. It has ice in it.

The air in the icebox is cold. This is milk. These are eggs.

Mary keeps the milk in the icebox. She keeps it in the cold air.

The cold air keeps the milk cold.　　　　　　　　　　　　　　(p.96)

She keeps the cheese there.　　　　　　　　　　　　　　　　(p.99)

注

1) 本稿では指導案の説明のため、記号を用いているが、GDM の授業ではこのような記号を使って文法の説明を行うことはない。

2) 紙飛行機を使った指導案は、山田（1999）にも掲載されている。

3) *lucid sentences* については 3. で詳しく言及する。

4) icebox はアメリカ英語では「電気冷蔵庫」の意味もある。

5) will be の形は EP1 p.35 で既習。

6) off は B1 p.14、give は p.19 で既習。give off という形はこれが導入となる。give も off もこれまでの学習で *root sense* を理解し、それぞれ運用できているので、give off の形で用いられても、その意味をイメージすることができる。「熱」を主語にしたこのような文が give off で表現できると知ることで give、off、それぞれの意味の広がりを実感できる。

7) 趣味で収集している物の保管場所や銀行の預金などについて発話を促すのも良い。

8) 指したり、絵に描けるような具体的な意味（相沢 1995: 21）

3. 「分かる」へ導く GDM の理論的背景

　教師の指導の根底には *SEN-SIT* や *Opposition*、*Lucidity* などの理論的背景がある。それらを授業記録や授業案の具体例と共にみてみよう。

（1）*SEN-SIT*（文と文の使われる状況との組み合わせ[1]）

　授業記録ではポイント – イ（本書 p.220 で紹介）として、「（意味を表す）場面を伴った発話」を挙げた。GDM の授業はライブも絵も、常に文の意味を表

す状況を伴って発話を繰り返すことで、「意味の構造」を引き出している。しかし、特に授業記録で *SEN-SIT* として注目したのは、教師によって用意された場面ではなく、学習者自身が設定した場面での発話である。たとえば、教師が自分の帽子を自分の頭に乗せて、子どもたちから "That is your hat. It is on your head." の文章を引き出した後、子どもの一人がその帽子を自分の頭に乗せて "This is your hat. It is on my head." と発言した箇所。また、それまで登場しなかった場面だが、子どもの一人が自分のファイルを机の上に置いて、"This is my file. It is on my table." と発話した箇所などは「新しく獲得したことばの使い方」でコミュニケーションを取ろうとする学習者の姿がある。これこそが、*SEN-SIT* による学びが目指しているものだ。リチャーズ（1968: 268）を引用する。

　（文と場面はいっしょに変化するのだから、どのように、なぜ、場面によって文が変わり、文の変化によって場面が変わるかを、学習者が実際に場面を伴った文を使い、できるだけ具体的に、早く、実際に見ることができるようになれば、文はもっともよく理解される。重要なつながりは個々の発話とそれが起こる場面のつながりにあるのではなく、文の型 -*SENs* と場面の型 -*SITs* のつながりにある。 個々の発話と場面は再現されない。再現されるのは、学習の土台となる型 -types であって、個々の token- 表象ではない。）　　　　（松川訳）

　上記の例にあげたこれらの学習者のように、in, on の「文の型（*SENs*）と場面の型（*SITs*）のつながり」を理解すると、今度はその「つながり」を、自ら選んだ場面に当てはめて表現できるようになる。つまり、in, on という言語が学習者の頭に構築され、同時に周囲の状況を in, on で「切りとる」ことで「英語世界」が構築される。これこそが授業の到達点。これをリチャーズ（1968: 268）は次のように簡潔に表現している。

　　Ideally, the structuring of language in a learner's mind and the structuring of his world grow together.

（2）*Opposition*（対立）
　授業記録の例では 'That is your hat. It is on your head.' の発話後、'That is your pen. It is in your box.' の発話が子どもたちからあった。これは子どもた

232

ちが on ではないと認識し、既習語から in を認識したということ。新たに示された場面の中で私たちはことばの「排除と選択」をしながら、意味を決めていく。リチャーズが指摘する *opposition* の考え方である。

相沢（1995: 234-235）はリチャーズの *So Much Nearer: Essay towards a World English*[2) を引用しながら以下のように言う。

（ことばは必要なものとそれ以外を排除することで成立する・・・。here なら there でなく、this なら that でなく、now なら then ではない・・・状況の必要に応じて変わらなくてはならない代わりのものの中から選択する必要性こそが「対立」という名前でよばれるものだ。）（相沢訳）

対立は先に述べた *SEN-SIT* の考え方とも密接な関係を持ち、ことばと状況の組み合わせの中で重視されている。ことばの働きは対立を通してなされ、一つの発話（文）は他の対立する発話を除外することで意味をなす。ことばが変わることで、組織的に状況（意味）が変わっていく、それが対立の状況で、それによって初めて意味がはっきりする。

（3）*Lucidity*（透けて見えるということ）

「進んだクラスの授業案」の SVOC 文は make で初めて登場し、keep に繋がる。これら 2 語は基礎動作語 12 語に含まれ、make や keep の「元となる意味」を GDM では *lucid sentence*（文構造から実際の動作 – 意味が透いて見え、動作 – 意味から文の構造が見える文）を通して、体の動きに落とし込み、「教師が実際に動いて見せること」、「学習者にも同じようにさせること」で確実な理解に導く。

make の指導案では、より抽象度の高い場面の表現を学ぶ前に、紙飛行機を使った実物学習[3)を取り上げた。教師の手の動きにより、紙飛行機が生まれ、色が変化し、それが移動する。学習者もそれに倣って作り、色を塗り、飛ばす。

make a plane で飛行機を手にし、make it red で色の変化を見、make it go で手の動きが飛行機の動きにつながる。このような *lucid sentence* を学習者が充分に体感することにより、文構造がしっかりと理解できる。make の理解は keep にもつながる。このような揺るがない理解がそれ以降の学習の土台となるとリチャーズ（1939: 53）は語る。

You can do the act as you say the sentence and, what is more, you can make the learner do the same. Thus you can lay a really solid foundation in clear understanding of the meanings with which these are taught first... And actually this understanding is the foundation, the basis, of all that follows.

4. 集団としての学び

（1）学習者集団の学び合い。（上記「授業記録」の分析）

① 授業の主体は学習者：発話回数から分かること。

　発話回数 [4]：学習者（クラス単位 45 回＋個人 20 回＝ 65 回）、教師（27 回）[5]

　学習者の発話内容：「文章発話」56 例、「文章が完結していない発話」9 例

　教師の発話内容：「文章発話」8 例、「1~3 語でヒントを与える発話」19 例

　（「文章発話」はその時の場面を正確に文章で表現できた時の発話。）

　　上記の回数比較では、発話全体（65 + 27 = 92 回）の約 7 割は学習者が占め、教師は約 3 割である。これだけをみても、学習者が発話の主体であることが分かる。しかし、教師発話の内容をみると、27 例のうち、19 例は「1~3 語で学習者にヒントを与える発話」で、8 例のみが教師の「文章発話」である。そこで、再度、学習者の「文章発話」の観点で計算すると、56 ÷ (56 + 8) = 87.5% となり、圧倒的に学習者が「文章発話」を行っていることが分かる。前述の授業ポイント－ ア でも触れたが、教師は導く人に徹し、ヒントは出すが、発話を支配していない。さらに、この発話回数に 2 回のペアワークは含まれない。この時間も学習者は休みなく、お互いに場面を設定しながら発話をしていたのである。87.5% という数字が示すように、学習者はライブの授業時間のほとんどを「考え続け、発話し続けた」ことになる。

　文章が続かずストップした発話は 9 例だが、いずれも教師のヒントを得て、自ら考えて正しい文章に辿り着いている。そのような仲間の姿はお互いを勇気づける。学習者は授業中、絶え間なく発話を聞き合い、訂正し合い、「分かる」に至っている。

② GDM 授業指導者の気づき

a）本稿の 1.「GDM による公立小学校英語授業」の授業者である松浦克己は「（GDM）は理解の時間的個人差に対応でき、それが意欲の継続に繋がる」

　と、次のように語る。松浦（2008）から該当箇所を引用する。

　説明を聞いて覚えるのではなく、目の前で起きている現実の場面から、その言葉の意味や使い方が分かったときの（子どもたちの）うれしそうな表情や目の輝きは GDM の授業の大きな特徴である。

　GDM の授業でいかに学習者がお互いに学びあっているかは、学習者の様子を少し注意深く観察すれば、容易に気づくことができる。

　… もう一つとても大事なことが見過ごされがちである。それは、（GDM が）一人ひとりの理解の時間的個人差に対応できるという点である。日本語の説明をするということは、その説明をした時点で、「みなさんこのことは理解できましたね」と一斉（同時）に理解を強要することに他ならない。それに対して GDM の授業では学習者それぞれが、1 時間の授業の中のいろいろな場面で理解にたどり着けばいいことが保証されている。これが意欲の継続化を大きく支えていると言える。

b) 小学校での GDM 授業は渡邊明代の実践[6]もあり、その授業報告には子どもたちの学び合いの姿が描かれている。

　私も子どもたちも試行錯誤のなか（授業を）行ってきたわけだが、一言で言えば、"考える。気づく。学ぶ。"ということを楽しんできた。1 時間の授業の中で新しいことを説明され、ただそれをリピートして暗記する従来の形式的な学習ではなく、目の前で起きている場面を英語で伝えようとする中で、"なんて言うのだろう"と思い、考えながら新しいことを身につけていく。自分で考えていてわからないときに、友達が言っていることを聴いて、"あっ！　そうか！！"と理解したとき，子どもたちが自然とつぶやく言葉こそが、学びであるといえる。（中略）GDM の英語活動を行うようになってからは、考えて自分から積極的に話すようになった。子どもたちの英語学習に対する興味・関心の大きさに驚くことばかりである。　　　　　　　　（渡邊 2008: 19-20）

（2）教師集団の学び合い

　GDM 英語教授法研究会の「学び合い」に関し、深田桃代[7]は「反省的実践」の観点から以下のように考察する。

専門家としての教師の授業力は、実践の中で学ぶことによってのみ向上すると言っても過言ではない。（GDM 英語教授法）研究会が自主的に作り上げてきたユニークな授業研究システムは EP を共通の教材として、1 人 1 人の教師が具体的に授業を創造する実践の中で、教師同士が共に学び合い、言語教育の専門家として成長し合う場を築き上げてきた。この得がたい現実を、近年提唱されている新しい教師像に用いられている「反省的実践家」という概念の枠組みの中で、考察してみたい。...「反省的実践」とは、経験によって培った暗黙知を駆使して問題を省察し、状況と対話しつつ反省的思考を展開して、複雑な状況に生起する複合的な問題の解決に学習者と連帯して取り組む実践的探求を意味している。

研究会が...50 年以上にわたって、言語教育の専門家として成長し続ける教師を育ててこられたのは、まさにこの研修システムが、プログラム化された単純な技術的伝達ではなく、初心者から熟練者までが、その場における直接的な体験を通して、協同で授業を造り出す創造的ないとなみを続けてきた結果であると言えよう。 （深田 2007: 6-8）

まとめ

　本稿の授業記録では、仲間の発話や教師の ‘Good!’ をヒントに教室という「英語の世界」の中で仲間と共に授業の主体として「英語でやり取り」しながら学習者自身の「英語の木」がゆっくり育っていく。拍手が起こるのは「良かったね。頑張ったね」という仲間への賛辞である。同じ緊張と集中の時間を過ごしている仲間からのエールである。そして学習者は「少しずつ正しく言えるようになってきたぞ」と自分の成長を自覚する。この自覚こそが自信につながり、新たな一歩を踏み出させる。

　そのような授業を継続していくための理論的背景も本稿では紹介した。教材としての Basic English が「英語の核」を取り出したものでありながら「自然な英語」であり、学習者は基礎動作語の 16 語を中心に *Operations*（作用詞）[8]を駆使し、「動作から文章構造が、文章構造から動作」が「透いて見える」文章に乗せて、*Opposition* の考え方に導かれ、*SEN-SIT* を積み重ねながら、「英語の型」を定着させていく。

　語数としては、名詞、形容詞を含めても EP Book 1, Book 2 で（Basic English 850 語のうちの）500 語の範囲である。教師も学習者と同様に「手に

余る語いや構文」が「脈略無く与えられる」ことはないので、学習者を混乱させることがない。教師は「自分が今何をしているのか」をよく知っていて、学習者の学びつつある文型を守り育てることができる。また、学習者のニーズや能力に合わせて計画的に授業案を作成することができるのである。

　そして深田（2007）のことばにあるように、GDM 教師同士が「模擬授業」の教師役、生徒役を取り換えながら、「経験によって培った暗黙知」を共有しあい、「反省的思考」を展開して授業実践力を高めていく。GDM は学習者も教師も不安なく、自信を持って学び、また教えていくことのできる教授法なのである。

注
1) 相沢（1995: 232）から引用。
2) *So Much Nearer: Essays towards a World English*. New York: Harcourt, Brace & World. (1968)
3) 「実物学習」の表現は相沢（1995: 222）引用。
4) 発話内容が 1 文であっても 3 文であっても続けて発話されている場合、1 回としてカウントした。
5) 教師の発話回数から、Good, Check など承認や指示の発話 16 回は学習内容に関する発話ではないので省いている。
6) 小牧市立光ケ丘小学校、5 年生 3 クラス、2007 年 2 学期から 21 時間の GDM による英語活動。
7) 元豊田工業高等専門学校教授
8) いわゆる機能語。Basic English では 100 語。

参考文献
相沢佳子（1995）『ベーシック・イングリッシュ再考』リーベル出版
佐藤　学（1996）『教育方法学』（岩波テキストブックス）岩波書店
深田桃代（2007）「言語教育の専門家を育てる GDM 英語教授法」『GDM Year Book』No.59, pp.6-8.
松浦克己（2008）「小学校英語と GDM」『GDM Year Book』No.60, p.9.
松川和子（2008）「公立小学校の英語授業見学記：GDM による 1 年間の軌跡－松浦克己さんの授業を観察し得たこと、考えたこと－」『GDM Year Book』No.60, pp.9-18.

山田初裕（1999）「SVOC をどう教えるか」『GDM 英語教授法の理論と実践』松
　　柏社　pp.104-109.

渡邊明代（2008）「GDM 教授法を取り入れた小学校の英語活動」『GDM Year
　　Book』No.60, pp.18-20.

Richards, I.A. (1939) "Basic English and Its Applications." *Journal of the Royal
　　Society of Arts*, June 1939, 735-55.

＿＿＿ (1968) *Design for Escape: World Education through Modern Media*. New
　　York: Harcourt, Brace & World.

Richards, I.A. & Gibson, C.M. (1975) *English Through Pictures*. Book 1, Book 2.　東
　　京：IBC パブリッシング株式会社

第7章　ライブ・シチュエーションをどう作るか
―GDM の授業における教材と教授行為―

吉沢 郁生

　伊藤嘉一は、著書『英語教授法のすべて』の中で Graded Direct Method を取り上げ、次のように言う。「教授法史の上で，最も理論的で最も体系化された教授法である。」[1] その上で、次のようにも言う。「教授法の原理や規則が複雑なので、その習得に訓練と技術を要する。」[2] まさにその通りである。そのために研究会やセミナーが続けられてきているのである。

　問題は、「何を訓練すればいいのか」「どのような技術が必要なのか」ということである。本章では、この問題を、ライブ・シチュエーション（実物による場面）をどう作るかという点にしぼって論じる。実物の場面において導入・練習をし、絵の場面においてさらに定着を図り、文字を提示して reading, writing の活動でしめくくる。この GDM の授業のサイクルにおいて、実物による場面における導入は、授業の要となる部分である。

1　「教材」と「教授行為」
　ライブ・シチュエーション（実物の場面）をどう作るかを、次の2つの側面から論じる。

　　［1］どのような教材を準備すべきか。

　　［2］授業の中で教師はどのように行動すべきか。

　［1］の「教材」とは、「教授および学習の材料。」[3] といった辞書的な定義にとどまるものではない。「A を使って B を教えよう」「A のやり方で B を教えよう」と教師が考えるとき、A という材料、A というやり方が B を教えるための教材と言える。

　［2］の「行動」とは、授業づくりの分野で「教授行為」と呼ばれているものである。簡単に言えば、授業における教師の働きかけや行動のことである。GDM の授業は、発問や指示、説明だけで進む授業とは大きく異なる。教師自身の動作、目線、発話のタイミングなども含めて教授行為として意識していく必要がある。

■ 教材を考えるための 3 つの原則

　ライブ・シチュエーションのための教材を考える上で、教師は次の 3 点を考慮する必要がある。

> ［1］生徒がすでに学習した単語・文型を使うこと。
> ［2］対比のある場面を作ること。
> ［3］教室の中で実現できること。

　［1］について、*Revised Teachers' Handbook for English Through Pictures Books I, II*（以下、*Teachers' Handbook*）は次のように言う。[4]

> 教師は常に自分の単語および文型を、すでに生徒に教えたことの範囲内に制限しなくてはならない。すなわち生徒は常に、教師の言うことは全部理解できる状態にあり、教師の発言中に新しい語、または文型があれば、それがその日の学習事項であることを、自分でみわけられるようになり、その点に注意を集中するようになる。

　したがって、教師はテキストブックである *English Through Pictures*（以下 EP）の内容に通じている必要がある。また、学校現場で EP を離れて GDM を応用する場合であっても、この原則は変わらない。

　［2］について、*Teachers' Handbook* は次のように言う。[5]

> 新しい word を教えるときには、その word に注意を集中させるため、sentence の他の部分の変化をできるだけ少なくする。たとえば、in, on を教えるとき、in, on 以外はすべて教えてある材料を使うにしても、B の方が A よりも効果がある。
>
> 　A　My book is on the table.
> 　　　My pencil is in my hand.
> 　B　My pen is on the box.
> 　　　My pen is in the box.

「新しい word」となっているが、新しい文法項目や文型を教えるときも、考え方は同じである。

　［3］について、授業における「実物」を、吉沢美穂は次のように分類している。[6]

　　　a. 実際の物品　　（1）教室、および教室内の物品

　　　　　　　　　　　（2）生徒の所持している物品

　　　　　　　　　　　（3）教室外から持ち込むことのできる物品

　　　b. 教師、生徒自体

　　　c. 教師や生徒の動作、身振りなど

　　　d. 物品や人物の位置、状態など

　例えば、send という語をライブ・シチュエーションで教えたいと考える場合、ポストに見立てた箱を作り、そこに手紙を投函する動作をしてみせる、というアイデアがある。GDM では、これは「実物による場面」とはみなさない。「"手紙を出す" という意味の send は、ライブではできないから、写真か絵で見せることにしよう」と考える。そして、「どんな行為ならライブでできるだろうか。」というふうに考えるのである。

■ 教授行為を考えるための留意点

　教師の発言に関して *Teachers' Handbook* は次のように言う。[7]

　　　この教授法が他のものと異る最大の点は、生徒に自発的に発言させることができるということである。教師の問いに答える、あるいは、教師の与えるキューによって文を作るというようなことでなく、生徒は situation に応じて、自分の言えることを何でも発表するようになる。発表する文そのものは、教師の問いに答える文と結果的には同じかもしれないが、生徒が自発的に発表するというところに進歩の原因がある。従って教師は、まず自分は何も言わず situation を示すだけで、生徒がどんどん発表するような習慣を作らなくてはならない。不必要にしゃべらないこと。

　「生徒に自発的に発言させることができる」とあるが、これは、生徒の自発的な発言だけで授業を進めることができる、という意味ではない。そのような自発的な発言も取り入れつつ、その授業で目標とする内容の学習に焦点が当たるように、コントロールしていかなければならない。特に、実物の類は、目的とすること以外の多面的な情報を伝える恐れがある。したがって、どのような物を選ぶかとともに、どのように扱うか、どのように目的にかなった方向に生徒の関心を集中させるかが大事である。

　「不必要にしゃべらない」ということは、生徒の自発的な発言の習慣を育てるには、不必要にしゃべらないことが求められる、ということである。言いか

えれば、授業の全体の中で、必要な場面、必要なタイミングで、意図的にしゃべらなければならない、ということである。

　では、必要な場面はどこなのか。必要なタイミングはいつなのか。また、生徒の関心を集中させるために、どのようにコントロールしていけばよいのか。これこそが、ライブ・シチュエーションによる授業を作っていく上で技術を要する点である。

2　「仮定法」の導入の授業における教材構成

　ライブ・シチュエーションによる授業において、どのように教材を準備すべきか、授業の中でどのように行動すべきか。それらを、具体的な授業に即して考えていく。

　取り上げる授業は、GDM 英語教授法研究会を創設し初代の代表者だった吉沢美穂による仮定法（subjunctive）の導入の授業である。

　次の順序で述べる。

　まず、この授業において吉沢美穂が準備した教材のアウトラインを示す。

　次に、授業記録を掲載する。記録にはさみこむ仕方で、その時々の着目すべき点（実物の使い方、教師の発言や動作の意図、その他）を記述する。

■ 導入部のポイント

　次の発想が基本である。

> 　If 節を伴う条件法（conditional）との対比で、If 節を伴う仮定法（subjunctive）を導入する。

　具体的には、次のセンテンスを導入に用いる。

> If there is …. in the box, I will give it to you.
> If there were … in the box, I would give it to you.

前述の、教材を考えるための 3 つの原則に照らしてみよう。

　[1] 既習の単語・文型を使う

　There is/are … の文型、give の用法は EP I において学習済み。If 節を伴う条件法は EP II において学習済みである。

　[2] 対比のある場面

　仮定法の形式を特徴づける if 節の中の動詞と、主節における助動詞が、条件

法との対照をなしている。それ以外は同じ語句を用いており、変化しない部分を最小限に抑えるという原則にしたがっている。

［3］教室の中で実現する

箱の中身を話題にするのであるから、教室の中で行う上で問題はない。

■ 授業全体の構成

この導入のセンテンスを核にして、いくつかの話題で練習が進む。それは、復習 → 導入 → 定着という段階を踏む。吉沢美穂の授業では、次のような構成になっている。

［復習］　(a) 数式を使って、if 節を伴う条件法を復習。

［導入］　(b) 箱の中身は何か？ という場面で、仮定法を導入。

［定着］　(c) 1 週間がもし 8 日だったら、という想定で練習。

　　　　　(d) 曲線 AB を見せ、もし直線だったら、という想定で練習。

　　　　　(e) 3 枚の手の絵（開いていて何かを持っている手、閉じている手、開いていて何も持っていない手）で練習。

　　　　　(f) 十分な食料が日本や世界にあるか、という話題で練習。

このうち、(a) (b) (c) がライブ・シチュエーション（実物による場面）である。(d) (e) は、絵や図を用いた段階。(f) は、テキストブックの文章を用いた段階である。段階を追って抽象度が上がっていくように計画されている。

3　授業記録：吉沢美穂「仮定法」の導入 [8]

この授業は 1981 年 3 月 14 日、東京・新宿の朝日カルチャーセンターで行われた。「基礎英語 III」という、受講生 10 数名の社会人クラスである。EP I の最初から学び始める「基礎英語 I」から継続して参加してきた人たちである。この授業では EP III の 38 〜 39 ページを扱っている。文法項目は仮定法（subjunctive）である。

［1］〜［13］の小見出しは、便宜的に記録者（吉沢郁生）がつけたものである。「ストップモーション」の部分で、その時々の教材・教授行為について解説する。[9]

［1］挨拶

教師は "Good morning, everybody." と言い、生徒たちは "Good morning, Ms.

Yoshizawa." と返す。"How are you?" "I am fine. And you?" "I am fine, thank you." などのやりとりがある。

[2] 数式を使って

　教師は、"First, make sentences, please." と言って、数式の書かれた紙（図1）を黒板に貼る。一人を指名すると、彼女は "A time b equals twenty-four." と言う。

図1

$$a \times b = 24$$

　教師は "Twenty-four" と確認してから、数式の a を指して "What number is a ?" と質問する。指名された生徒は "If a is 1, b is 24."
教師は手元のネームカードをめくりながら、次々に指名していく。
"If a is 6, b is 4." "If a is 2, b is 12." "If a is 3, b is 8." ・・など。
言いよどむ生徒には、教師が一緒に文を言っていく。①　（ここまで約3分）

【ストップモーション①】

　If を使った条件法（conditional）の文の復習である。単なる口慣らしではない。この授業で導入する仮定法とコントラストを成す if を使った条件法の表現がきちんと定着しているかどうかを確認している。そのために、何人も個別に指名して言わせ、①のような関わりをしている。

---

[3] 赤い箱の中身は？

　黒板の図1をはずし、1つの箱を黒板の前に置かれたテーブル上に置く。やや大きめの赤い立方体に近い箱である。すぐに生徒から "What is in the box?" "Let me see." の発言がある。②

【ストップモーション②】

　教師は、黙って箱を置いている。"This is my box." "Look at this box." などとは言っていない。生徒は、示された situation について言えることを発表する習慣がついている。発言は生徒から出てきている。これが GDM で言うところの「自発的な発言」である。
　「やや大きめの赤い立方体に近い箱」である点に注目しよう。目を引きやすい赤という色、やや大きめのサイズ。そして、特定のものが入っているに違いないと思わせないような装いの箱。中身を話題にして、新しい文型を導入するための、必要な道具立てである。

　教師は生徒を次々と指名し、いろいろな文を言わせる。

"What is in that box?"

"A red box is on the table."

"The box which is on the table is red." など。

教師は "I will open the box. Then ..." と言って、生徒の視線を箱の方に集めて おいて、"you will see what is in the box." と言う。③　生徒たちは自分たちの 視点から "We will see what is in the box." と言う。

> 【ストップモーション③】
>
> 　教師は、「いずれこの箱を開けますよ。開けたら、中のものが見えます よね。」ということを発言することによって、この箱をどのように扱うか の道筋を示したのである。今は箱が閉じている。いずれ開ける。そこに話 題を焦点づけている。
>
> 　ここで扱っている関係詞 what を使ったセンテンスは、EP I で既習の表 現であり、しっかり定着していることがわかる。

教師は改めて箱を見ながら、"What is in the box? Is an apple in the box?" と 言う。教師は手を上げる身振りをして、生徒たちの挙手をうながす。中身を 推測して何か言うように促すが、生徒から発言がない。 教師はさらに、"Is a pencil in the box?" と言う。生徒の一人が "Strange things" と言う。教師 は "Strange things!" と受けとめる。教師はさらに、質問する。"Is a bottle of whisky in the box?" 生徒からの反応はない。教師は言う。

"OK. If an apple is in the box, you will see it." ④

そして、"Everybody." と言って、全員で言うようにうながす。生徒たちは、"If an apple is in the box, we will see it." と言う。

> 【ストップモーション④】
>
> 　箱の中に何があると推測するか。生徒から、いろいろなアイデアが出て くるのを期待したが出てこないため、教師がいくつか例を出している。
>
> 　中に何が入っているかなど、気軽に思いつきを言うだけで良いのである。 何とか生徒から出させようとこだわっていても、授業は展開していかない。 教師は、導入に必要となる文型（If を使った条件法の文）を提示して、授 業を先に進めている。

教師は生徒の一人を指名する。彼女は、"If a flower is in the box, we will see it." と言う。教師はそれを受けて、"Last week Ishikawa-san made a beautiful flower." と言う。教師が "A lot of money?" と投げかけると、生徒の一人がすか

さず、"No." と言う。すぐに教師は、"No? A lot of money may be in the box." と返す。⑤

【ストップモーション⑤】

　箱の中に何があると推測するか。教師が提示した an apple に対して、生徒から a flower が出てきた。教師は、その生徒にまつわる話題を出して、盛り上げている。

　これに続いて教師は a bottle of whisky を出している。おそらく、ウイスキーの好きな生徒がいたのだろう。

　"No." と言った生徒に対する教師の切り返しに注目しよう。この箱には何も入っていない。しかし教師は、「生徒に見破られてしまった」と動揺してはいない。教師がタネ明かしをしない限り、箱の中は見えないのだから、何とでも推測できるのである。

　教師は別の生徒を指名する。その生徒は、"If there is a lot of money in the box, I want to have it." と言う。それを受けて教師は、"OK. I will give it to you." と言う。笑いが起きる。⑥

【ストップモーション⑥】

　教師の出した a bottle of whisky に反応して、生徒は文を言っている。there is ... の文型を使っていることから、この文型がしっかり定着していることがわかる。

　生徒の言った "I want to have it." の部分を、教師が "I will give it to you." と言い換えている。これは大事なポイントである。

　教師は、「もし箱の中に ... があるのなら、それをあげましょう。」→「箱の中に ... があったら、それをあげたのにねえ。」というふうに展開し、そのコントラストで仮定法を導入する計画なのである。

　生徒は "I want to have it." と言ったが、ここは will を含んだ表現にしておく必要がある。そのための言い換えである。これ以降、「もし ... があれば、それをあげましょう。」という流れを教師はしっかりと作っていく。

　教師は、"All right. If there is a lot of money in the box, I will give it to you." と言い、全員に言わせる。"If there is a lot of money in the box, you will give it ..." それに混じって、"I will give ..." と言う生徒がいるのを見つけて、教師はその生徒に、"No.

I will give it to you." と言う。⑦　さらに、他の生徒みんなに向かって、"to you all." と言う。教師はもう一度、文を繰り返す。"All right. If there is a lot of money in the box, I will give it to all of you."

> 【ストップモーション⑦】
>   教師が与えるのだから、生徒の視点からは、you will give ... と言わなければならない。しかし、このように、教師の発言をそのままリピートする発言が生じることはある。その際、すかさずそれを取り上げ、言い直させなければならない。これを放置すると、ライブ・シチュエーションではなくなってしまう。このような対応がとっさにできることが必要である。

さらに教師は、"A bottle of whisky?" と、生徒（男性）の一人に問いかける。その生徒は言う。"If there is a bottle of whisky in the box, I want to ... take it."

教師は "I will give it to you." と言い直し、全員に言わせる。

"If there is a bottle of whisky in the box, you will give it to him." 教師は、最初に話題にした apple に話題を戻す。"If there is an apple in the box, we will see it." この文を全員に言わせる。　　　　　　　　　（ここまで約8分）

[4] 箱をあけてみたら！

教師は、おもむろに箱のふたを開ける。空っぽである。

"Oh! Nothing!" と生徒の一人が言う。笑いが起きる。教師は、箱を高く掲げる。生徒たちは、"Nothing is in the box." と口々に言う。教師は、"Nothing is in the box." と言って箱の中を確認してから、次のように言う。

"We say, 'If there were an apple in the box, you would see it.' " ⑧

さらに、次のように言う。

"There is nothing in the box, but if there were an apple in the box, we would see it. We would see it."

と would を強調して言う。生徒たち全員に言わせる。We would see it. の部分を、さらに繰り返させる。

【ストップモーション⑧】

「おもむろに」箱を開ける教師の動作。そして、生徒からの「何もない！」という反応。その瞬間をとらえて、仮定法の文を導入する。

この瞬間を作るために、それまでの活動が用意されていたのである。

If there is an apple in the box, I will give it to you. からの流れの中で If there were an apple in the box, I would see it. という文が導入されている。

そして、さらに「箱の中には（現実には）何もない、でも、もし … があったら」という形で、新しく生徒の直面している situation の理解を後押ししている。この後も、教師は何度もこの言い方を使っている。

生徒を指名し、他の文を言うようにうながす。一人の生徒は言う。"If there were a bottle of whisky in the box, you would give it to me." 教師は "Good." とほめ、全員に言わせる。新しく出てきた語 would を印象づけるため、"I would, I would" と教師は言う。続けて、"Is there a bottle of whisky in the box? No. I will not give it to him." と説明する。⑨　生徒を指名し、再度、言わせる。

【ストップモーション⑨】

仮定法は現実に反する statement である。それを実感させるために、現実はどうなのかという statement を出している。「現実には、.... はありますか？　ありませんよね。現実には、あげることはしません。」このパターンを、教師はこの後も、何度も使っている。

教師は "A lot of money" と言って、生徒を指名する。生徒は言う。"If there were a lot of money in the box, you would give it to us."
教師は、全員に言わせる。教師は生徒を次々に指名して文を言わせる。

"If there were a cat in the box, we would see it."

"If there were a cake in the box, you would give it to me."

"If there were a flower in the box, you would see it."

教師は生徒たちに質問する。"Do you see the flower?" "No." と生徒たち。

"Is the flower in the box?" の質問に対し、"No." と生徒たち。教師は、全員に文を言わせる。"If there were a flower in the box, we would see it."

別の生徒を指名すると、生徒は言う。"If there were chocolate in the box, you will …" 教師はすかさず、"I would give it to you. Chocolate is not in the box." と言って訂正し、全員に正しい文を言わせる。　　　（ここまで約 13 分）

［5］一週間が 8 日あったら

　教師は話題を変える。"How many days are there in a week?"

生徒の一人が言う。"Seven days in a week." 教師は次のように言う。

"There are seven days in a week. If there were eight days in a week … <u>If there were eight days in a week, would you be happy?</u>" ⑩

生徒たちは "Yes." とつぶやいている。

> 【ストップモーション⑩】
> 　話題は変えているが、If there were … の部分は変えていない。その上で、疑問文の形をここで出している。

教師は個別に "Would you be happy?" と聞いていく。生徒たちは、

　"If there were eight days in a week, I would be happy."

　"I would be unhappy." "I would be happy." などと言う。

6 名に聞いた後、教師は全員に向かって言う。

　"All right. Question. Would you be happy? Would you be happy? If there were eight days in a week, would you be happy?"

全員に言わせる。その後、一人の生徒を指名してその質問を教師に向かって言わせる。"If there were eight days in a week, would you be happy?"

それを受けて、<u>教師は自分の立場から答える。</u>

<u>"Yes, I would be very happy."</u> ⑪

> 【ストップモーション⑪】
> 　GDM では、常に教師が question、生徒が answer という形にならないように、生徒にも question を言わせる機会を作るように工夫する。そして、その question に対して教師が本当の気持ちで answer を返している。

　すぐにその生徒は "Why?" とたずねる。教師は次のように答える。

"I would make a class for next week." さらに、教師は、

"Mikoda-san would be very happy. Would you be happy?" とその生徒に聞く。そして全員に向かって言う。

"But there are seven days in a week, so she is not happy."

（ここまで約 15 分 40 秒）

［6］もしも直線だったら

　1 枚の絵（図 2）を黒板に貼って、言う。"This is the picture which is in the

book." 図中の点 A, B を指しながら、
"This is A. This is B." と 言 い、"Is it
straight?" と質問し、生徒の一人を指名する。その生徒は "No. It is ... waving." と言う。
教師は全員に向かって質問する。"What is the shortest distance between A and B?"
指名された生徒は "The shortest distance between A and B is a straight line." と
答える。教師は、"Good. A straight line will be the shortest line." と言ってから、
図を指して "Is that line straight?" 生徒たちは "No." と答える。

そこで教師は言う。"If the line were straight, it would be the shortest line between
A and B." （ここまで約 17 分 10 秒）

［7］開いた手に何かある絵

教師は、図 2 の上に別の絵（図 3）を貼る。
指名された生徒が、

"She has a small ball in her hand."

と言うので、教師は "OK. This is a woman's
hand. She has a small ball." と言い直す。教
師は、手の中のものが何かにはこだわらず

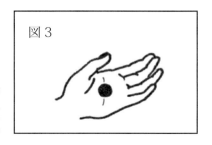

に "There is something in this hand." と言う。その後、生徒の一人が言う。"It
seems to be a coin to me." （ここまで約 18 分 30 秒）

［8］閉じた手のひらの絵

図 3 の右横に別の絵（図 4）を貼る。教師は言う。

"If she opens her hand, I will see something."
"Is there something in her hand? There may
be something in her hand. There may be
nothing in her hand."

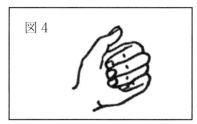

生徒の一人が言う。"I do not see what is in
her hand." 教師が "If" と言ってうながすとその生徒は、"If there is something
in her hand, I will see it."
教師はその文を全員で言わせる。

教師は左隣の図 3 を指して言う。"Something is in her hand. I see it. You see
it." 生徒たちは言う。"Something is in her hand. We see it."

教師は図 4 を指して言う。"If there is something in her hand, we will see it."

（ここまで約 20 分 40 秒）

[9] 開いた手に何もない絵

教師は、さらに別の絵（図 5）を貼る。教師が質問する。

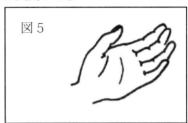

図 5

"Is there something in her hand?"
生徒たちは "No." と言う。"There were ..." と言いかけた生徒がいるので、教師はすかさず "If" と言ってうながす。<u>その生徒は "If there were something in her hand, we would see it."</u> 全員で言わせる。教師は図 3 を指して言う。"If there is something in her hand, we will see it." さらに図 2 を指して言う。"There is something in her hand. We see it."

（ここまで約 22 分 50 秒）

[10] テキストブックを読む

ここからは reading の活動になる。教師は、テキストブック（EP III）を開かせ、生徒に音読させたり、教師が音読したりして、次の順で英文を読んでいく。[10]

・39 ページの脚注（would についての説明）

would : if this line from A to B were straight, then it would be the shortest distance between A and B. But the line is not straight. That is why we say were and would in this example.

・38 ページの第 3 〜第 5 パラグラフ

We say, "If there were something in the hand you would see it," because we know that there is nothing in the hand.

But with this hand, which is shut, we say, "If there is something in this hand you will see it."

Now the hand is open. There is something in it and you do see it.

[11] 食べ物は十分にあるか？

教師は 38 ページ第 1 パラグラフの内容にふれて質問する。"Is there enough

food for everybody in Japan?" "Yes." と生徒。教師は言う。"Yes. In Japan we have enough food. Good food. ... But in the world. In Africa. In other countries. Is there enough food for everybody everywhere?"

生徒たちは "No." と答える。38 ページ第 1 パラグラフを読ませる。

> If there were enough good food in every country every day for every person, would the world be a better place than it is?

教師は言う。"OK. Give your answer, next time."

39 ページの上の部分を指し、ヒントを与える。"Some answers are here."

[12] 再びテキストブックを読む

テキストブックの音読に戻る。38 ページ第 2 パラグラフ。

> We say, "If there *were* enough food," not, "if there *is* enough food," because there is not enough, and we know it.

教師は、were と is が斜体字（イタリック体）になっていることに注目させて、説明する。

"*Were* and *is* are different from other words. Forms of the letters are different."

[13] しめくくり

テキストブックを閉じる。

"Do you have enough money today? What will you do after this class today? If there is ... If you have enough money, we will go to the restaurant." と言う。⑫

> 【ストップモーション⑫】
> If 節に have を用いた文が初めて出てきたが、条件法の表現にとどめている。この授業では、be 動詞を用いた仮定法に絞って導入・練習することが目標だったことがわかる。

赤い箱を出して教師は言う。"If there were a lot of money in the box, I would give it to you."

と言い、ふたを開けて "There is nothing." と言う。

"All right. See you again. Good bye." "Good bye." で授業が終わる。

（ここまで約 30 分）

4　まとめ—リアルに実感させるということ

■ 教材

　箱の中身を推測する。「もし ... が入っていたら、あげましょう。」と教師が言う。箱を開けたら、空っぽである。「もし ... が入っていたら、あげたのにねえ。」と教師は言う。

　EP III には give を使った例はない。あるのは see を使った文である。

　　If there is something in the hand, we will see it.

　　If there were something in the hand, we would see it.

この see を使った文は、授業の中でも扱われているが、練習に多くの時間を費したのは give を使った文であった。なぜか。Give を使った場面の方が、仮定法をよりリアルに実感させることができると考えたからだろう。

　仮定法をリアルに実感させるには、どのような場面がふさわしいか。これを考えるには、仮定法の本質を理解することが不可欠である。

　仮定法は、話し手が事実をそのまま述べるのではなく、頭の中の仮想の世界のこととして、ありそうもないことを仮想したり、自分の願望や要求を表す場合に用いられる。[11]

　話し手の想念、願望、要求。ここがポイントである。if 節において were が、主節において would が用いられる、といった言語の形式を伝えるだけでは不十分なのである。それが、話し手の想念、願望、要求といった心の状態と結びついていることを実感させる必要があるのである。

　ライブ・シチュエーションとは、この「リアルに実感させる」ための仕掛けである。箱の中に何があるのだろう？と期待を持たされた生徒たちが、中身が空っぽであることを知らされて、がっかりする。そこをとらえて、例えば、「ウィスキーが入っていたら、差し上げたのにねえ」と言う。そこには、「欲しかったなあ」「ああ、残念」といった心の動きがある。生徒たちは、そのような心の動きを伴った仕方で、仮定法の言語形式を学習する。そのような教材でなければならない。

■ 教授行為

　同時に、シンプルで優れた教材のアイデアを生きたものにするには、それを生かす教授行為が必要であることを忘れてはならない。吉沢美穂は、次のような点を意識して、授業を進めていた。

　　○ if を使った条件法の文がしっかり定着していることを確かめる。

○ 箱の中身に生徒の関心を引きつけ、いろいろな発言を引き出す。

○ 箱を開けた後の生徒の心の動きを、すばやくとらえて言語の練習に結び
つける。

○ 頃合いを見計らって、次の話題へ移る。

○ 生徒の発言を、自分の立場から発信しているか常にチェックする。

○ 教師が問い、生徒が答えるだけにならないよう工夫する。

「A を教えるには、B を使えばいい」というアイデアだけでは、うまくいか
ない。それが GDM の、特にライブ・シチュエーションの特徴である。

<注>

(1) 伊藤嘉一『英語教授法のすべて』大修館書店，1984, p.112.

(2) 同上書，p.119.

(3) 西尾実ほか編『岩波国語辞典第三版』岩波書店，1979, p.265.

(4) 吉沢美穂・升川潔・東山永，*Revised Teachers' Handbook for English Through Pictures Books I, II*, GDM Publications, 1980, p. vi.

(5) 同上書，p. viii.

(6) 吉沢美穂「実物・絵・カード」（田崎清忠編『英語科視聴覚教育ハンドブック』大修館書店，1968. に所収）p. 215.

(7) 吉沢美穂 etd. (1980), p. vii.

(8) 拙稿「吉沢美穂氏『仮定法』の授業を分析する」（Graded Direct Method Association of Japan News Bulletin No.60, GDM 英語教授研究会，2008, pp. 24-30）をもとにした。Reading の活動の部分は詳細に記述していない。全文を読みたい方は、下記 URL で閲覧できる。

https://www.gdm-japan.net/uploads/yearbooks/yearbook_60.pdf

(9) 授業記録における「ストップモーション」ということばは、教育科学研究会授業づくり部会（現在「授業づくりネットワーク」に改組、改称）の開発した授業記録のスタイルに由来するものである。

(10) I.A. Richards & C. Gibson, *English Through Pictures Book 3*（『絵で見る英語3』）IBC パブリッシング，2006, pp. 38-39.

(11) 綿貫陽、マーク・ピーターセン『表現のための実践ロイヤル英文法』旺文社，2011, p.190.

第8章 I. A. Richards のこと

　われわれはレンガを積み上げるように単語を積み上げてセンテンスをつくるのではナイ、とI. A. リチャーズは古い言語観を攻撃した。意味はたえず流動している。言語の学習はそれについて行くことだ。わたしたちひとりひとりはすでにりっぱな認知能力を持っているが、まちがった既製観念のために発揮できずにいる。ものごとを理解することは具体的な細かいことからはじまると思いこまされているが、じつは大ざっぱな全体的印象からはじまるのだ。ここから何かやってみたい気持ちになることをリチャーズは1950年代から "feed forward" と呼びはじめた。はじめて外国語の世界に入るとはどんな経験だろうか？期待もあれば恐怖も在る。だけど "I am here." "You are there." というようなかたちを与えられると、ああそうかというような手がかりがある。これが feedback だ。*English Through Pictures*（以後、EP と略す）は feedforward/feedback の波に乗り、力強く進んで行く。

　"She is here/there." の遠近感が feedforward して、This/That の立体的世界に feedback される。ここで EP の本文 "This is a man/woman." から離れて一休みすることをおすすめする。わたしたち日本語話者は不定冠詞 "a" に対して十分 ready ではナイ。普通名詞ではなくて、固有名詞の名前を使えば、ややこしい文法問題に足をすくわれることなしに、同時にクラスのなかでの人間関係も深まる。ただし "This is Katagiri. That is Tanaka." ではなくて、"This is Yuzuru. That is Ikuko." 姓ではなくて、first name で呼んでみよう。ちょっとしたカルチャーショックとともに、たちまちにしてわたしたちは外国にいる感じにおちいる。外国語教育はことばの使い方だけでなくて、「文化」をおしえたがっているひとたちもここで見通しをもつことができる。英語の世界とくらべて、スペイン語の世界では名前の呼び方にもっと気をつけることが *Spanish Through Pictures* を見るとわかる。

　では気分転換をして、EP1 p.10 へ行くと

This is a table. This table is here. It is here.

That is a table. That table is there. It is there.

　これはしつこいみたいだが、EP1, p.13 の It is on the table にむかって feedforward している。と同時に it の指示物については話し手と聞き手のあいだに完全な同意が成立していなくてはならないことについて強力に feedback している。定冠詞についても同様に同意がはっきりしている必要があるので、this/that table の省略という感じで導入することが多い。

　不定冠詞 a と定冠詞 the の使い分けが最初に出るのは EP1, p.10 で "This is a hand. This is the thumb. These are the fingers." だが、いささか唐突な感じがあり、ここでは深入りせずに先へ進んで、"This is my hat. That is his hat. That is her hat." など所有者がはっきりしている場合に慣れてから、こんどは所有者がわからない場合に、"This/That is a hat." と言うことにしましょうと、1953 年当時にガリオア資金でハーバード大学のリチャーズの研究所から帰国して GDM を日本に紹介しはじめた吉沢美穂さんは遠回りをすすめていた。話題にあがっている指示物がひとつだけしかないときの "the" について、さらに深入りするのは "of" との関連で、"This is the floor of the room." となる（EP1 p.26）。

　わたしたちの認知の習慣は論理的整合性をもとめる。たとえば人称代名詞で

I　YOU　HE　　SHE　　IT　　を知って、つぎに
*　　*　　THEY　THEY　THEY　と並ぶと、

*　　*　　を埋める中身は何だろうか気になる。

　リチャーズはすぐには答えを出さない。同じレッスン中には答えを出さなかった。ワン・テンポ遅れて "We are here." と落ち着く（EP1 p.6）。「やったぁ！」と言って手をとりあって、よろこぶ感じだ。じつは *English Through Pictures*, 1945（EP）の前身 *Learning the English Language*, 1942-53（LEL と略す）は実に論理的にととのった教材なのだ。この本をつかってリチャーズたちはカナダでヨーロッパからの難民たちに英語をおしえた。その経験から学んだことは、なかみが論理的に完全すぎると生徒はかえって混乱しやすい。たとえば BASIC English の基本動詞は対立する反対語で成り立っている。take, put, go, come, give, get … しかし、どういうわけか、go-come, give-get という対立は混乱をおこしやすい。EP ではリチャーズは混乱しやすい対立語を論理にこだわらずにバラバラに出すことにして、うまくいった。

　"give" にはもうひとつ、あらかじめさけておきたいことがある。

He will take his hat off the table. (EP1, pp.14-15)

He is taking it off the table.

He took it off the table.

He will put his hat on his head.

He is putting his hat on his head.

He put his hat on his head.

He put it on.

これらのセンテンスには "primitive lucidity" があるとリチャーズはいう。まず He が思いついて will 筋肉系が収縮をしはじめ take それは彼の帽子 his hat に向かい、帽子はテーブルからはなれることになる off the table. 同様なプロセスで、その男が思いついて The man will 筋肉系への命令は自分の帽子を渡してしまう give his hat その行く先はそこにいる女のひとだ to the woman. ことが起こる順番にセンテンスの単語が並ぶ。ところが同じようなプロセスがあまりにもひんぱんにくりかえされると、手抜きをしたくなり、He gave her the hat のような言い方が出て来る。しかし初心者はそんなまねはしないほうがよいのだ。EP では Book 2 にすすむと、Mr. Smith が旅行先から絵ハガキを He is sending the card to Mrs. Smith. するのであって、He is sending Mrs. Smith the card ではない。

　基本的な動詞として、take, put の次に出てくるのは、

The man will give his hat to the woman. The man is giving his hat to the woman. He gave it to the woman. He gave it to her.

He gave her the hat. の言い方は注意深く、さけられている。統計的に使用頻度の高いものから教えることはかならずしも教育的ではない。

Mary is making the soup. (EP1, p.93)

The heat of the flame is making the room warm. (EP1, p.94)

Mary keeps the milk in the icebox.

The cold air keeps the milk cold. (EP1, p.96)

His friend says, "Let me have your bag, please." (EP2, p.15)

Mrs. Smith is sending Jane and Tom to school.

At school, Tom and Jane are learning.

Tom is writing the word learning on the board.

The teacher is teaching him the word learning. (EP2, p.18)

いわゆる「第 4 文型」であるが、EP ではごくひかえめに、この例しか出てこない。しかも前後に説明がたっぷりあるので、先生が特別に教えることはない。EP の feed forward/back で育った生徒たちは学習の仕方が身についているので、先生が文部科学省英語との橋渡しを一生懸命やらなくても大丈夫なのだ。

　しかも I. A. リチャーズは、T. S. エリオットとともに、第 1 次大戦後の英語世界の前衛文学を切り開いた批評家としてメディア世界におけるマンガに期待するところが大きかった。彼は第 2 次大戦中にウォルト・ディズニーのスタジオでアニメの描き方を勉強した。終戦の年 1945 年に出版された *English Through Pictures* はじつは、English Through マンガであって、帽子が風に吹き飛ばされて、ちょうど 1000 ドル札の上に落っこちたなどというナンセンスな話である。思いがけず手に入った 1000 ドルの収入をお祝いして初版では wine で乾杯するが、そこまではしゃぐのは不謹慎であると批難され、"Now they are taking their soup." というように改訂されてしまったといううわさ話を聞いたことがある。 おろかな世界大戦をくりかえさないためには、だれもがわかりやすいことばで話し合いたいものだとの望みをこめて BASIC English は 1931 年に発表された。多くのひとびとの努力にもかかわらず、第 2 次世界大戦はくりかえされ、こんどは核ミサイルがいつ飛んで来るかの恐怖とともにひとびとは暮らしている。このような状況を変えるにはアメリカ合衆国の役割が大きいと見たリチャーズは 1947 年にアメリカ人へのメッセージをマンガと英語でつたえようとした：*Nations and Peace* (Simon and Schuster, 1947).

　この本の p.138 にはショッキングな統計があり、世界の推定人口として 1970 年に中国とインドが突出して、アメリカやソ連の約 2 倍となっている。数字とか棒グラフではなくて絵で見ると 2 人の巨人の足元に 2 人の小人としてアメリカとソ連が立っている。リチャーズは 1930 年に北京の国立清華大学に客員教授として招かれ英文学を教えた。いまだに儒教的な理想郷的に暮らしているひとたちに魅せられたと同時に、はげしい貧富の差にもおどろかされた。いまのような中国語を使っているかぎり、西洋的近代科学的に考えることは無理だ

とリチャーズはかんがえた。*English Through Pictures* がこの問題解決の助けに
なるとリチャーズはかんがえた。彼は毛沢東の中国統一政権のために *English
Through Pictures* を何万冊も贈呈したが、中国共産党との思想的不一致のため
に、倉庫から出されることはなかった。リチャーズは 1978 年にふたたび中国
を講演旅行中に病気になり、ケンブリッジに帰って亡くなった。

第 9 章　Basic English について

相沢 佳子

1　Basic English（以下 Basic と略）との出会い、室勝先生の思い出

　私が初めて Basic と出会ったのは 1956 年と今から 60 年以上も前、大学を卒業し中学で英語教師を始めた年である。夏休み前に「GDM 教授法講習会」とかいうチラシが英語教員の間に回ってきた。GDM とは始めて聞く名前だったが、英語を教えるのに参考になるのではと参加した。一週間ほどの会で吉沢先生の GDM の講義や実演に感動し、以後月例会に出席するようになった。当時お年の出席者何人かは着物姿で活発にデモなどされていた。

　その時たまたま隣に座った方に Basic の会があると誘われた。これが室先生の個人的講習会で、先生は用意されたプリントを配り、Basic ではわずか 850 語でいろいろなことが表現できると例文を沢山示して教えてくださった。当時出席者は 10 人たらずで、単に英語の勉強のために来ているようだった。ただ私はこの Basic という英語組織にすっかり感心してのめりこんでしまった。この会は徐々に参加者も増え、場所も転々とし学士会館などでも行われた。

　GDM 教授法はご存知のように Basic を言語材料とし、その理論を上手に取り入れている。ところが当時 GDM の会でも Basic についての話が出た記憶はない。つまり 2 つの会は独立して、お互いに何の関連もないようだった。両方の会とも 3 年後に留学するまで出席し続け、その後も室先生には個人的にもいろいろ教えていただいた。

　日本では Basic が公表された 1930 年以来岡倉吉三郎を初め何人もの人々が熱心に普及に務め、当時の『英語青年』などに紹介した。同誌には Basic 関連のニュースや小論などがしばしば発表された。しかし 30 年代も後半になると日本でのこの普及活動は下火になってしまった。

　室先生は初期の頃から Basic に関心を持たれ、戦後もお一人で研究を続け、教え続けられた。Basic 学習用の本も何冊か書かれている。Basic 考案者オグデン（C.K.Ogden, 1889-1957）との文通は 1936 年頃から始まっているが、いずれも見事な Basic で書かれている。先生は Basic 関連の本を同じものを何冊も購入され、私も先生から貴重な本を何冊かいただいた。現在日本で Basic に携わっている人はほとんど直接、または間接的に先生からの教えを受けている。

2　Basic とはどんなもの、850 語の世界

　Basic とは簡単に言えば、わずか 850 語で一般的なことは何でも表現できる英語の小組織である。名称の Basic は本来 British, American, Scientific, International, Commercial の頭文字からとされている。実際には文字通り「基本的」という意味だが、それによって他の多くの語を定義できる、あらゆることばが還元される言語の根源、基礎を指している。

　一般に学習用の語彙制限は頻度の上から 2000 語とか 4000 語などと選ばれてきた。Basic で 850 語を選んだ基準は頻度ではなく、語の有用性、働きの大きさによる。ただ働きが大きい語はよく使われるので、結果的に頻度も高い。これらは使用範囲が広く、表現力が大きい。人にとって最も普遍的な経験、考え、情報などを表すのに必要な語である。このような表現力の大きい語は定義にも使われる、つまり他の語の代用ができる。

　Basic の 850 語は他の語の代りに使えるような基本的な語で英語の中の核ともいえる不可欠な語である。この有用性を基に英語の中から伝達能力の大きさ、使用範囲の明確さを基準として選び抜かれた。つまり範囲の広い、あいまい性の少ない、学習に容易な最小限の表現様式を Basic は提供した。英語の語彙は巨大だ。その中にごくわずかな要素的な基本的な語 basic words があって、それらを組み合せれば人の基本的な考えや日常に必要なことは表現できるとはそれまで誰も気付かなかった。

　Basic を考案したオグデンは多くの語を少数の構成要素に分解した分かりやすい言い方を考え出した。彼は Basic の目的を 1) 国際補助語（世界共通語）、2) 普通英語への第一歩、特に外国語として学習する人々へ、3) 思考の道具とした。人の考えはことばに基づいているので、ことばをはっきりさせることが思考の明晰化になると考えた。

　働きが大きいという Basic の語の例を non-Basic words（以下斜体で記す）と比べてみよう。*afraid*---fear, *difficult*---hard, *easy*--simple, *shape*--form, *weak*---feeble など。fear はただ「恐れ」というだけでなく、in fear of, have fear, fearing など幅広く使える。hard も「難しい」だけでなく hard blow（きつい）、hard wood（堅い）、hard man（きびしい）など意味も広く working hard, raining hard など副詞としても使える。simple も「易しい」だけでなく「単純な」、「簡素な」など、form は new form of art「形式」や「書式」の意味にも使える。範囲の広い意味の語は結果的に多くの同義の語をカバーできる、例

えば happy は *cheerful, delighted, glad, lucky, satisfied* などを。

またラジオなどでも紛らわしくないよう同音で異なる意味の語はできるだけ避けている。*weak* は week と同音なので feeble が、また *piece* は peace があるのでその代わり bit が選ばれている。同様に *too* も two があるので in addition, overmuch, unnecessarily などで表している。

基本的な語ほど意味の幅は広いが、それだけ使い方は難しい。オグデンは 850 語を選んだだけでなく、各語の意味、使い方もはっきり示している。各語には先ず root sense 根源となる意味を決め、そこから分かりやすく比喩、メタファーなどで意味を広げている。heat は「熱」から「暑さ」に、straight は「真っすぐな」から「率直な」に。比喩については後に詳しく記すが、Basic には比喩として意味が広がるような語が多い。またいくつかの語には特殊用法もある。glass は「ガラス」から拡大して「コップ」に、特殊用法として複数で「眼鏡」をと。これらの使い方は *The Basic Words* [注1] に記されている。

850 の語表は次頁に示すが、これは単に語を並べたものではない。この語があるからそれは不要など語と語のつながりが考えられ、高度に系統だった有機的な組織である。重要な思想、日常生活の中での動作や経験、基本的感情、社会生活での必要な情報交換などに不可欠な最低限の語を取り出して組織化したものである。

語表は 100 Operations（操作、作用する語）、600 Things（事物の名前）、150 Qualities（性質を表す語）と大きく 3 つに分けてある。従来の 7 品詞などの区分とは異なる。また右下に rules として複数の s 、形容詞に ly を付けて副詞に、事物の名前のうち 300 語に -ing, -ed がつけられるなど規則が記されている。

Things は box, egg のような絵でも表せる具体的事物の名前 Pictured 200 と、一般的 General 400 に分けてある。後者は絵には表せない power, hope, love や act, push, touch（動作の名前）などいわゆる抽象名詞、また blood, stone, wood など物質名詞、その他 animal, building, part などいずれも絵には描けない。

Qualities いわゆる形容詞もやはり 100 語の General と 50 語の Opposites に分けてある。Opposites は対になる語で , 反意語がこの欄または他にあることを示している。例えば bent---straight, dry---wet, loose---tight, public---private などである。この区分も学習上の便宜のため。right と true、wrong と false は区別しにくいが、right と wrong, true と false と対にすればはっきりする。 性質を表す形容詞は long, open, white のように物を区別する語と beautiful, kind,

BASIC ENGLISH

OPERATIONS ETC. 100	THINGS 400 General			200 Pictured		QUALITIES 100 General	50 Opposites	EXAMPLES OF WORD ORDER
COME	ACCOUNT	EDUCATION	METAL	SENSE	ANGLE	KNEE	ABLE	AWAKE	THE
GET	ACT	EFFECT	MIDDLE	SERVANT	ANT	KNIFE	ACID	BAD	CAMERA
GIVE	ADDITION	END	MILK	SEX	APPLE	KNOT	ANGRY.	BENT	MAN
GO	ADJUSTMENT	ERROR	MIND	SHADE	ARCH	LEAF	AUTOMATIC	BITTER	WHO
KEEP	ADVERTISEMENT	EVENT	MINE	SHAKE	ARM	LEG	BEAUTIFUL	BLUE	MADE
LET	AGREEMENT	EXAMPLE	MINUTE	SHAME	ARMY	LIBRARY	BLACK	CERTAIN	AN
MAKE	AIR	EXCHANGE	MIST	SHOCK	BABY	LINE	BOILING	COLD	ATTEMPT
PUT	AMOUNT	EXISTENCE	MONEY	SIDE	BAG	LIP	BRIGHT	COMPLETE	TO
SEEM	AMUSEMENT	EXPANSION	MONTH	SIGN	BALL	LOCK	BROKEN	CRUEL	TAKE
TAKE	ANIMAL	EXPERIENCE	MORNING	SILK	BAND	MAP	BROWN	DARK	A
BE	ANSWER	EXPERT	MOTHER	SILVER	BASIN	MATCH	CHEAP	DEAD	MOVING
DO	APPARATUS	FACT	MOTION	SISTER	BASKET	MONKEY	CHEMICAL	DEAR	PICTURE
HAVE	APPROVAL	FALL	MOUNTAIN	SIZE	BATH	MOON	CHIEF	DELICATE	OF
SAY	ARGUMENT	FAMILY	MOVE	SKY	BED	MOUTH	CLEAN	DIFFERENT	THE
SEE	ART	FATHER	MUSIC	SLEEP	BEE	MUSCLE	CLEAR	DIRTY	SOCIETY
SEND	ATTACK	FEAR	NAME	SLIP	BELL	NAIL	COMMON	DRY	WOMEN
MAY	ATTEMPT	FEELING	NATION	SLOPE	BERRY	NECK	COMPLEX	FALSE	BEFORE
WILL	ATTENTION	FICTION	NEED	SMASH	BIRD	NEEDLE	CONSCIOUS	FEEBLE	THEY
ABOUT	ATTRACTION	FIELD	NEWS	SMELL	BLADE	NERVE	CUT	FEMALE	GOT
ACROSS	AUTHORITY	FIGHT	NIGHT	SMILE	BOARD	NET	DEEP	FOOLISH	THEIR
AFTER	BACK	FIRE	NOISE	SMOKE	BOAT	NOSE	DEPENDENT	FUTURE	OFF
AGAINST	BALANCE	FLAME	NOTE	SNEEZE	BONE	NUT	EARLY	GREEN	DID
AMONG	BASE	FLIGHT	NUMBER	SNOW	BOOK	OFFICE	ELASTIC	ILL	NOT
AT	BEHAVIOUR	FLOWER	OBSERVATION	SOAP	BOOT	ORANGE	ELECTRIC	LAST	GET
BEFORE	BELIEF	FOLD	OFFER	SOCIETY	BOTTLE	OVEN	EQUAL	LATE	OFF
BETWEEN	BIRTH	FOOD	OIL	SON	BOX	PARCEL	FAT	LEFT	THE
BY	BIT	FORCE	OPERATION	SONG	BOY	PEN	FERTILE	LOOSE	SHIP
DOWN	BITE	FORM	OPINION	SORT	BRAIN	PENCIL	FIRST	LOUD	HE
FROM	BLOOD	FRIEND	ORDER	SOUND	BRAKE	PICTURE	FIXED	LOW	WAS
IN	BLOW	FRONT	ORGANIZATION	SOUP	BRANCH	PIG	FLAT	MIXED	QUESTIONED
OFF	BODY	FRUIT	ORNAMENT	SPACE	BRICK	PIN	FREE	NARROW	BY
ON	BRASS	GLASS	OWNER	STAGE	BRIDGE	PIPE	FREQUENT	OLD	THE
OVER	BREAD	GOLD	PAGE	START	BRUSH	PLANE	FULL	OPPOSITE	POLICE
THROUGH	BREATH	GOVERNMENT	PAIN	STATEMENT	BUCKET	PLATE	GENERAL	PUBLIC	
TO	BROTHER	GRAIN	PAINT	STEAM	BULB	PLOUGH	GOOD	ROUGH	WE
UNDER	BUILDING	GRASS	PAPER	STEEL	BUTTON	POCKET	GREAT	SAD	WILL
UP	BURN	GRIP	PART	STEP	CAKE	POT	GREY	SAFE	GIVE
WITH	BURST	GROUP	PASTE	STITCH	CAMERA	POTATO	HANGING	SECRET	SIMPLE
AS	BUSINESS	GROWTH	PAYMENT	STONE	CARD	PRISON	HAPPY	SHORT	RULES
FOR	BUTTER	GUIDE	PEACE	STOP	CARRIAGE	PUMP	HARD	SHUT	TO
OF	CANVAS	HARBOUR	PERSON	STORY	CART	RAIL	HEALTHY	SIMPLE	YOU
TILL	CARE	HARMONY	PLACE	STRETCH	CAT	RAT	HIGH	SLOW	NOW
THAN	CAUSE	HATE	PLAY	STRUCTURE	CHAIN	RECEIPT	HOLLOW	SMALL	
A	CHALK	HEARING	PLEASURE	SUBSTANCE	CHEESE	RING	IMPORTANT	SOFT	
THE	CHANCE	HEAT	POINT	SUGAR	CHEST	ROD	KIND	SOLID	
ALL	CHANGE	HELP	POISON	SUGGESTION	CHIN	ROOF	LIKE	SPECIAL	
ANY	CLOTH	HISTORY	POLISH	SUMMER	CHURCH	ROOT	LIVING	STRANGE	
EVERY	COAL	HOLE	PORTER	SUPPORT	CIRCLE	SAIL	LONG	THIN	
NO	COLOUR	HOPE	POSITION	SURPRISE	CLOCK	SCHOOL	MALE	WHITE	
OTHER	COMFORT	HOUR	POWDER	SWIM	CLOUD	SCISSORS	MARRIED	WRONG	
SOME	COMMITTEE	HUMOUR	POWER	SYSTEM	COAT	SCREW	MATERIAL		
LITTLE	COMPANY	ICE	PRICE	TALK	COLLAR	SEED	MEDICAL	NO 'VERBS'	RULES
MUCH	COMPARISON	IDEA	PRINT	TASTE	COMB	SHEEP	MILITARY	IT	ADDITION OF 'S'
SUCH	COMPETITION	IMPULSE	PROCESS	TAX	CORD	SHELF	NATURAL	IS	TO THINGS WHEN
THAT	CONDITION	INCREASE	PRODUCE	TEACHING	COW	SHIP	NECESSARY	POSSIBLE	THERE IS
THIS	CONNECTION	INDUSTRY	PROFIT	TENDENCY	CUP	SHIRT	NEW	TO	MORE THAN ONE
I	CONTROL	INK	PROPERTY	TEST	CURTAIN	SHOE	NORMAL	GET	
HE	COOK	INSECT	PROSE	THEORY	CUSHION	SKIN	OPEN	ALL	FORMS ENDING
YOU	COPPER	INSTRUMENT	PROTEST	THING	DOG	SKIRT	PARALLEL	THESE	IN 'ER,' 'ING,' 'ED'
WHO	COPY	INSURANCE	PULL	THOUGHT	DOOR	SNAKE	PAST	WORDS	FROM 300 NAMES
AND	CORK	INTEREST	PUNISHMENT	THUNDER	DRAIN	SOCK	PHYSICAL	ON	OF THINGS
BECAUSE	COTTON	INVENTION	PURPOSE	TIME	DRAWER	SPADE	POLITICAL	THE	
BUT	COUGH	IRON	PUSH	TIN	DRESS	SPONGE	POOR	BACK	'LY' FORMS
OR	COUNTRY	JELLY	QUALITY	TOP	DROP	SPOON	POSSIBLE	OF	FROM
IF	COVER	JOIN	QUESTION	TOUCH	EAR	SPRING	PRESENT	A	QUALITIES
THOUGH	CRACK	JOURNEY	RAIN	TRADE	EGG	SQUARE	PRIVATE	BIT	
WHILE	CREDIT	JUDGE	RANGE	TRANSPORT	ENGINE	STAMP	PROBABLE	OF	DEGREE
HOW	CRIME	JUMP	RATE	TRICK	EYE	STAR	QUICK	NOTEPAPER	WITH
WHEN	CRUSH	KICK	RAY	TROUBLE	FACE	STATION	QUIET	BECAUSE	'MORE' AND 'MOST'
WHERE	CRY	KISS	REACTION	TURN	FARM	STEM	RED	THERE	
WHY	CURRENT	KNOWLEDGE	READING	TWIST	FEATHER	STICK	REGULAR	ARE	QUESTIONS
AGAIN	CURVE	LAND	REASON	UNIT	FINGER	STOCKING	RESPONSIBLE	NO	BY CHANGE OF
EVER	DAMAGE	LANGUAGE	RECORD	USE	FISH	STOMACH	RIGHT	'VERBS'	ORDER,
FAR	DANGER	LAUGH	REGRET	VALUE	FLAG	STORE	ROUND	IN	AND 'DO'
FORWARD	DAUGHTER	LAW	RELATION	VERSE	FLOOR	STREET	SAME	BASIC	
HERE	DAY	LEAD	RELIGION	VESSEL	FLY	SUN	SECOND	ENGLISH	FORM-CHANGES IN
NEAR	DEATH	LEARNING	REPRESENTATIVE	VIEW	FOOT	TABLE	SEPARATE		NAMES OF ACTS,
NOW	DEBT	LEATHER	REQUEST	VOICE	FORK	TAIL	SERIOUS	A	AND 'THAT,' 'THIS,'
OUT	DECISION	LETTER	RESPECT	WALK	FOWL	THREAD	SHARP	WEEK	'I,' 'HE,' 'YOU,'
STILL	DECREE	LEVEL	REST	WAR	FRAME	THROAT	SMOOTH	OR	'WHO,' AS IN
THEN	DESIGN	LIFT	REWARD	WASH	GARDEN	THUMB	STICKY	TWO	NORMAL ENGLISH
THERE	DESIRE	LIGHT	RHYTHM	WASTE	GIRL	TICKET	STIFF	WITH	
TOGETHER	DESTRUCTION	LIMIT	RICE	WATER	GLOVE	TOE	STRAIGHT	THE	MEASURES
WELL	DETAIL	LINEN	RIVER	WAVE	GOAT	TONGUE	STRONG	RULES	NUMBERS
ALMOST	DEVELOPMENT	LIQUID	ROAD	WAX	GUN	TOOTH	SUDDEN	AND	DAYS, MONTHS
ENOUGH	DIGESTION	LIST	ROLL	WAY	HAIR	TOWN	SWEET	THE	AND THE
EVEN	DIRECTION	LOOK	ROOM	WEATHER	HAMMER	TRAIN	TALL	SPECIAL	INTERNATIONAL
NOT	DISCOVERY	LOSS	RUB	WEEK	HAND	TRAY	THICK	RECORDS	WORDS
ONLY	DISCUSSION	LOVE	RULE	WEIGHT	HAT	TREE	TIGHT	GIVES	IN ENGLISH
QUITE	DISEASE	MACHINE	RUN	WIND	HEAD	TROUSERS	TIRED	COMPLETE	FORM
SO	DISGUST	MAN	SALT	WINE	HEART	UMBRELLA	TRUE	KNOWLEDGE	
VERY	DISTANCE	MANAGER	SAND	WINTER	HOOK	WALL	VIOLENT	OF	
TOMORROW	DISTRIBUTION	MARK	SCALE	WOMAN	HORN	WATCH	WAITING	THE	
YESTERDAY	DIVISION	MARKET	SCIENCE	WOOD	HORSE	WHEEL	WARM	SYSTEM	THE
NORTH	DOUBT	MASS	SEA	WOOL	HOSPITAL	WHIP	WET	FOR	ORTHOLOGICAL
SOUTH	DRINK	MEAL	SEAT	WORD	HOUSE	WHISTLE	WIDE	READING	INSTITUTE
EAST	DRIVING	MEASURE	SECRETARY	WORK	ISLAND	WINDOW.	WISE	OR	LONDON
WEST	DUST	MEAT	SELECTION	WOUND	JEWEL	WING	YELLOW	WRITING	
PLEASE	EARTH	MEETING	SELF	WRITING	KETTLE	WIRE	YOUNG		
YES	EDGE	MEMORY		YEAR	KEY	WORM			

serious など感情や評価を表すものがある。後者の中でも余り喚情的な語、主観的な含みを持つ語は出来るだけ避けて、より中立的な語で表現するようにしている。例えば *conceited*（うぬぼれ）は over high opinion of oneself と、*envious*（ねたみ深い）は desiring what another has を使うなど。

　また、よく使われる *fine, nice, wonderful* などはただ「よい」という感覚だけで、はっきりした意味は表していない。そこで *fine* day は bright and warm day と、*nice* girl /taste は pleasing girl や delicate taste に、*wonderful* は expert music player などとはっきり表す。

　左端の Operations（作用詞）100 語は名詞や形容詞など他の語を操作して文を築きあげる働きをする。これらは文構成上必要不可欠だ。Operator（操作詞）と名づけた動詞 16 語、方向や位置を示す方位詞（前置詞、副詞）23 語、それに even, quite, so など注意が必要な副詞その他が入っている。

　この群は最も重要なだけでなく学習上も難しいので注意を促すように別枠にしてある。語は一般には機能語（前置詞、接続詞など）と内容語（名詞、形容詞、動詞）に分類され、この 100 語は機能語に当たる。ただ動詞は内容を表すから一般には内容語に入っているが、Basic の動詞は後に述べるように、他の語を関係づける働きが大きいので機能語の方に入っている。

　850 のうち 600 が事物の名前ということは名詞が圧倒的に多いことに気づかれたと思う。Basic は名詞主体の英語である。名詞は視覚的にも理解されやすく、学習も容易である。Basic を考案したオグデンはことばが本質的に私たちの感知できる物の世界を扱う道具と考えた。名詞の具体的な意味が拡大してメタファーなどで抽象的な事柄も表すので豊かな表現ができる。

　つまり Basic はことばの中で主に物の名前、性質、行為、方向の 4 つに焦点を置いている。基礎的な段階ではこれら 4 つの区分だけで充分としている。なお副詞の項目はないが、一般的な副詞は形容詞に -ly を付けて、普通英語と同じに kind から kindly, necessary から necessarily となる。また Operations の欄にも again, almost, even, ever, out, still など 20 語ほどが出ている。

　語彙とはある言語の中のすべての単語を指す。どの言語でも語彙は非常に多いが、英語の語彙は極めて豊かだ。それは歴史的原因にもよる。ブリテン島には紀元前にケルト人が住みついた。5 世紀頃にはアングル族、サクソン族などゲルマン系の人々が移住してきた。彼らのことばが Old English で 英語の起源となっている。11 世紀ノルマン人の英国征服でフランス語を話す人々が大勢

入ってきた。つまり元来のゲルマン系の語とラテン系のフランス語などが混ざりあって英語の語彙は豊かになった。

　そのフランス系の人々は征服者、上流階級で特に法律、学問など知的専門用語などを多くもたらした。14 世紀ごろにはラテン語も多数入ってきて、混在している。ゲルマン系の語は日常的平易な little words、ラテン系はやや精巧で難しい big words が多い。例えば、*ask-interrogate, buy― purchase,* fire-*conflagration,* quiet-*tranquil,* rise-*ascend* など。cow-*beef,* pig-*pork* など食べるのは上流のフランス人だ。いずれも後者がラテン系の語とお分りだろう。

　またこのような過程を経て英語は文の形成にも変化を受けてきた。12 世紀頃までの古い英語ではラテン語などと同様名詞、動詞などに屈折変化があったが、その複雑な語尾変化はだんだんすり減って単純になった。屈折変化の著しい言語は総合的、少ないのは分析的言語と言われている。英語は古くは総合的だったが、近代英語は分析的となった。これは英語の大きな特徴で、このおかげで Basic が可能となった。現代の英語が総合的のままだったら、Basic のような英語組織は不可能だったろう。

　外国語学習において英語は統語上、つまり文法は比較的容易だが、語彙の多いのが難点といわれている。同じようなことを表すにもいろいろな語や表現があって，それらの微妙な違いを知らないと上手に使えないことは誰でも承知のことである。そこでわずか 850 語という Basic の利点が見えてくる。

3　わずか 850 語だけでどうして表現が可能か

　Basic の 850 語はおよそ 2 万語の働きをすると言われている。*General Basic English Dictionary*[注2] は 2 万語以上の英語の意味を Basic で表している。まさに「小さな巨人」である。どうしてそんなことが可能なのだろうか。

① 語の意味を分解して表す

　日本語でも名前を知らない、言いたいことばが思いつかない時など「… する時に使う物」、「… をする人」などと内容をくだいて説明的に言う。vertical translation 垂直訳と言われるように次元を 一段下げてより具体的に表す。*breeze* = soft wind, *fragrance* = sweet smell, *kennel* = house for dog, *scarlet* = bright red, *irrelevant*（的外れな）= off the point など。

② より応用範囲の広い語で特殊な語の意味を表す

　細かいニュアンスは伝わらなくても一応一般的なことばですませておく。

laborer でなくても worker で、*manufacture* でなくても make でと。一般的な語はいくつもの特殊な語の代わりとなる。*lean, skinny, slender, slim* は thin で、*alarm, dread, fright, horror, terror* は fear で、*bench, chair, sofa, stool* は seat でと。

　イスは一般的な *chair* でなく seat なのはなぜだろうか。seat は非常に巾広い語で、*chair* は seat (with back for one person), *stool* は seat (without back, freq. with 3 legs) と言える。seat の方が認知レベルが高い。また seat は have や take などと一緒に、また ed, ing を付けて日常的にもよく使われる。May I take this seat? You are in the wrong seat. Please be seated here. など。

　動詞は分解して表すことが多いが、名詞や形容詞はこのようにより一般的な広い範囲をカバーする語がよく使われる。また特殊な意味に使いたければ次のように修飾語句を付けて表せる、*bureau* は writing table, *gales* は strong wind, *pony* は small horse などと。

③ 比喩、メタファーを最大限利用して意味を拡大する

　ほとんどの語は複数の意味を持つが、多義の多くは root sense から人の想像力で拡がったもの、つまり比喩である。例えば root of the tree 木の根から root of the trouble 問題の根っこ、原因の意味になる。また key は鍵から key to the question「手がかり」に、twist はねじれから「曲解」へ、elastic view はゴムなどの弾力性から「順応性がある」見解へ。以下品詞ごとの例

名詞　より具体的な分かりやすい物でとらえにくいことを表す。

具体物で抽象的ことを field of science（分野）、fruit of the work（成果）、
　　talking with fire（情熱的に）、thread of argument（議論の筋道）

具体物で形の似たもの、特に体の部位で an eye of the needle（針の目）、a leaf
　　of paper（一枚）、the legs of the table、the foot of the mountain（すそ）

物理的、特に身体動作で抽象的動作、状態を give a blow（ショック）、have a
　　good grip of ...（理解）、with push（やる気）、make a slip（うっかり過ち）、
　　twist of the words（こじつけ）

形容詞　より直接的な知覚しやすい感覚で知覚しにくい感覚を

　触覚　cold feeling（冷淡な）, heated discussion, rough idea,

　味覚　acid look（辛辣な）, bitter words, sweet girl /smell,

　視覚　bright hope, clear writing

　聴覚　loud / quiet voice（けばけばしい／地味な）

具体物を形容する語を抽象的事柄に使う。

267

<u>cheap</u> fiction, <u>clear</u> view, <u>dirty</u> story（卑わいな）, <u>low</u> taste（低俗な）, <u>open</u> heart, <u>sharp</u> pain, <u>straight</u> man（正直、誠実な）

前置詞、副詞（方位詞）　空間内の位置や動きの方向から抽象的状態、時間を
　この空間メタファーは Basic では非常に重要、at, in, on で見てみよう。

　at　広がりのない地点から状態や活動を一点ととらえて

　　at the door /the station /the top of the mountain --> at play /work（仕事、勉強中）/peace /rest（休息中）/war（交戦中）, at the top of the list（名簿の一番上）, good /poor at cooking（上手、下手）など

　　場所から一点を指す時間へ　at five o'clock, at teatime, at anytime

　in　囲まれた空間内に状態があるように

　　in the box /room /London --> in comfort /danger /doubt（疑って）/love /pain（苦しんで）/trouble（困って）などある状態の中にいると

　　場所から広がりの中の時間へ　in the morning, in April, in spring, in 2021

　on　接触を表す（反対は off）ことから接触面での状態、行為を表す

　　a picture on the wall, a ring on the finger, be on the back（仰向けで）--> based on facts（事実に基づいて）, a house on fire（燃えている）, on one's side（味方）, My name is on the list.（名簿に載っている）

　　時間　on Monday, on the first of June, on Christmas

空間内の in と接触の on の違いから次のような比喩的用法の違いも分かる。

$\left\{\begin{array}{l}\text{He was in time.} 時間に間に合う（時間の範囲内）\\ \text{He was on time.} 時間通りに（時間と接して）\end{array}\right.$

$\left\{\begin{array}{l}\text{I have something in mind.} 考えている（何かを心の中に抱く）\\ \text{I have something on mind.} 気にかかる（何かが心に接している）\end{array}\right.$

他の方位詞でも空間内の位置から状態を表す場合は多い。

<u>against</u> the rule（反して）, <u>from</u> this point of view, <u>off</u> the point（要点を外れて）, <u>out of</u> danger, authority <u>over</u> the workers, <u>through</u> his help（通して、おかげで）, <u>under</u> discussion（論議中）

4　Basic とはどんなもの、わずか 16 語の動詞

　「基本動詞」とはよく耳にすることばだ。『基本動詞 24』などの本もあり、またその数も 30 とか 15 語などと不定だし、どの動詞とはっきり決まってはいない。ただ Basic の 16 動詞のうち be, do, have と後にあげる「基本動作語」

はどの語表にも必ず入っている。

　一般にも語には基本的な語 basic words とそれ以外の non-basic words があって、数からいえば圧倒的に後者が多い。動詞ではこの区別がきわめて顕著である。普通一般に動詞はすべて一まとめに動詞として扱い、その中に驚くほど大きな働きをするごく一握りの動詞があるとはあまり気づかれてない。これらは文を構成するのに必須で、頻度も非常に高く動詞の中でも核心的部分である。

　Basic の語表の右下の方に次のように書かれている。It is possible to get all these words on the back of a bit of notepaper because there are no verbs. つまり「動詞がない」からこれら全ての語が一枚の紙の片面に収まるような Basic が可能になったと。「動詞がない英語」などありえない。これは一語の中に動作の他に方向や位置、様態などの要素が詰め込まれている普通一般の動詞を指している、例えば *ascend* には go と up が、*disembark* には get, off, ship が、*extinguish* には put, out, (fire) が。Basic はこのような普通一般の動詞をすべて排除した。

　その代わり operators として動作の複雑な内容より他の語を操作して文を構成する働きが主な 16 の語群を取り上げた。これらはそれ以上分解できない。以後便宜上それらを動詞と呼んでおく。つまり Basic には動詞がわずか 16 語しかない。動詞をごく少数に限定すること自体学習上利点は大きい。動詞は変化形を覚えるのも大変だ。動詞は文の要、どの動詞を選ぶかで文の他の要素、目的語や補語などが決まってくる。後に記すように文を作る難しさが減る。

　16 語の動詞は以下の通りである。be, do, have, come-go, get-give, put-take, make, keep-let, seem, say, see, send　これらのうち最後の 3 語は分解しても（say は put ... into words などと）表せるのでなくても済むが、あまりごつごつしないように入れてある。最初の 3 語は助動詞としても使われる特殊な動詞。ハイフンで結んだのは視点の違いで意味の上で対になっている。say, see, send 以外は意味の幅も広いのでそれらの root sense を見てみよう。

　be は人や事物の「存在」を、A is here. 次に結びつきを A is a teacher.

　do は「動作」を、行為を表す語を対象に、do a kind act, do the cleaning

　have は「所有領域内での事物の存在」を、have much money/ no friend

　come と go　主体の移動　自分の領域の内へと外へ

　give と get 所有領域で事物を移動　自分の領域の外へと内へ

　make 変化を起こし事物や状態を生じさせる make a box, make trouble

keep と let「保っておく」と「放す」keep him from going と let him go

put と take 何かをどこかに置くのと、手で取って自分の領域に取り入れる

　　put the pen in the bag と take the pen out of the bag

seem は be との対でもある He is angry. と He seems angry.

助詞としても使われる be, do, have と seem 以外は「基本動作語」とも言い、人の物理的な身体動作で意味を表せるので極めて理解しやすい。なお助動詞は may と will だけで *can* はないが be able to, it is possible to などで、*must* も have to, be necessary などで表せる。

　動詞が少ないので Basic の文構造は極めて単純だ。語表に Basic の典型的な文 We will give (simple) rules to you (now) が記されている。動作主、動作、動作の対象、動作の方向、動作を受ける人または物と。他の動詞も動作主を省けば、get flowers from him, make this cake (for her), put a pen in the bag, take a book off the table, keep a dog in the room などこれに準ずる、come, go は後の部分が欠けているととる、つまり文型は一つだけだ。

5　わずか 16 語の動詞でどうして表現が可能か

16 語の動詞で表現が可能というなぞを考えてみよう。

① 分解して表す

　動詞では特に分解して表すのが代表的である。16 の動詞の意味はかなり広く、他の語との結びつきで意味を狭めて様々な表現が可能となる。多くの一般動詞は Basic の基本動作語（Vb）と方向、対象、様態など α に分解される、つまり「Vb + α」となる。どのような α と結ぶか以下例を見てみよう。

<u>Vb ＋前置詞、副詞（方位詞）</u>

　この組み合わせで約 4000 語の動詞が言い換えられると言われている。これこそ Basic の基本動作思考、方位思考を表している。この用法は普通英語でも句動詞としてよく使われている。先ず go で例を見てみよう。

go back = *return*, go by = *pass*, go down = *descend* /*sink* /*subside*（おさまる）, go in = *enter* /*invade*（侵入する）/*interfere*（干渉する）, go off = *depart*（立ち去る）/*explode*（爆発する）, go on = *advance* /*continue*, go over = *cross* /*jump* /*examine*, go through = *traverse*（通り抜ける）/*suffer*（苦しみなど味わう）, go up = *ascend* /*rise*

その他 get off = *alight* the train（車などから降りる）, get over = *surmount* the trouble（困難を乗り越える），give out = *emit*（発散する）smoke，keep on = *continue* working，put out = *extinguish* the fire，put ... out of mind = *forget* ...

Vb + 名詞　（主に動詞派生の名詞）

　動詞は主に give, have, make, take で、名詞は cry, jump, walk など動詞と同形、または knowledge, selection のように語尾つきのもの。この結びつきは普通英語でも非常によく使われているが、あまり注目されていない。動詞はここでは意味が非常に軽く（delexicalized）、全体の意味はほとんど名詞が担っている。

give　自分の所有域から何かを出す、モノから行為や状態に広がって

　a) 内より外に何か発する　give a cough（せきをする）/cry /laugh /smile

　b) 他者への動作、多くは身体接触　give him a bite（かみつく）/a blow /a kiss /a quick look（さっと見る），give one's hair a brush /comb

　c) 他者へ感情、情報、意思を伝える　give him comfort /trouble /a shock, give them an answer /an order /a talk（演説をする）

have　空間内での所有、モノから広がって動作や経験を

　a) 自分の動作という経験、ひとまとまりの完結した動作

　　have a bath /a drink /a good laugh（思い切り笑う）/a rest /a sleep /a walk

　b) ことばによる相互活動、知的状態、感情、意思表示を

　　have a talk with（おしゃべりをする），have belief (in) /doubt (about) ... , have a desire to go, have a regret about ...（後悔する）

make　何かを新たに存在させる、モノから広がり新しい出来事、状態を

　a) 身体動作では、出現や退去、攻撃

　　make a flight（飛行する）/a move /a stop，make an attack against ...

　b) 知的活動、伝達行為

　　make a statement（陳述する）/a protest (against)（抗議する）/a suggestion

　c) 意思表示

　　make an agreement (with)（同意する）/an attempt (to)（しようと試みる）/ a decision /a request (for)（要求する）

take　自分の領域に何か取り込む、モノからコトへ

　a) 身体動作

　　take a bath /a bite（かじる）/a drink /a look /a rest /a swim /a walk

　これらは have と共通で使えるが、take は「自ら取ってくる」という積極的

意味合いから have a sleep /a dream などには take は使わない。逆に take だけの例 take a breath /a grip (on)（握る）/a step (forward)

b) 意思行為

　　take care of /control of（掌握する）/notes of（注目する）

Basic では少数の動詞を広く使うのにこの用法は非常に有効だが、普通英語でも一語動詞で済むのにこの方法はよく使われる。コーパスなどでもこの用法はかなり高い頻度で見られる。[注3] これには次のような利点がある。

　1) 名詞の方が動詞より修飾が自由　give the door <u>another</u> <u>good</u> push（もう一度強く押す），have <u>no</u> desire /doubt /trouble, take a <u>deep</u> breath

　2) 統語上、受け身や文中の要素となる

　　No answer was given to us. With every discovery he made, he ....

以上 Basic では動詞を分解して幅広く使っていることを示したが、それは英語が分析的言語だから可能なのだ。同じ印欧語族でもフランス、スペイン語などラテン系ではこのような分解的表現、句動詞はあまり見られない。前に触れたが、英語は元来のゲルマン系とラテン系の語が混在している。*ascend* と go up, *continue* と go on, *enter* と go into, *exit* と go out , *postpone* と put off, *surrender* と give in など。前者はラテン系の語で総合的言語だ。例えば go into に対して仏、スペイン、伊語ではそれぞれ *entar, entare, entare* しかない。英語そのものの特質が Basic を可能にしたと分かる。[注4]

　タルミー（L Talmy）は言語の2つの類型を指摘した。[注5] 英語のようなゲルマン系では方向など経路を示す語を動詞と別の語で外に出す non-path language、それに対しラテン系、それに日本語などは動詞の中に経路が含まれているので path-language と称した。確かに go into, go up, go down は日本語では「入る」、「上がる」、「下がる」だ。逆に様態を表すのに英語では *ramble / stroll /wander*（ぶらぶら歩く）とか *stagger /totter*（よろよろ歩く）など一語が日本語では修飾語と動詞で表している。

② メタファーの利用

　先に 850 語を広く使う手段としてのメタファーについて記したが、ここでは 16 語の動詞がメタファーによってどれほど広く使われるか見てみよう。Basic の動詞はほとんど人の身体動作を表しているが、実際の空間における人の動作から、抽象的事態、状態を表す。いくつかの動詞の例をあげる。

go でも実際の空間移動ではなく時間の上での移動、推移などへ

He went to the town. --> The pain/winter has gone. All went well. Everything has gone wrong. go into details（詳細について触れる）、go without food（なしで済ます）

come も同じく事態が到達する

The war came to the end. The news came to my ears.（耳に達する、聞こえる）

Thoughts came into my mind. It came up to my hopes.（希望に達する）

get　モノを手に入れることから事態、状態を得る

get money --> get control /disease /help /support /reward（報酬を得る）, get the secret from him, get fact into his head（事実を彼の頭に叩き込む）、

put　put は方位詞と組み合わせてモノでなく事態、状態を移動する

put one's family before work（家族を職場より優先する）, put the feeling into words（感情をことばで表す）, put a limit on its use（その使用を制限する）, put an end to the war（終わらす）, put things together（事態をまとめる）

その他　see も実際に目で何かを見ることより Do you see? I see. I don't see your point. など「わかる、理解する」の意味で使われる方が多い。

③ ed, -ing　接尾辞の活用

　動詞と名詞の品詞転換は英語の特徴でもあり、Basic はこの特性を利用している。一般には fall や wash などは動詞的用法が主だが Basic では「落ちること」、「洗うこと」と名詞の形で入っている。He washed the cloth. とは言えないが、washing the cloth, washed cloth などとして使われている。She is washing the cloth. The cloth is washed. という形は進行形、受動態であるが、Basic では「洗っている状態」、「洗われている状態」と形容詞として扱っている。Washing is .... などと動名詞としても使える。これらの形を形容詞ととれば、さらそれらに un-, -ly をつけて uncontrolled, undoubtedly, unsurprisingly などと広く使える。

　物の名前のうち約 300 語にこの接尾辞がつく。動詞と同形の名詞 act, push, walk など、また butter, water などいわゆる物質名詞も。-ed, -ing は本来動詞に付くので名詞に付けるのはおかしいとの非難もある。ただこの用法で動詞的表現が大幅に広がっている。

　1) 動詞と同形の名詞では動作を表す。「-ed＋名詞」では形容詞の働きとなる。answering the letter, attacking the enemy, cooking the meal, kicking the door, polishing the glasses, stretching one's arms,

balanced view, desired answer, detailed plan, polished floor,

The machine is not working. She was respected by all.

2) 主に物の名前（物質名詞なども）でも動作を表す。

buttoning the shirt（ボタンをつける）, brushing /combing the hair, dusting
the table（ほこりを払う）, oiling the machine（油をさす）, salting the meat,
threading the needle（針に糸を通す）, watering the flowers,

buttered bread, feathered hat（羽飾りのついた）, locked door

ed, ing がついても意味は元の名詞から容易に推察できる。また将来普通英
語に移行する時もこの用法で多くの動詞になじんでおくことは有利である。

6　Basic 誕生、その理論的背景

　さて以上見てきた画期的ともいえる Basic は一体どのように誕生したのだろ
うか。これは英国の言語学者、心理学者、哲学者でもある C.K. オグデンが考案
し 1930 年に公表した。彼は博学多才で数々のすばらしい業績を残している。本
や論説、評論など数えきれないほど、翻訳書も何冊かなど など[注6]。Basic は彼
の生まれながらの才能、たぐいまれな深く幅広い知識が生み出したものだ。た
だそれだけではなくその背後には先人たちの思想、試みなどがあった。

普遍言語への夢

　実は大昔から普遍言語(世界共通語)への夢はあった。それまで大きな力を持っ
ていたラテン語などが勢いを失ってきた 17 世紀頃この共通語の試みは特に顕著
になり、いくつもの試みがなされた。ベーコンが始まりとされているが、こと
ばによって人の考えがあいまいになることから彼は普通の文字でなく事物や考
えを直接表す記号を考え出した。同様にウイルキンズの作った当時の代表的人
工言語はあらゆる概念や事物を基本的な類に分けて記号で表し、それらを細分
化した。彼の試みは人の概念の種類はそう多くないことを示している。

　またライプニッツもあらゆる概念を数少ない単純な概念に分解し意味の原子
化を試みた。彼らは実用のためとしてより思考や科学の共通言語として、語と
概念がきっちり結びつく理性の道具としての言語を目指した。しかし概念を何
らかの記号で表そうというこれらの方法は結局実験的な試みに終わった。ただ
人の心の働きは有限の記号操作で表せるという考えは 20 世紀に Basic へと引
き継がれ、さらに現代になってコンピューター言語としてどんな情報も記号化
する技術へと続いた。

　19 世紀末から 20 世紀にかけてより実用性を求めて国際共通語への関心は高まった。今度は全く新しい言語ではなく、エスペラントのような人工語、または Basic のような自然言語を簡略化したものである。エスペラントは共通語というだけでなく世界平和という理念も大きかった。現在も世界中に会員は 100 万人ほどいるとのこと。規則性が極めて徹底し、接辞を最大限利用して、少数の語から合成語や派生語を作るようになっている。

　ごく限られた語で何でも言える、つまり単純な語で複雑な考えを生みだすという Basic 組織と 17 世紀の先駆者らの考えには共通性が見られる。オグデンはこれら先人の試みにも大変関心を持って、それらに関連する書を数多く読んで研究した。Basic 考案には以上述べてきたような共通言語を追い求めた歴史があり、ウイルキンズなどの考えが大きな影響を及ぼしたことは疑いない。

言語改良の試み

　オグデンは Basic を普遍言語、つまり国際補助語としてだけ目指したのではない。言語改革という夢もあった。考えがことばに影響される、自然言語のあいまい性が思考をくもらせることに対してことばを改良したいという夢は 17 世紀の普遍言語の夢にも込められていた。ただこのような問題は長いことベーコンら哲学者が扱ってきた。彼らは言語の欠陥に気づき、言語習慣の改良は唱えたが実際にどう改良するか具体的な試みはあまり見られなかった。

　これら思想家の考えをまとめ、一貫した理論の上に実践的に問題を解決したのがオグデンだった。そしてその実際的な解決法が分析的に物事をとらえて表現する Basic だった。ことばによる混乱、不適切な使用による危険は昔から続いてきた。オグデンはそれらを「ことばの魔術」と名付けてこの問題に深く関心を寄せた。とりわけ Basic 考案の背後には第一次大戦中の新聞、ラジオなどの報道でのプロパガンダについての恐怖も大きく関わった。

ベンサム（1748-1832）

　言語改良者たちの流れはベンサムに続き、実際にオグデンが Basic 考案に最も大きな影響を受けたのは彼からだった。ベンサムは「絶対多数の絶対幸福」を求めた功利主義者で元来法律家、哲学者だったが、オグデンに劣らず非常に幅広い範囲で活動した。ことばについても大きな関心を持って考えていた。オグデンより 100 年も前に国際語についても研究し、結局英語を修正したものがよいとしている。なお international という語は彼の造語である。

　彼はそれまでの先駆者と違い、ことばは改良しうると考えた。ことばについて新しい科学を創設したが、その基盤はフィクション理論だ。ことばの操作だ

けで生じる仮想のものを私たちは実体があるように思い、そこから思想が混乱する。もちろんフィクションのことば、いわゆる抽象名詞は不可欠だが、事実との関係をはっきりさせるべきと考えた。彼はその解決法の一つとして「言い換え」をあげた。例えば *apprehension* は fear of the future, *liberty* は condition of being free とより事実に近い具体的ことばに分解することを。

特に動詞はフィクションの最たるもので、複雑な概念が詰まって捉えにくい。そこで動詞の内容をくだいていくつかの事実に近い要素にして表すことを考えた。彼のこの考えからオグデンは一般の動詞を削除して基本的動詞を 16 語にまで切り詰めた。ついで他の品詞も同じように縮小した。ベンサムの理論はベーシック考案すべての段階で貴重な助けとなった。まさにベンサムは true father of Basic English であるとオグデン自身言っている。

Basic English の誕生

Basic を思いついたきっかけは I.A. リチャーズとの共著『意味の意味』（1923）執筆中に起こった。意味論の源流であるこの書は記号、定義、言語機能、伝達など幅広い分野をカバーしている。この目的は言語が思想に及ぼす影響によって起きる困難を論議することと記している。

この中でことば（symbol）は直接に事物（referent）とは結びつかない、話し手の思想（reference）に媒介されているという意味の三角形の理論を打ち立てた。ことばと事物は直接結びつかないから底辺は点線になっている。それらは頂点のことばを使う人の思想を通して結びつく。ことばは実際に使われた時

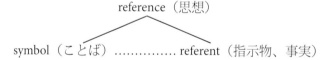

reference（思想）

symbol（ことば）…………… referent（指示物、事実）

の話し手の考え、心的状態、外的状況などの脈略によって指すものは異なってくる。ことばと事物が直接結びつき、ことばに固定した意味があるとつい考えがちだ。そこから誤解や混乱が生じることが多い。

この書の定義論で実際にいろいろなことばを定義している時、二人は突然次のことに気付いた。どんな語を定義していても少数の同じことばが繰り返し出てくると。確かに英々辞書でも定義する語は定義される語よりはるかに少ない。Longman の現代英英辞典（6 版）は 23 万語を 2000 語で定義している。それらの語を使えば限られた語数で英語の体系が出来るのではないかと二人は思いついた。

ただこの思いつきから実際に一つの言語体系が出来上がるのはそれほど容易

なことではなく、10 年近くかかっている。語は少ないほど学習には楽だが、それを使うのは難しく、また普通英語の用法とは隔たってしまう。簡素さ、規則性、明快さ、自然さ、学習のし易さなどいくつもの要件を出来るだけ満足させなければならない。そこで 3 つの原則が生まれた。1）あらゆる目的にかなう、2）現代の英語用法と一致し、普通英語に進んでも unlearn（意識的に忘れる）しないで済む、3）語数はできるだけ少なく、構文も単純、規則的に。彼は出来上がった言語組織をさらにテストし、様々な分野の英語で確かめていった。

7　Basic の価値

　Basic の第一の目的、国際補助語という役割について、現在すでに世界の多くの地域で英語は外国語として使われている。この clear で simple な Basic は英語の核であり、英語学習の第一歩としての役割は大きい。

英語教育への応用、理想的材料

　日本でも英語教育で「使える英語」、発信用の英語が求められている現在 Basic は英語教育にも何らかの形で利用できるのではないか。多くの語をただ覚えるより、少なくても本当に基本的なことばを自分のものにして使いこなせるようにすることは効果的である。英語教育面からの Basic の利点を考えてみよう。

1）語彙の選択　覚えることは最小に

　単語を沢山覚えることは暗黙のうちに要求されているが、働きの大きくないあまり出番のない語をやみくもに覚えても無駄だ。Basic の語は働きが大きく他の語を説明、定義する力があり、それによって多くの語の代用もできる。これらは後に語彙を増やす時の基礎としても働く。「Basic は実用的試みとして『習慣』を『洞察』に変えようとする試みだ。暗記しなくてはならない材料を最小に、理解力を出来るだけ働かせるように出来ている」とリチャーズも述べている。

　語数が多ければつい日本語に対応するお決まりの英単語を 1 対 1 でそのまま機械的に使ってしまいがちだ。語数の少ない Basic ではそれはできず、意味の可能性を文全体から考えることになる。また話す時には言いたい英単語を知らなければお手上げだ。でも Basic 的に物の名前、事柄を表す英語を知らなくてもその内容をくだいて、ごく基本的やさしい語を組み合わせて言えば、少し回りくどくなっても意味を伝えることはできる。特に動詞を極端なまで減らしたことは、それによって文中での他の語との働きなども習得できるし、少数であ

るからこそくり返し重点的に学習できる。

2) 学習の最適順位

「Basic は普通英語の中の最も重要な部分で、両者の間には境界線はない、あるのは教える順位 what is to come before what だけだ」とリチャーズは言っている。語数も少なく、意味範囲もはっきりしているからこそどんな順序が学習に効果的か決められる。すでに学んだことを混乱しないよう、新しいことは過去に学んだことが最大限生かされるように有機的につながっている。語の意味も root sense が決まっていてそこから無理なく拡がっていく。

3) 視覚的、具体的表現（身体活動、感覚の活用）

Basic は視覚的、具体的要素を大事にした事実に近いことばである。物の名前も絵で示せるような語がかなり多く、視覚的に把握できる。意味をとらえにくい動詞も私たちの身体動作、手を使っての物理的動作を基本としている。ただこれら root sense だけでは限られた表現しかできないが、メタファーにより抽象世界にまで広がるようになっている。GDM での SEN = SITs、文とそれが使われる場面のつながりも Basic だからこそ可能なのだ。

4) opposition、文脈の大切さなど

反意語の対は前にも述べたように語の意味をはっきりさせるのに重要である。GDM のテキストでも最初の I-you から、here-there, this-that と空間の区別を対にしている。また先にも述べたように、一般にはどうしても英語を対応する日本語と対で覚えがちだが、語には固定した意味はない。Basic は語数が少ないので、使われる文脈が大切だ。広い意味の脈略が大切で、それらを考えなくてはならない。

Basic を言語材料に、今まで見てきたようなその理念を生かし、文と場面のつながりを重視した英語の教え方がリチャーズの開発した GDM である。彼は自分たちの目指した英語教育の原理を 'a planned serial ordering of opposition in sentences and situations' とまとめている。ここには順序付け、対、Sen-Sit の key words すべてが入っている。

Basic の利点を見てきたが、問題はないだろうか。何しろ考案されたのが今から 90 年も前のこと。ことばは時代と共に変わっていく、現在 850 語以外にどうしても必要な語はでてくる。

strict Basic に対してもう少し flexible（柔軟性のある）にという考えは何年も前からあった。リチャーズは near Basic を考えた。よほど慣れた人以外

は Basic ではぎこちなく、単調な文になりがちだ。100% Basic でなくても 90% Basic でもよいではないかと考えた。ただ漫然と緩めるのではなく、原理にのっとって広げる。Basic の名詞で -ing などがつけられる 300 語、また attraction などの語尾を取って attract などを動詞としても使う、また頻度の高い名詞なども使えるようにするなど。

　Basic は今まで見てきたようによくできた英語の小体系である。この Basic を利用して simple で clear な英文を目指したい。厳密な Basic でなくても、その原理、考え方や仕組みを理解しその言い方になじんで欲しい。

8　現代における Basic の影響、平易な英語への動き

　さて 20 世紀中半ごろから英語を平易にしようという動きが出てきた。子供や言語習得に障害を持つ人々、特に外国語として学ぶ人々のために。そのいくつかの試みを見てみよう。

Plain English

　この運動は英米でほぼ同時期、20 世紀中半ごろ始まった。明快簡潔でわかり易い英語をと、特に政府の公式文書などと関係して。1970 年代には英米共に消費者グループなどが法律や政府の文書が難解だ、もっと英語をやさしくとこの運動に励んだ。特にアメリカでは大統領令など出してこれを推進してきた。

VOA (Voice of America) の special English

　このやさしい英語での放送は外国人、子供、英語の学習者のために 1959 年から始まった。Basic の影響は大きい。4 つの原則は 1）徹底した語彙制限、およそ 1500 語（VOA Special English Word Book に記載）。2）動詞排除、Basic の 16 語＋α　3）メタファーとして使い易い語を基本に、4）品詞転換で少ない語を幅広く使用。文法も簡単、話すスピードも通常の 2／3 程度にゆっくり分かりやすく。

Globish (Global English)

　非母語話者がやさしい語で短く簡単な文の英語で伝達できるようにと 2000 年に体系化された、特にビジネスや旅行者用に。語彙は限られ、基本語 1,500 で文は短く、主に能動態で、比喩表現や慣用句は避け、繰り返し確認するなど。日本でも 2010 年頃からこの運動は広まったが、最近活動は停止している由。

Simple English Wikipedia

2001 年 9 月、対象は VOA と同様に学生や子供、学習に障害のある成人、外国語としての学習者などに。1,500 語以内で、基本的には Basic words を使い、それに special English を加えて書かれている。

Basic Global English

ドイツの学者が開発、2006 年に発表した。世界で使える英語を速やかに習得できるようにと。語彙は 750 語、それに各自必要に応じて 250 語を選ぶ。文法規則はミニマムに、politeness、相手に対して礼儀正しく心を込めて聞き、分かりやすいように話す。この基には Basic の考えがあると開発者は語った。

ネット上の Basic English Institute

これは以上の運動とは異なるが、Basic を復活して広めようというもの。2003 年にアメリカ人によって設立され、現在も広く活動は続いている。その目的を lingua franca（世界共通語）とし、またコンピューター適応という点からも 21 世紀に Basic を広げることを目指し様々な活動をしている。これは誰でも利用でき、すでに絶版になった Basic 関連の本や論文などもダウンロードができるので便利だ。http://www.basic-english.org./institute.html

注

1) Ogden C.K. (1930 /1977) *Basic English* London: Kegan Paul/　北星堂

2) ＿＿＿ (1974 /1987) *The General Basic English Dictionary* London: Evans Brothers Limited/　北星堂

3) 相沢佳子『英語基本動詞の豊かな世界』（1999 開拓社）はこの「動詞＋名詞」の用法について多くの実例をあげ詳しく解説している。

4) 相沢佳子（2003）「ベーシック動詞制限について — 他の言語と比較して」研究紀要 11, 1-7　日本ベーシック協会　この用法を 5 ケ国語で比較

5) Talmy, L (1985). "Lexicalization Patterns" T. Shopen (ed) *Language Typology and Syntactic Description* 111 57-149 CUP

6) 相沢佳子（2019 清水書院）『C.K. オグデン「ことばの魔術」からの出口を求めて』などオグデンのことについては詳しい。

第 10 章　英語のリズムとイントネーション

中郷 慶、伊達 民和、近藤 ゆう子

　GDM による授業では、教師が発する英語をもとに学習者が能動的・主体的に学ぶという点に大きな特徴がある。それだけに、教師が英語を（時には意味や文脈に応じて）どのような発音で発するのかが非常に重要である。学習者が初めて英語に触れるのが GDM の授業であるというケースも少なくなく、教師が学習者に英語らしい発音を示せることの意義や重要性については、疑う余地がないであろう。このような理由から、GDM では教師が英語の発音に関する正しい知識を持ち、学習者に正しい発音指導ができることを重視している。GDM サマーセミナーで「発音クリニック」が開催され、毎年「GDM 英語発音ワークショップ」が開催されているのも、このような理由からである。（発音クリニックや英語発音ワークショップについては、巻末の「あとがき」も参照していただきたい。）

　英語の発音に関する知識は、ただ単に英語を聞いていれば自然と身に付くというものではなく、英語の音声の特徴を理論的に学ぶ必要がある。知識を定着させるための実践も不可欠である。現在、中郷　慶、伊達民和、近藤ゆう子が担当している英語発音ワークショップには、「年に一度の定期検診のつもりで参加している」と語るリピーターが多い。このような声は、英語発音の上達にいかに継続的な学習が必要であるかを物語っている。

（参考資料）「GDM 英語発音ワークショップ 2019」タイムテーブル

1 日目（2019 年 5 月 25 日（土））	
〜 13:30	受付
13:30 〜 13:45	オリエンテーション・講師紹介
13:45 〜 14:15	レクチャー ①（ディクテーション課題解説）【近藤】
14:15 〜 14:30	休憩
14:30 〜 15:50	レクチャー ②（リーディング課題解説） 　A クラス【中郷】「英語のリズムとイントネーション（入門編）」 　B・C クラス【伊達】「英語イントネーション概論」
15:50 〜 16:10	休憩
16:10 〜 17:30	グループ別セッション ①（リーディング課題、その他） 　A クラス【近藤】、B クラス【伊達】、C クラス【中郷】
17:30 〜 17:40	休憩
17:40 〜 19:00	グループ別セッション ②（ディクテーション課題、その他） 　A クラス【中郷】、B クラス【近藤】、C クラス【伊達】
19:00 〜	夕食・懇親会

2 日目（2019 年 5 月 26 日（日））	
9:10 ～ 10:20	グループ別セッション ③（講師作成教材に基づく） A クラス【伊達】、B クラス【中郷】、C クラス【近藤】
10:20 ～ 10:30	休憩
10:30 ～ 11:50	レクチャー ③【中郷】「強形と弱形」
11:50 ～ 13:00	昼食
13:00 ～ 14:10	選択クラス 　伊達「短い対話文の演習」 　近藤「*English Through Pictures 2* より Leonardo da Vinci の生涯」、「『古 　　事記』よりストーリーテリング」 　中郷「『ピーターラビット』(*The Tale of Peter Rabbit*) を読む」
14:10 ～ 14:20	休憩
14:20 ～ 14:45	アクティビティ（ストーリーテリング、*Auld Lang Syne*）
14:45 ～ 15:00	閉会式

　英語らしい発音にはさまざまな要素が関わる。もちろん、個々の母音や子音を発音する際に、唇や舌などの調音器官をどのように構えたり動かしたり、息をどこからどのように出すかという調音も重要であるが、それと同様、あるいはそれ以上に重要なのが、リズム（rhythm）とイントネーション（intonation）である。10 章では、GDM による指導において特に押さえておきたいリズムとイントネーションに関する基本的事項を、*English Through Pictures*（EP）の英文を中心に解説する。リズムについては中郷、イントネーションについては伊達が執筆を担当し、近藤が 10 章全体の内容の確認と調整にあたった。つまり、本章は GDM 英語発音ワークショップ講師陣の共同作業による。

10.1　英語のリズム

　10.1 節では、英語のリズムの特徴を、日本語と対比させながら段階的に見る。発音の表記には、アメリカ英語の標準的な発音のみを記載する。

10.1.1　英語の単語と強勢

　一般的な学習英和辞典において、orange という語の見出しは or·ange、その発音は [ɔ́ːrɪndʒ] と表記される。見出しの or- と -ange の間にある点 (·) は音節（syllable）の境界を示す。つまり、orange は 2 つの音節から構成される。音節とは、母語話者がひとまとまりとして認識する音声上の単位のことで、原則として、1 つの音節には必ず 1 つの母音があり、母音の前後にはいくつかの子音が連なることができる。母音の前と後ろにそれぞれいくつの子音が連続して連なることができるかは、言語によって異なる。英語では、母音の前には最

大 3 つの子音（例：spring [sprɪŋ], street [striːt]）が、母音の後ろには最大 4 つ
の子音（例：prompts [prɑːmpts], texts [teksts]）が連なることができる。ある
単語の音節数を知るためには、基本的には、その単語に含まれている母音の数
を数えればよい。orange という 2 音節の単語には、[ɔː] と [ɪ] という 2 つの母
音が含まれる。（ただし、apple [ǽpl̩] の [l̩] や rhythm [ríðm̩] の [m̩] のように、
子音であっても音節を形成することができる成節子音と呼ばれるものがある。
[l̩], [m̩] の下にある補助記号 [ˌ] は、当該の子音が成節子音となることを表す。
apple と rhythm には母音が 1 つしかないが、これらはいずれも 2 音節の単
語である。一般的な学習英和辞典では、apple と rhythm の発音はそれぞれ、
[ǽp(ə)l], [ríð(ə)m] と表される。）

　英語の "orange" と日本語の「オレンジ」という 2 つの単語の発音を比較し
た場合、どの部分がどのように目立っているかが異なることに気づく。つまり、
英語の orange では、or- という第 1 音節が -ange という第 2 音節に比べてよ
り強く発音されることによって目立っているのに対して、オ<u>レ</u>ンジや<u>ミ</u>カンと
発音される日本語では「レ」や「ミ」がほかの部分よりも高いことによって
目立っている。このように、単語の中である特定の部分が目立っていることを、
そこに**アクセント**（accent）があるという。

　英語と日本語では単語におけるアクセントの付与の仕方が異なる。つまり、
英語は強勢（stress）によってアクセントが付与される**強さアクセント言語**で
あるのに対して、日本語は人間が感知する音の高低、すなわちピッチ（pitch）
によってアクセントが付与される**高さアクセント言語**である。

　英語の単語の強勢について注意しなければならないことが 2 つある。1 つ目
は、orange という単語を発音する場合、強勢のある or- の音節は、強勢のな
い -ange の音節に比べて、ただ単に強いだけでなく、高くもあるし、長くもあ
るということである。注意しなければならないもう 1 つのことは、<u>強勢はアク
セントが付与される音節全体に置かれる</u>のであり、その音節中の母音のみに置
かれるわけではないということである。

　一般的な英和辞典では、第 1 強勢を [́] で、第 2 強勢を [̀] で表し、例えば、
Japanese という語の強勢を [dʒæpəníːz] や Jàpanése のように表記する。英語
の単語の発音の記述に特化した *Cambridge English Pronouncing Dictionary*
（EPD）や *Longman Pronunciation Dictionary*（LPD）などの発音辞典では、
Japanese の発音は [ˌdʒæpəˈniːz] と表記され、音節全体に強勢があることが示

されている。本稿では、語の強勢を表す場合に、Japa nese のように表記する。

10.1.2 英語の文のリズム

前節では、英語と日本語は、単語レベルでは強さアクセント言語と高さアクセント言語という違いがあることを見た。この節では、英語と日本語が文レベルでどのように異なるかを見ることにしよう。発話においては、周囲の音や音節に比べて顕著で目立っている（つまり**卓立**（prominence）をもつ）ものが、時間軸上においてほぼ等間隔に現れる。これが**リズム**（rhythm）である。リズムを形成する単位は言語により異なり、英語では強勢音節が、日本語ではモーラ（mora）が担う。モーラとは、俳句で 5・7・5、短歌で 5・7・5・7・7 と音を数える場合の数え方と思えばよい。（1）は、**強勢拍リズム**（stress-timed rhythm）の英語と、**モーラ拍リズム**（mora-timed rhythm）の日本語の違いを模式的に表したものである。（1a）の○という記号は plan-, fly という音節が強く長く発音されることを表し、一方、。という記号は I, am, -ing, to, -don という音節が弱く短く発音されることを表す。London の第 1 音節に付けられている記号◎は、○の音節よりもさらに長く強く発音され、声の高さの変化がある。このような音節は、**主調子音節**（tonic syllable）または**核音節**（nuclear syllable）と呼ばれる。詳しくは、イントネーションを論じている 10.2 節を参照のこと。

(1) a.　I am planning to fly to London.
　　　　。。　　○。　　。○。　◎。

　　b.　ロンドンにひこーきでいくつもりです。^{（ロンドンに飛行機で行くつもりです。）}

英語は（1a）のように、強勢がほぼ等しい時間的間隔（タイムスパン）で現れる。（ただし、強勢拍リズムと言っても、メトロノームで測ったように、まったく等間隔に強勢が現れるわけではない。）これに対して日本語は、（1b）のように、それぞれのモーラが、ほぼ同じ長さ、強さで発音される。（「ひこーき（飛行機）」の長音「ー」や、「ロンドン」の撥音「ン」のほか、「コップ」の促音「ッ」を 1 つと数えるのがモーラと音節の違いである。したがって、「コットンボール」のモーラ数は 7、音節数は 4 である。また、ice（氷）[aɪs] という単語における二重母音 [aɪ] は英語では 1 つの母音と数えられ、ice は 1 音節であるが、日本語の「アイス」の連母音「アイ」は 2 モーラに数えら

284

れるため、「アイス」は 3 モーラである。)

10.1.3　内容語と機能語

（1a）では、planning, fly, London という単語（の強勢のある音節）が強く長く発音されることによって強勢拍リズムが生まれているが、なぜ、こうした語が強く長く発音されるのであろうか。多くの英語学習者は、しばしば、これらの語が「重要である」、「強調されている」と考えるが、こうした語が強く長く発音されるのは、これらの語が重要であるわけでも強調されているわけでもなく、これらの語が動詞、名詞といった意味内容の豊かな語であるからである。ここで非常に重要なのが、名詞・動詞・形容詞・副詞など単独で用いられても語彙的な意味を持つ**内容語**（content word）と、冠詞、人称代名詞、前置詞、接続詞、助動詞、関係詞など単独で用いられた場合に語彙的意味をほぼ持たず文法的機能を有する**機能語**（function word）の区別である。（1a）では、動詞 planning, fly、名詞 London が内容語で、人称代名詞 we、be 動詞 are、前置詞 to が機能語である。文において強勢を受けやすい語と強勢を受けにくい語は（2）のようにまとめられる。

> （2）a.　強勢を受けやすい語
>
> 　　　名詞、動詞、形容詞、副詞、指示代名詞（this, that など）、疑問詞、数詞、否定辞など
>
> 　　b.　強勢を受けにくい語
>
> 　　　冠詞、人称代名詞、前置詞、接続詞、助動詞、関係詞、be 動詞、存在文の there など

次に、（2）をもとに EP で見られる文のリズムがどのようになるかを、（3）で具体的に見てみよう。

> （3）a.　The man will give his hat to the woman.　　　　[EP1: 20]
> 　　　　○　◯　○　◯　○　◯　○　　◎　○
>
> 　　b.　The woman will put the hat on the table.　　　　[EP1: 21]
> 　　　　○　◯　○　○　◯　○　◯　○　◎　○
>
> 　　c.　This is Mary who made the soup.　　　　[EP1: 111]
> 　　　　◯　○　◯　○　○　　◯　○　◎

（3a-c）から明らかなように、原則として、文（あるいはひとまとまりに読まれる単位）の最後に現れる内容語の第 1 強勢がある音節が◎で表される主調子音節（核音節）となる。ここで、（3）に現れる助動詞 will の発音について、特に注意すべきことがある。一般的な学習英和辞典では、will の発音は [wəl,《強》wɪl] のように表記されるが、《強》は強形（strong form）の発音を表す。強形の発音は、will のみを単独で発音する場合や、（4）のように will が強調や対比を表す場合や、will が文末に現れる場合に用いられ、（3）のような位置では弱形（weak form）の発音 [wəl] が用いられる。つまり、機能語である will が強勢を受けて強形で発音されるのは非常に限定的であり、通常は弱形 [wəl] で発音される。will の発音がさらに弱くなると、[wl̩, l̩]（一般的な英和辞典での表記では [w(ə)l, (ə)l]）となる。

（4）a. I *will* do it!（強調）

b. I do not know if I will or not.（対比）

c. Yes, I will.（文末）

同様に、（3a）の前置詞 to は強形の [tuː] ではなく、弱形の [tə] で発音される。（ただし、to open など to が母音の前に生起する場合には [tu] と発音される。[u] は situation [ˌsɪtʃuˈeɪʃn̩] や thank you [ju] などに見られ、[uː] よりも弱い母音である。）助動詞 can も、通常は強形の [kæn] ではなく弱形の [kən] で発音される。ここで、気づかなければならないのが、will, to, can の弱形 [wəl], [tə], [kən] には、共通して [ə] という母音が現れるということである。[ə] はあいまい母音やシュワー（schwa）と呼ばれ、口の開きは大きくも小さくもなく、唇や舌などの調音器官の緊張を伴わない弱く短い母音である。（2b）で見た強勢を受けにくい語には、冠詞 a [ə], an [ən], the [ðə]、人称代名詞 her [hər], your [jər]、前置詞 at [ət], for [fə], from [frəm], of [əv]、接続詞 and [ən], but [bət]、関係代名詞 that [ðət]、be 動詞 am [əm], are [ər], was [wəz], were [wər]、存在文の there [ðər] など、あいまい母音 [ə] を含むものがきわめて多い。（5）は、こうした語の具体例の一部である。文末に生起する場合を除き、弱形で発音されていることに注意しよう。

（5）a. 'a', 'an' 子音の前で弱形 [ə] This is a man. [EP1: 8]

母音の前で弱形 [ən] This is an arm. [EP1: 25]

b. 'the' 子音の前で弱形 [ðə] This is the thumb. [EP1: 10]

母音の前で弱形 [ði] This is the other eye. [EP1: 40]

c.	'from'	弱形 [frəm]	We get wood from trees.	[EP2: 120]
		文末では強形 [frɑm]	Where do we get wood from?	[EP2: 118]
d.	'am'	弱形 [əm]	I am here.	[EP1: 4]
		文末では強形 [æm]	She says, "Here I am."	[EP1: 69]
e.	'are'	弱形 [ər]	Where are your scissors?	[EP2: 50]
		文末では強形 [ɑːr]	Here they are.	[EP2: 50]

　すでに説明したように、英語は強勢拍リズムの言語であり、強勢が比較的規則的に現れることによってリズムが作られるが、弱く短く発音される部分があってはじめて、強く長く発音される部分がリズムを作り出していることが感じられる。助動詞 will や can が [wɪl] や [kæn] と発音されることはほとんどないため、will や can が [wɪl] や [kæn] と発音されると思い込んでいる学習者は、いつまで経っても [wəl], [kən] と発音される will, can を正しく聞き取れないことになる。多くの英語学習者がリスニングを不得手とする理由の一つは、このようなところにもある。学習者に（3a）のような文を指導する際には、the は [ðiː]、will は [wɪl]、to は [tuː] のように強形発音すると誤って教えてしまわないよう、くれぐれも留意したい。

10.1.4　英語の句と複合語の強勢

　これまでは、内容語と機能語の区別に基づき、英語には強く長く発音される語と、弱く短く発音される語があることを見てきた。では、（6）の salt taste, sweet smell のように、形容詞と名詞という 2 つの内容語が連続して生起する場合の両者の相対的な強勢関係はどのようになっているのであろうか。salt taste や sweet smell という名詞句において、意味的・統語的中心となっている、つまり主要部であるのは、後ろの名詞である。形容詞は名詞を修飾しているに過ぎない。名詞句においては、主要部である名詞の方が、形容詞に比べるとやや強く長く発音され、ˌsalt ˈtaste や ˌsweet ˈsmell となる。

（6）a.　Salt has a salt taste.　　　　　　　　　　　　　　[EP2: 123]
　　 b.　Some flowers have a sweet smell.　　　　　　　　[EP2: 124]

では、名詞句以外の句はどのように発音されるのだろうか。例えば、（7a）の形容詞句 very warm では、very に比べると warm の方がやや強く長く ˌvery ˈwarm のように発音される。また、同じく（7a）の goes up は動詞 go と副詞 up から構成される句動詞であるが、ここでも後ろの up の方が強く長く ˌgoes

287

ˈup と発音される。さらに、（8a）の ˌsee the ˈhat や（8b）の ˌtake the ˈhat などの動詞句においても、後ろの名詞の方が動詞よりも強く長く発音される。つまり、句は一般的に、後ろの要素が前の要素に比べて強く長く発音されるという特徴を持つ。ただし、（8c）のような**出来事文**（event sentence）においては、初出の名詞 wind の方が動詞 came よりも強く長く発音される。出来事文については 10.2.8（2）で詳しく見る。

（7）a.　The air over the flame is very warm. It goes up.　　　　[EP1: 96]

　　　b.　This is the icebox. It has ice in it.　　　　[EP1: 96]

（8）a.　She will see the hat.　　　　[EP1: 64]

　　　b.　She will take the hat in her hand.　　　　[EP1: 66]

　　　c.　The wind came.　　　　[EP1: 75]

　次に、（7b）の icebox がどのように発音されるかを考えてみよう。icebox は、ice と box という 2 つの単語（要素）から構成されているが、icebox が salt taste や sweet smell といった名詞句と異なるのは、icebox という語全体の意味が、ただ単に ice と box の意味を合わせたものではなく、icebox という 1 つの語となってはじめて「冷蔵庫」という意味となることである。このような語を**複合語**（compound）と呼ぶ。複合語の発音上の特徴は、後ろの要素より前の要素を強く長く発音する《強・弱》の構造を持つことである。この点が、《弱・強》の構造を持つ句と異なる。同じ 2 つの要素から構成される句と複合語の例と意味および発音の違いを（9）で確認しておこう。複合語の第 1 要素と第 2 要素の間には、White House のようにスペースが入るものもあれば、blackboard のようにスペースが入らないものもある。

（9）a.　a ˌwhite ˈhouse（白い家）　　　　　the ˈWhite House（大統領官邸）

　　　b.　a ˌblack ˈboard（黒い板）　　　　　a ˈblackboard（黒板）

　　　c.　a ˌsmoking ˈroom（煙っている部屋）　a ˈsmoking room（喫煙室）

　　　d.　a ˌwoman ˈdoctor（女医）　　　　　a ˈwoman doctor（婦人科医）

　　　e.　an ˌEnglish ˈteacher（イギリス人教師）an ˈEnglish teacher（英語教師）

　複合語は一般的には《強・弱》の強勢パターンを持つが、（10a）のように第 1 要素が素材や材料を表す場合は、《弱・強》の強勢パターンを持つ句型となる。ただし、（10b）のように第 2 要素が cake, juice, water の場合は、複合語型の強勢パターンとなる。また、（10c）のように通りや広場などの名称の多くは句型の強勢パターンとなるが、第 2 要素が street である場合は（10d）のように

複合語型の強勢パターンとなる。

　（10）a.　a ˌrubber ˈduck, ˌham ˈsandwiches, ˌapple ˈpie, a ˌsilver ˈring

　　　　b.　ˈcheesecake, ˈorange juice, ˈmineral ˌwater

　　　　c.　ˌPeter's ˈAvenue, ˌAbbey ˈRoad, ˌKing's ˈCross, ˌOxford ˈCircus, ˌOxford ˈSquare

　　　　d.　ˈBaker Street, ˈOxford Street

（10）に示した強勢は EPD や LPD などの発音辞典の記載に基づくが、複合語の強勢パターンについてはネイティブスピーカーの間でも意見が分かれる場合がある。アメリカ英語とイギリス英語で強勢パターンが異なる《米》ˈweekend と《英》ˌweekˈend のような例もある。従来、アメリカ英語では ˈice ˌcream が、イギリス英語では ˌice ˈcream が優勢であると言われてきたが、近年、イギリス英語でも ˈice ˌcream が増加しているという指摘もある。このように、複合語の強勢は大変複雑であり、複合語の発音を不安に思う場合は発音辞典を参照したり、ネイティブチェックを行ったり、インターネット上の音声や動画をチェックしたりして、多角的に確認する必要がある。

10.1.5　強勢衝突と強勢移動

　句と複合語の具体例を EP の英文 (11) をもとにさらに見てみよう。（11a）の ˌgetˈcotton と（11c）の ˌdifferent ˈsorts は句である。（11a）の ˈcotton plant と（11d）の ˈsilkworm（カイコ）は複合語である。では、（11b）の名詞句 soft white hair はどのように発音すればよいのだろうか。

　（11）a.　We get cotton from the cotton plant.

　　　　b.　Cotton is the soft white hair round the seeds of the plant.

　　　　c.　These are different sorts of seeds.

　　　　d.　We get silk from the silkworm.

[EP2: 101]

soft white hair を構成する 3 語はいずれも 1 音節の内容語である。この名詞句を ○ ○ ○ と発音してしまうと、強勢と強勢が連続して生起してしまう。このように強勢がぶつかり合ってしまうことを**強勢衝突**（stress clash）と呼ぶ。これを回避するためには、white の強勢をいわば「格下げ」して無強勢にする必要がある。つまり、○ ○ ○ と発音するのではなく○ 。 ○ と発音することによって、強勢が等間隔に現れるようにするのである（図 1 参照）。（11b）の

soft white hair は名詞句であるため、3 語のうちもっとも強く発音されるのは主要部の hair である。したがって、ˌsoft white ˈhair という発音となる。同様のことが、ˌJapaˈnese に car が後続し、Japanese car という《弱・強》の強勢パターンを持つ句になる場合にも見られる。つまり、Japaˌnese ˈcar と発音すると、Japanese の第 3 音節 -nese と後続する car の間で強勢衝突が起こる。この強勢衝突を回避するためには、Japanese の強勢を第 1 音節に移動させ、ˌJapanese ˈcar とする必要がある。このように強勢衝突を回避するために、語のもともとの強勢位置を変えることを**強勢移動**（stress shift）と呼ぶ。強勢衝突は、強勢が隣接する場合に起こるため、ˌthirteen ˈpeople では強勢移動が起こるが、thirˌteen deˈpartments（13 学部）では強勢移動が起こらない。

図 1　強勢衝突と強勢移動

本来、強勢を持つ 3 つの要素が列挙された場合、真ん中の要素が「格下げ」される**三連規則**（rule of three）と呼ばれる現象も、強勢移動とまったく同じ原理によるものである。三連規則の具体例を（12）で確認しておこう。

(12) a.　ˈAˈBˈC　　　　　　→　　ˈABˈC

    b.　ˈoneˈtwoˈthree　→　　ˈone twoˈthree

    c.　ˈGˈDˈM　　　　　→　　ˈGDˈM

10.1.6　焦点と対比強勢

句がどのような場合も常に《弱・強》の強勢パターンを持つわけではない。very strong という句は、通常であれば ˌvery ˈstrong となるが、模型の家の屋根の強度に関する（13）の対話においては、（13B）の very strong は ˈvery ˌstrong となる。それは、（13A）の発話で strong という語がすでに現れており、（13B）の発話の時点では strong は旧情報（old information）となっており、新情報（new information）、つまり**焦点**（focus）は strong ではなく very にあるからである。

（13）　A:　Is it strong?

　　　　　B:　Oh yes, it is *very* strong.　　　　　　　　　　　　　[EP2: 41]

ここで（14a）として繰り返した（1）では、3つの内容語の強勢のある音節のうち、planning（の第1音節）と fly には○を、文末の内容語 London（の第1音節）には◎を付した。これが英語ではデフォルトの（中立的な）発音である。このように、英語では通常、文の末尾に焦点が現れるという特徴があり、これを**文末焦点**（end-focus）の原則と呼ぶ。しかし、文脈によって、「（ほかの交通機関ではなく）飛行機（で行く）」や「計画している」などほかの要素に焦点を置く必要がある場合には、当然、（14b）のように fly や（14c）のように planning（の第1音節）に◎が付され、London（の第1音節）には○が付される。文脈によっては、焦点は内容語だけではなく、機能語に置かれる可能性もある。例えば、（14d）では主語の代名詞 I に焦点がある。文における情報の新旧や焦点という概念はイントネーションを考察する上でも非常に重要である。焦点については 10.2.7 も参照のこと。

（14）　　　　I　am　planning　to　fly　to　London.

　　　a.　　○ ○　　◯ ○　　○ ◯ ○　　◎ ○

　　　b.　　○ ○　　◯ ○　　◎ ◯ ○　　◯ ○

　　　c.　　◎ ○　　◯ ○　　○ ◯ ○　　◯ ○

　　　d.　　◎ ○　　◯ ○　　○ ◯ ○　　◯ ○

（15）の high building は通常の句の強勢パターンを持ち ｜high ｜building となるが、low building は building が旧情報であることに加え、low が high と対比・対照されていることから low に強勢が置かれ ｜low ｜building と発音される。（16）の a great amount of money もこれと似た例である。この句は、通常であれば great に比べて amount がより強く発音され、句全体では money がもっとも強く発音される。しかし、こうした句が（16）のように "Amount? One dollar is a small amount of money." という発話の後ろに生起した場合は、amount は旧情報となり、great に**対比強勢／対照強勢**（contrastive stress）が置かれ、｜great amount of ｜money と発音される。なお、（16）の small amount of money は、｜small amount of ｜money と発音される可能性が高い。しかしながら、money は dollar から連想される語であることから、｜small amount of ｜money と発音することも可能である。EP では、"This is a narrow street. This is a wide street." や、"This baby is one year old. This boy is ten years old." のように、（16）の small と great のような対比・対照を表す例も多く、このような場合は通常の句の強勢パターンが適用されないため、発音上の注意が必要である。こうした例では、ˈwide ˌstreet, ˈten years ˌold と発音される。（6a）では "Salt has a salt taste." という例を見たが、EP でこの直後に出てくる "Sugar has a sweet taste." では、ˈsweet ˌtaste と発音するのが適切である。

（15）This is a high building. It is a church. This is a low building.　　　　[EP2: 133]

（16）Amount? One dollar is a small amount of money.

　　　A million dollars is a great amount of money.　　　　[EP2: 97]

（17）の It wasn't strong. もまた対比強勢の一例である。この文が単独で発話された場合は strong がもっとも強く発音されるが、「あなたはそれ（＝屋根の模型）が頑丈だと言った。しかし（実際には）頑丈ではなかった」という（17）のような文脈においては、通常は強勢が置かれることがない be 動詞の wasn't に対比的な強勢がある。

（17）But you said, "It is very strong." It wasn't strong.　　　　[EP2: 42]

　対比強勢によって、語の本来の強勢位置が変わることもある。（18）を見てみよう。

（18）a.　Learning to read Chinese is much harder than learning to read English.

　　　　　　　　　　　　　　　　　　　　　[EP3: 60]

　　　b.　I am learning Japanese, not Chinese.

（18a）では Chinese と English を聞き間違える可能性はなく、Chinese は本来の強勢位置で ˌChiˈnese と発音される。しかしながら、（18b）を "I am ˈlearning ˌJapaˈnese, not ˌChiˈnese." と発音していては、第一強勢のある音節が同じ [niːz] という発音の Japanese と Chinese の意味の違いが聞き手に明確に伝わりにくい。このため、「中国語ではなく日本語を学んでいる」ということを伝えるためには、前節で見た強勢移動を Japanese と Chinese に適用し、"I am ˈlearning ˈJapanese, not ˈChinese." のように発音する。

10.2　英語のイントネーション

　音楽にリズムやメロディーがあるように、話し言葉にもリズムやメロデイー

がある。リズムは音の強弱の相互作用によって作られ、メロディーは音の高低によって作られる。イントネーションとは、話し言葉のメロデイーのことである。イントネーションはどの言語にも存在し、コミュニケーションにおいて非常に重要な役割を果たす。イントネーションの多くは、すべての言語に共通するユニバーサルなものであるが、同時に、各言語に固有の特徴も備えている。換言すれば、その言語らしさを出しているのもイントネーションである。

10.2.1　音調単位、核強勢、音調

　人がもの言えば、必ず**声の高さ**、つまりピッチが上下に変化する。ただし、ピッチが絶えず変化しているからといって、何も出鱈目に変化するのではなく、ネイティブスピーカーの間で暗黙に了承された法則に沿って変化する。イントネーションとは、話すときの声のピッチの上昇と下降のことである。

4	Extra high			
3	High		a	PAR-
		GO	to	
2	Mid	LET'S		ty
1	Low			to-
				night.

Celce-Murcia *et al.*, *Teaching Pronunciation*, 2nd edition (2010: 251)

　英語の話者は、話すときに 3 つの決定を瞬時に行っている。① 発話をいかに分割するか、換言すれば、どのように**音調単位**に分割するか、② 音調単位の中のどの語をもっとも強調して言うか、換言すれば、どの語に**核強勢**を置くか、③ どの音調を使うか、換言すれば、下降調（fall）、上昇調（rise）、下降上昇調（fall-rise）、その他の音調の中でどれを**核音調**として使うかである。

10.2.2　音調の種類

　音調単位とは、1 つの音調（下降、上昇調、下降上昇など）で言われる発話のことである。短い文は、通例、1 つの音調単位に相当する。

fall	rise	fall-rise
↘	↗	↘↗

・下降調：「完結」、「断定」の心的態度を表す。情報を事務的に伝える叙述文、WH 疑問文、命令文、感嘆文で用いられることが多い。

293

・上昇調：「不確実」、「未完結」、「非断定」の心的態度を表す。yes-no 疑問
　　　　　文や文の途中で使われる。また、柔らかな命令文、激励的な助言、
　　　　　依頼、勧誘、挨拶にも用いられる。
・下降上昇調：「不確実」、「未完結」、「非断定」の心的態度を表したり、言
　　　　　　　外の含みを持たせたりする。また、警告や対比にも用いられる。

　なお、下降上昇調は、上昇調の一種であると見なされ、意味と用法の点で共
通点が多い。むしろ、下降上昇調のほうが、より強調的であると言える。注意
するべきは、これらの3つの音調は、特定の種類の文に固有のものとして定
まっているのではないということである。実際の発話におけるさまざまな状況
に応じて、また、話し手の意図や心情に応じて、音調の型が決まる。

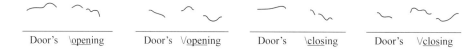

これらは、ロンドンのエレベーターで採取されたアナウンスである。下降調
は事務的・淡々としたアナウンスであり、一方、下降上昇調は警告（「ドアが
開く／閉まるので気を付けてください」）という含みを持つ。

10.2.3　文強勢

　文強勢は、音調単位中の重要な語を強調することに関わり、通例、内容語が
文強勢を受ける。「強調」には3要素 — 声の高さの変化、長さ、大きさ — が
相互作用するが、特に、高さの変動と長さが重要である。なお、文強勢は、単
語の強勢（**語強勢**）と区別される。語強勢は、単語中の特定の音節を強調する
ことに関わる。なお、中学校・高等学校の英語の授業で用いられる「アクセン
ト」は、語強勢のことである。

10.2.4　核強勢

　Λ:　What's new?
　B:　I am planning to fly to London.
　ここでは new と Lon- が主調子音節／核音節である。これらは、話者がもっ
とも伝えたい情報（領域）の中核となる音節である。このような音節は、核強
勢を受けるという言い方をする。すべての文には少なくとも1つの核強勢が

ある。10.1.3 の（3）で述べたように、原則として、核強勢は文（ひとまとまりに言われる音調単位）の最後にある内容語の強勢音節に来る。換言すれば、核強勢は、文の最後にある文強勢のことである。核強勢のあるところで、声の高さに際立った変動が起こる。10.2.1 で示した図における Let's go to a party tonight. では、Let's, go, party が文強勢を受け、最後の party が核強勢を受ける。なお、文末に来る tonight, today, yesterday, now などの**時の副詞**は、通例、文強勢を受けない。

10.2.5　核音調

　核強勢を起点として始まる下降、上昇、下降上昇などの調子は、核音調と呼ばれる。下降調について留意するべきことがある。下降調は、強勢音節のところで声がいきなり下降方向に転じるのではなく、多くの場合、直前に声がそこに向けていったん上昇し、それ以降に下降に転じる。10.2.1 で見た party は下降の核音調であるが、実際には、声は party の語頭に向けていったん step up してから下降に転じていることが図示されている。次の図でも、下降する前に step up が見られることを確認しよう。

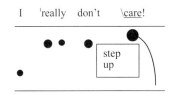 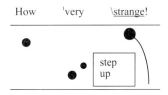

Wells, J. *English Intonation* (2006:18)

10.2.6　新情報 vs. 旧 / 既知情報

　文を伝達する際には、新情報を伝える部分（領域）は**焦点**となり、その部分の末尾の内容語が核強勢を受ける。一方、旧 / 既知情報の語は焦点にはならない。以下では、斜体部は新情報を示し、大文字部は核強勢を受ける語を示す。

① A: So what's new?

　B: *John phoned JANE.*（文全体が新情報）

② A: What did John do?

　B: John *phoned JANE.*

③ A: Who did John phone?

　B: John phoned *JANE.*

④ A: How did John tell Jane?

　　B: John *PHONED* Jane.

⑤ A: Who phoned Jane?

　　B: *JOHN* phoned Jane.

10.2.7　対比強勢

　対比強勢については、すでに 10.1.6 で詳細な解説を行っている。特定の文脈を加味していない中立的な（デフォルトの）文では、末尾に情報の中核となる焦点が来る（**文末焦点**）。換言すれば、そこに核強勢が来る。しかし、*English Through Pictures*（EP）では、文末焦点から逸脱した文が非常に多く、核強勢は文末から前の方に移動する。多くの場合、焦点のある語は、他と対比されている。以下では、EP からの例を検証する。その際、文強勢を受ける音節の直前に記号 [˺] を付記し、核強勢を受ける語には音調と下線を付す。（ただし、核強勢を受ける語は必ず文強勢を受けるため、記号 [˺] を省略する。）

a.　You are ↘ <u>here</u>. ↘ <u>We</u> are here.

　　または、↘↗<u>We</u> are here.（you との対比を強調する）

[EP1: 6]

b.　We are ↘ <u>here</u>. ˺They are ↘ <u>there</u>.

　　または、↘↗<u>They</u> ˺ are ↘ <u>there</u>.（we との対比を強調する）

[EP1: 6-7]

c.　˥This is my ↘<u>hat</u>.　˥That is ↘<u>his</u> hat.

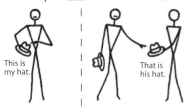

This is
my hat.

That is
his hat.

[EP1: 12]

d.　His ˥hat is on his ↘<u>head</u>.　˥Her hat is in her ↘<u>hand</u>.

His hat is
on his head.

Her hat is in
her hand.

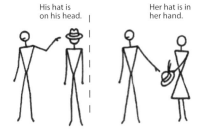

[EP1:12]

e.　˥This is a ↘<u>glass</u>.

　　It is ˥on the ↘<u>table</u>.

　　　↘↗Now ｜ the ˥glass is ↘<u>off</u> the table.

　　または、　↗Now ｜ the ˥glass is ↘<u>off</u> the table.

This is a glass.
It is on the table.

Now the glass is off
the table.

[EP1: 23]

　　注1：on が文強勢を受ける理由は、文を強弱リズムに乗せ口調をよくするためで
　　　　　ある。
　　注2：off は、on との対比を示すために核強勢を受ける。
　　注3：文頭の「時の副詞」now は、独立した音調単位を構成する。

f.　He will ˥take his ˥hat off his ↘<u>head</u>.　　（一気で言う場合で faster tempo）

　　He will ˥take his ↗hat ｜ ˥off his ↘<u>head</u>.
　　He will ˥take his ↘↗hat ｜ ˥off his ↘<u>head</u>.　　｝（slower & more deliberate tempo）

He will take his hat off his head.

[EP1: 16]

注１：slower and more deliberate tempo の場合、2 つの音調単位で言われる。

注２：音調単位の冒頭にある前置詞は、しばしば文強勢を受ける。

g. He is ↘taking his hat off his head.

He is taking his hat off his head.

[EP1: 16]

注： ta- より後ろの部分（尾部）は、下降調の終結部を受け継ぎ、低く発音される。必ずしも、尾部を弱く言う必要はない。尾部には独自のピッチ変化が起こらない。

h. His ⏐hat is in his ↘hand. It ⏐was on his ↘head.

または、It ↘↗was ⏐ on his ↘head.（is と was との対比を強調する）

He ⏐took his hat ↘off.

His hat is in his hand. It was on his head.

He took his hat off.

[EP1: 16]

i. ⏐This is a ⏐woman's ↘hat. It is on a (⏐)woman's ↘head.

↗Now ⏐ it is in the (⏐)woman's ↘hands.

または、↘↗Now ⏐ it is in the (⏐)woman's ↘hands.

It is ⏐in her ↘hands.

This is a woman's hat.
It is on a woman's head.

Now it is in the woman's hands.
It is in her hands.

[EP1: 18]

j. The ⌐man will ⌐go to his ↘house. He is ↘going to his house.
   The ⁽'⁾man ↘went to his house. He is ⌐there. He ↘went there.
   He was ↘here. または、He ⌐was ↘here.

[EP1: 29]

k. ⌐What is the ↘time? The ⌐time is ↘two.
   It ⌐was ↘one. It ⌐will be ↘three.

[EP1: 35]

l. ⌐Mary ↘Smith ⌐ is ⌐not in the ↘room.（2 つの音調単位）
   She ↘was in the room. She ⌐went ↘out of the room.

[EP1: 89]

注：　Mary Smith は初出の名前であり下降調となる。もしすでに文脈にある
　　　名前ならば、⌐Mary ⌐Smith is ⌐not in the ↘room.（1 つの音調単位）と
　　　なる。

m. ⌐John is in his ↘seat. They are ⌐in their ⌐seats at the ↘table.
   ↗Now ⌐ they are ⌐taking their ↘soup.

または、↘↗Now ｜ they are ｜taking their ↘soup.

John is in his seat.
They are in their seats
at the table.

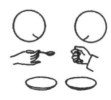

Now they are taking their
soup.

[EP1: 78-9]

n.　He is ｜giving a ｜push to the ↘door. The ｜door is ↘open now.

He is giving a push to the
door.
The door is open now.

[EP1: 59]

注：文末の now は「時の副詞」で、通例、文強勢を受けない。

以下は、EP 以外からの例である。

a.　｜Put it ｜under the ↘desk, ｜ ｜not ↘on the desk.

b.　A:　I ｜have a ｜bad ↘cold.

　　B:　You should ｜see a ↘doctor.

　　A:　I ↘have seen my doctor already.

注：have 以降の尾部は、下降調の終結部を受け継ぎ低く発音される。

c.　A:　⁽¹⁾Shall we ｜go there on ↗foot?

　　B:　↘Yes, ｜ I ↘love walking.

注：walking（散歩）は go on foot（歩いて行く）の言い換え。

d.　A:　⁽¹⁾Can I ｜offer you a ｜piece of ↗cake?

　　B:　↘Sorry, ｜ I ｜don't ↘like sweets.

注：sweets（甘い菓子）は cake（ケーキ）の言い換え。

e.　A:　｜What's the ↘matter? You ｜look ↘pale.

　　B:　I've ｜seen a ↘ghost.

　　A:　There's ｜no such ↘thing as a ghost.

　　B:　But I've ↘seen a ghost.

　　A:　↘No, ｜ you ↘haven't seen a ghost. It was your imagi↘nation.

　　B:　｜Oh ↘yes. I ↘have seen a ghost.

300

A:　↘Nobody has seen a ghost.

B:　↘I have seen a ghost.

10.2.8　否定文と名詞優先

（1）否定文

　次の絵は、学習者にとって分かりやすいように提示されている。どの語がもっとも強調されて発音するべきか、つまり、どの語とどの語とが対比されているかが容易に推測できる。

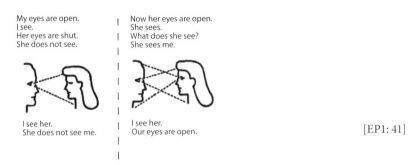

My eyes are open.
I see.
Her eyes are shut.
She does not see.

I see her.
She does not see me.

Now her eyes are open.
She sees.
What does she see?
She sees me.

I see her.
Our eyes are open.

[EP1: 41]

My ˈeyes are ↘open.

I ↘see.

ˈHer eyes are ↘shut.

She does ↘not see.

↘↗Now ｜ her ˈeyes are ↘open.

または、↘↗Now ｜ ˈher eyes are ↘open.

She ↘sees.

ˈWhat does she ↘see?　(↘What does she see? — possible, but rare)

She ⁽ˈ⁾sees ↘me.

ˈI see ↘her.

Our ˈeyes are ↘open.

ところが、以下のような否定文（斜体部）では日本人学習者の多くがイントネーションを間違う。

a.　A:　What is your job?

　　B:　*I don't have a job.*

b.　A:　Have some more milk.

B: *I don't want any more milk.*

c. A: Why don't you invite John to the party?

　 B: *Because I don't like John.*

日本人学習者は、否定語 don't をもっとも強調して発音してしまう。（*は不適切なイントネーションであることを示す。）

  * I ↘<u>don't</u> have a job.

  * I ↘<u>don't</u> want any more milk.

  * I ↘<u>don't</u> like John.

正しいイントネーションは以下の通りである。

  I ˈdon't ↘<u>have</u> a job.

  I ˈdon't ↘<u>want</u> any more milk.

  I ˈdon't ↘<u>like</u> John.

　日本語では、否定語が文末に来るため、もっとも重要であると感じられ、そのような心理が英語の否定文の発音に影響を与えるのだろう。英語では、文脈を考えて、どの語をもっとも強く言うかを考えなければならない。文中でどの語がもっとも強調して発音されるか、言い換えれば、どの語に核が来るかを見つける単純な方法がある。それは、<u>右端ルール</u>に従うことである。核は、多くの場合、文の末尾 — 右端 — に来るが、もし右端の内容語が反復語や旧情報であるならば、そこから 1 語ずつ前へ（左へ）さかのぼる。もし途中に機能語があれば、それを無視して、さかのぼっていく際に「最初に出合う」内容語が、核を受ける最有力候補になる。このように、核の配置の規則は、実に単純である。要は、<u>話者の意図が文を否定することであっても、否定語・否定表現の後に現われる新情報の内容語を無視してはならない</u>。では、次の 3 つの斜体部の否定文を考えてみよう。

① A: Please sign your name here.

　 B: Sorry, *I ˈdon't* ^(ˈ)*have a* ↘<u>*pen.*</u> May I borrow one?

② A: Please sign your name here.

　 B: OK. Would you lend me a pen?

　 A: Sorry. I *don't* ↘<u>*have a pen.*</u>

③ A: Please sign your name here. Do you have a pen?

　 B: No, I ↘<u>*don't have a pen.*</u> May I borrow one?

①、②、③は文脈が異なるため、I don't have a pen. のイントネーションも異なる。

（2）名詞優先

　日本人英語学習者は、文中の動詞を優先的に強調して発音する傾向が顕著である。以下の対話を見てみよう。

　A: What happened?

　B: I'm angry with my brother.

　A: What did he do?

　B: He broke my new camera.

下線を引いた文では、どの語に核強勢が来るだろうか。おそらく、多くの学習者は、broke を選ぶであろう。特に、「何をしたのか」と尋ねられているので、それに対応して「壊した」が正解であると即断するのであろう。しかし、英語では、核強勢は文中の初出の名詞 camera に来る。文中に複数の内容語（名詞、動詞、形容詞、副詞など）がある場合、名詞がもっとも強調される可能性が高い。例えば、初出の文（all-new sentences）では、次のように発音される。

　a.　ˈWhat ↘time do you have?

　b.　ˈWhat does your ↘father do?

　c.　ˈThat's a ⁽ˈ⁾nice ↘hat you're wearing!

さらに言えば、このような名詞優先は、**出来事文**に典型的に見られる。出来事文とは、状態の変化、特に非常事態や出現や失踪を伝える第 1 文型（S+V）または第 2 文型（S+V+C）の文のことを言う。その場合、名詞主語が核強勢を受け、述部は抑制される。以下の a-f で出来事文のイントネーションを確認しよう。

　a.　Be careful. There's a ↘car coming.

　b.　A: Why're you crying?

　　　B: My ↘dog died.

　c.　A: What's the matter?

　　　B: My ↘head aches.

　d.　A: What's the matter?

　　　B: My ↘son's sick.

　e.　A: Let's go.

　　　B: Wait a second. The ↘window's open.

　f.　The ↘wind came.

I was in the street.
I was coming here.

The wind came. It took
my hat off.

[EP1: 75]

　こうした例は、10.2.4 で述べた核強勢配置の原則と 10.2.7 で述べた文末焦点から逸脱している。

10.2.9　WH 疑問文

（1）Who is he?

　疑問詞は、内容語であり、文強勢を受ける資格があるが、<u>文（音調単位）の冒頭では疑問詞は核強勢を受けない</u>という特異な特徴がある。右に示すコマ（EP1: 58）では、John Smith が 3 度も出てくる。では、Where is John Smith? のイントネーションは、どのようになるだろうか。核強勢はどの語に来るだろうか。日本語の感覚では、↘<u>Where</u> is John Smith? と言いたくなるが、正しくは、˥Where is ˥John ↘<u>Smith</u>? である。しかし、もっとも関心があるのは「どこ」であるのに、なぜ where が核

Who is this?
He is John Smith.
His name is John Smith.
<u>Where is John Smith?</u>
He is at the door of his house.

強勢を受けないのか。なぜ分かりきった反復語に核強勢が来るのか。これは、不可解である。しかし、慣用的にそのように言うのが一般的である。このように非論理的なイントネーションは、intonation idiom とか idiomatic intonation と呼ばれる。以下でも同じである。

　a.　A:　I went shopping.

　　　B:　˥Where did you ↘go?（↘<u>Where</u> did you go? は possible, but rare）

　b.　A:　I hate him.

　　　B:　˥Why do you ↘<u>hate</u> him?（↘<u>Why</u> do you hate him? は possible, but rare）

　c.　A:　Who said it?

　　　B:　I ˥don't ⁽˥⁾know ˥who ↘<u>said</u> it.

　さらにもう 1 つの疑問がある。なぜ上記の EP の例では Where is he? とならないのだろうか。むしろ、それのほうが自然ではないだろうか。藪から棒に提示される John Smith は、単に名前にすぎず、彼についての情報は何もない。

John Smith は、全くの新情報である。話者の関心は未知の人にあり、he が焦点になる。したがって、｜Who is ↘ he?（いったい彼は誰？）と言う。しかし、英語学習入門期の教材として、このようなイントネーションは不適切である。そのような配慮により、EP では Where is John Smith? となっている。似たケースが、中学校 1 年の検定教科書 *New Horizon*（旧版）に見られる。Who is he? となっていない。

Ms. Green: OK, everyone.
　　　　　 Let's talk with Bill.
Judy: What? Who's BILL?
Ms. Green: He's my brother.

もし ｜Who ↘ is he? と言えば、それは、Bill のことはどこかで聞いた覚えがある、または、まったくの未知の人ではないという認識がある。

　しかし、*New Horizon 3* と *New Crown 3* では、未知の人物について、Who is he? とか Who is she? となっている。この場合、異例なイントネーションになる。

A:　I'm a big fan of Ozaki Yutaka.

B:　Ozaki Yutaka? Who is he?

A:　He's a singer who was really popular among young people.

B:　Let's see… Is that the man who sang *I Love You*?

A:　Right. That's him.

X:　Do you know Kimura Mari?

Y:　Kimura Mari? Who is she?

X:　She's the girl in the commercial for *Best Cake*.

Y:　Let's see. You mean the girl playing Sayaka in *School Life*?

X:　Right. That's her.

　教科書準拠の CD を聴くと、意外なことに代名詞に核強勢がある。名前は単なるラベルであって、話者 B と Y にとって Ozaki Yutaka と Kimura Mari は新情報であるため、he と she が焦点になる。参考までに、海外の研究者のコメントを紹介しよう。

(i)　Who is HE?

(ii)　Who IS he?

To me, (i) signals that I don't know anything about the person being referred to, while in (ii) I may already have heard something about them but need more detail.

このコメントにあるように、見知らぬ人をこっそり指さすときは、「Who is ↘ he? となる。また、ある人について、さらに情報を求めるときは、「Who ↘ is he? となる。

（2）How are you?

　最近は、How are you? のほかに How're you doing? という表現をよく聞く。オーストラリア英語では How're you going? である。How're ya goin', mate? は、定番の Aussie 表現である。核強勢は、定石通り、末尾の内容語（doing と going）に来る。しかし、How are you? では、文末に内容語がない。唯一の内容語と言えば、文頭の How だけである。この節の（1）で述べたように、音調単位の冒頭にある疑問詞は、通例、核強勢を受けない。しかし、英語の文（音調単位）では、必ずどこかに核強勢を置かなければならない。もし you に核強勢を置けば、他の人と対比されていると解釈されるので具合が悪い。一方、be 動詞は、それ自体に固定した単一の意味はなく、文脈によって、さまざまな意味になるので、そこに核強勢を置くのが妥当である。以上のような事情により、How ↘ are you? と発音することになる。Where is he? や What are they? などについても同じことが言える。ただし、誰か親しい人に会ったときに、冒頭から「How're ↘ you? と言うことがある。これは、親しみを込めた言い方である。この場合、you は対比用法の場合よりも短く発音される。なお、「Who are ↘ you? は、不審や驚きを表す。「どなたですか」と言う場合は、「Who ↘ are you? よりも、上昇調で言う Who ↗ are you? のほうが、more polite, more friendly である。

10.2.10　イントネーションのその他の機能

　これまでは、イントネーションが話者のもっとも伝えたい情報、換言すれば、話者が聞き手の注目を引きつけたい箇所を明示する機能を見てきた。実は、イントネーションには他の機能もある。しかし、EP では、事実を淡々と伝える

ことに主眼があるため、以下の (i)-(iii) の機能が関与することはほとんどない
だろう。

(i)　言外の意味をほのめかす。

    a.　ˈThat ˈmay be ↘↗true. (But it may not be true.)

    b.　I'll ˈdo it if I ↘↗can. (But it may be impossible.)

    c.　I ↘↗think so. (But I'm not quite sure.)

(ii)　自分の感情・態度を加味する。

    a.　ˈGood ↗bye. ˈTake ↗care. (friendly or reassuring)

    b.　You ˈmustn't ↗worry.

    c.　There's ˈno ↗rush. ˈTake your ↗time.

注：上昇調に代わって、下降上昇調になることもある。

(iii)　意味を区別する

    a.　①　Would you ˈlike ↗tea or ↘coffee? (Which one?)

       ②　Would you ˈlike ˈtea or ↗coffee? (Any drink?)

    b.　①　We are ex↘pecting him, ↘aren't we? (I'm almost sure, but want to make sure.)

       ②　We are ex↘pecting him, ↗aren't we? (I'm not sure, so please tell me.)

    c.　①　A: I traveled to Wales recently.

          B: ↘Where? (Where in Wales?)

          A: Bangor.

       ②　A: I traveled to Wales recently.

          B: ↗Where? (asking for a repetition)

          A: To Wales.

    d.　①　ˈWhat's your ↘name? (matter-of-fact)

       ②　ˈWhat's your ↗name? (more polite/friendly)

       ③　↗What's your name? (I didn't catch it.)

　10 章では、英語のリズムとイントネーションの特徴を理論的に考察してきた。リズムやイントネーション、ポーズ（休止・間）、強勢、音の高さや大きさなどはプロソディ（prosody）と総称される。英語を学ぶ者が、英語の文を正しく発信する能力を身に付けようとする際には、ネイティブスピーカーの発音をモデルにして真似るというのが妥当な方法である。その際、母音や子音といった個々の音を練習することはもちろん重要であるが、それ以上に重要なのが、プロソディの練習である。個々の音よりも大きな句や文などのまとまりを「英語らしく」発音できるように練習する方が得策であることは、実験などによっても証明されている（鈴木　博「言語技術としてのプロソディー」、『月刊言語』1992 年 8 月号）。

　英語のイントネーションについて、もっと知りたい人には、伊達著『教室の音声学読本—英語のイントネーションの理解に向けて』（大阪教育図書、2019）を勧めたい。EP や中学校検定教科書からの多くの用例について解説している。

あとがき

　これまで GDM の活動は、多くの人びとによって支えらえてきた。片桐ユズルさんは、吉沢美穂さんの直系の「弟子」である。もう 1 人直系の「弟子」がいた。升川潔さんである。しかし、升川さんは、働き盛りの年齢で、突然、天に召されてしまった。会員のショックは甚大であった。

片桐ユズルさん

升川潔さん

片桐さんと升川さんは、吉沢さんが蒔いた GDM の種がすくすくと育つことに大きな貢献を果たした。勿論、他の多くの会員も、同じく貢献をしてきたが、そのような人たちも、この 3 方から指導や薫陶を受けたはずである。片桐さんは、GDM の理念を支える理論家であり実践家である。ややもすれば GDM の実践が易きに流れそうになると感じたとき、"Back to basics." の警鐘を鳴らすこともあった。また、片桐庸子さんには、春と夏の GDM セミナーでは講師としてお世話になった。庸子さんも、吉沢さんの直系の弟子であり GDM の trail blazers の 1 人である。

　ほかに、GDM を支える英語発音関係のチームがある。GDM サマーセミナーのプログラムには発音指導法のトレーニングが織り込まれている。この発音トレーニングは、会員の間では「発音クリニック」という呼び名で知られている。最初のものは、50 年前吉沢美穂さんの肝煎りでサマーセミナー（1971.8.17-21 静岡県御殿場）で始まった。

吉沢美穂さん

中郷安浩さん

　当時、セミナーは定員が 50 名であったがキャンセル待ちがでるほどの盛況であった。吉沢さんの要請を受けて、「発音クリニック」を担当したのは中郷安浩さんである。早朝から夜遅くまで孤軍奮闘であった。吉沢さんが、それを見るに見かねて、次回からは助っ人の導入を提案し、大学の後輩のよしみで私が中郷さんを支えることになった。

　また、「発音ワークショップ」も 40 年近い歴史がある。これは、中郷さん自らが先導を切って始めたものである。以前は、2 か所（東京と神戸）で開催されていた。現在、「発音ワークショップ」は、東京で毎年 5 月の最終週の土曜日と日曜日に開催される。非会員でも参加できる。これまで、毎回の参加者が 20 名として（リピーターが多い）、40 年間で延べ 800 人以上が受講したことになる。それにサマーセミナーの出席者の数を加えると、優に 1,000 人を超す。半世紀にも及ぶ発音指導のあと、中郷さんは勇退している。

　他にも、さまざまな企画を推進するため尽力してきた人たちが多くいる。例えば、ニューズレター（月刊）、Year Book、春＆夏のセミナー、発音ワークショップの事務担当者がいる。

　本書には、執筆者のみならず、多くの一般会員たちの声も反映されている。会員がこれまで積み上げてきた経験知が集約されおり、明日からでも教室で適用できる具体的な指導法が満載されている。もっと GDM について知りたく思う人には、GDM ホームページにある Year Books をお勧めしたい。1957 年から今日までの記事にアクセスできる。多くの寄稿者と共に、吉沢さん、升川さん、片桐さん、相沢さんによる多くの記事がある。また、佐藤正人さんが、4 月に「GDM から英語学習を考える」という論文を発表している。（p.315（36）を参照）

　本書が、現場教員や教職志望者にとって実際的な「福音書」になれば幸いである。なお、本書の出版経費は、教授法研究会から全額支援によるものであり、会員の皆様に衷心より感謝を申し上げる。

　最後になるが、本書の出版に際してお世話になった大阪教育図書社長の横山哲彌氏と制作部の土谷美知子氏に深く御礼申し上げる。

（伊達民和）

参考文献

Textbook, Workbook 関係

(1) (2) I.A. Richards & C. Gibson, *English Through Pictures, Book 1, 2*（『絵で見る英語 Book 1, 2』）IBC パブリッシング、1975.［CD あり］

GDM テキストブックである。EP または ETP と呼ばれている。英語の基礎となる約 500 語をこの 2 冊で扱っている。それぞれワークブックがついており、練習問題のヒントが得られる。大きな書店で入手できる。

(3) I.A. Richards & C. Gibson, *English Through Pictures, Book 3*（『絵で見る英語 Book 3』）IBC パブリッシング、1975.［CD あり］

EP2 に続くもの。さらに約 600 語を加えて、動詞など Basic English の範囲を越えて full English との中間的なものになっている。人口問題、人体のしくみ、社会のしくみ、文字の発生、科学の発展、哲学・思想など高度な話題を扱っている。

(4) I.A. Richards & C. Gibson, *First Steps in Reading English*（『絵で読む英語』）IBC パブリッシング、1975.

英語を母語とする子供たちに、reading, writing の第一歩を教えるために作られた本。限られたアルファベットの組み合わせでいくつかの単語ができ、その単語で文ができる。少しずつアルファベットを増やしながら、語彙をふやし表現のはばをふやせるように計画させている。Grading は EP とは異なるが、文型をよく調べて使用すれば年少者のための読み物として有効である。

(5) (6) Language Research, Inc., *A First Workbook of English, A Second Workbook of English*, GDM Publications

EP1 と EP2 に併用して練習するのによい。(6) は上級者向き。

(7) GDM 英語教授法研究会、*A New Workbook for Adults*, GDM Publications, 1989.［CD あり］

大人のクラス向けに作られた副教材。EP の重要な文型をひろって大人向きの内容語を加えて、絵と英文で構成されている。読み物として使うほか、question and answer の練習、ライティングの練習などにも使える。吉沢美穂著のものをもとに、実践の成果を取り入れて改訂してきたもの。

(8) GDM Chiba, *English Workbook for Boys and Girls*, GDM Chiba Publications, 1996.

子どものクラス向けに作られたライティング用のワークシート。

(9) 新井 等『GDM ワークブック 2005』＊GDM　Publications 扱い

GDM 学習者のためのワークブック。Book 2 の 75 ページまでを扱っている。

(10)(11)(12) 吉沢郁生『やるぞ！中学英語ワークシート 1 年、2 年、3 年』学事出版、2006.（学年ごとに 1 冊）

GDM のコンセプトに基づいて、初めての英語を学ぶ人のためのワークブックとして作られたもの。

（1 年）EP1 の最初から動詞 have までの主な項目をカバーしている。

（2 年）EP1 後半〜 EP2 の内容から中学 2 年生で学ぶ事項。

（3 年）中学 3 年生で学ぶ内容をカバーしており、EP に出てこない語も取りあげている。

(13) 新井 等『500 Pictures for GDM Teachers to Copy — Graded Direct Method で教え学ぶためのイラスト集』牧歌舎、2017.

GDM の授業のために筆者が描いた絵をまとめたもの。EP1 の全ページをカバーしている。

Reading Materials

(14) GDM 英語教授法研究会、*Happy Reading*, GDM Publications, 1988.

やさしく、ほのぼのとした話を読み進めながら、語や文型の使い方が身につくように作られた初級用の読み物教材。EP の grading にほぼそっている。

(15) Language Research, Inc., *True Stories about Bees*, GDM Publications.

科学的な考え方を知るのに、難しいことばはいらない。わずか 500 語で、有名なフリッシュ博士のミツバチの実験の面白さを伝えている。高校から大学程度。

(16) (17) Virginia French Allen, *People in Livingston, Book 1, 2*, GDM Publications, 1963, 1964.

EP の grading とは異なるが、コントロールされた文型と語彙（1000 語）を使い、これらを繰り返し使いながら、生徒の精神年齢にマッチし、アメリカ人の生活にも触れている。EP から full English への橋渡しとして、中学上級から大人まで面白く読める中級の読み物教材。

(18) Constance Chappell, *Stepping into the Past*, GDM Publications, 1968.

900 語の基本語を駆使し、英国の史跡 4 カ所について述べられている。そ

れぞれの本文の後には Test Questions がついている。多読用教材として高
校生以上に向いている。

(19) J.B.Wight, *An Outline History of the United States*, GDM Publications, 1968.
アメリカ史の概略を、Basic English で要領よく客観的にまとめてある。文
章は比較的やさしく具体的な記述から始まり、次第により抽象的な議論に
進むように書かれている。高校生以上に向いている。

(20) 近藤ゆう子、*A House on Boundary Road*, Cousins Publications, 2002.
Happy Reading に続き ETP1 にそったやさしくて心温まる話が Wilson 一
家を中心に展開する。楽しい絵を見ながら英語の自然なリズムと文の構造
が身に付いていく。

(21) L.W. Lockhart, *The Basic Reading Books*（別冊付）GDM Publications
Book 1, 2, 3 を 1 冊に。身近なやさしい話から順々に話題がひろがり、楽
しく読み進むうちに自然に Basic English の文体に慣れ親しんでいける。
［CD 4 枚組］（米人男性の明瞭な録音で自然に物語の絵が思い浮かぶ）

教授法、指導技術関係

(22) 吉沢美穂・東山 永・升川 潔、*Revised Teachers' Handbook for English Through
Pictures Books I and II*, GDM Publications, 1980.
GDM で実践する教師のための標準的なガイドブック。GDM についての
理論に加え、EP1, 2 に出てくる語・文型を整理し、それぞれの項目につい
て導入のためのヒントが書かれている。1955 年の初版本を改訂したもの。

(23) 吉沢美穂・東山 永、*Additional Vocabulary for English Through Pictures Books
I and II*, GDM Publications, 1969.
EP を使いながら内容語を増やしたい時、どのページでどんな語が増やせ
るかを示したもの。特に高校生や大人のクラスでの授業の参考になる。

(24) Language Research Inc., *Teacher's Guide for Learning the English Language*,
GDM Publications, 1993.
EP の前身ともいえる *Learning the English Language*（略称 LEL）で教える
教師のためのガイドブック。EP と grading は異なるが、導入のためのヒ
ントや教師が気を配るべきことがらについて、きめの細かい記述がなされ
ている。英文。1945 年初版の復刻本。

(25) 田崎清忠編『英語科視聴覚教育ハンドブック』大修館書店、1968.

吉沢美穂執筆による「実物・絵・カード」の章が 205 〜 310 ページにある。絵やカードなど簡易視聴覚教材についての理論、作り方、使用上の注意が一般向けに書かれている。

(26) 伊藤健三・佐々木昭・大友賢二・吉沢美穂・伊村元道編『英語指導法ハンドブック①導入編』大修館書店、1976.

学校で教える文法事項・文型のそれぞれについて、［A］GDM、［B］オーラル・メソッド、［C］オーラル・アプローチ、［D］変形文法を利用した指導法の 4 つの立場から具体的な指導例を示したもの。［A］項目のすべてを吉沢美穂が編集した。EP2 までに出てこない現在完了、仮定法などについても、GDM 的な導入方法のヒントが得られる。

＊『英語指導法ハンドブック』索引は GDM Publications

(27) 吉沢美穂『絵を使った文型練習』大修館書店、1965.

(28) 吉沢美穂『教科書を使いこなす工夫』大修館書店、1981.

(27)(28) はともに、GDM を知らない教師を対象に、situation によって英語を効果的に教える方法を具体的に示した一般向きの本。教科書の種類、学年に関係なく利用できるように作られている。GDM の考え方がベースになっている。(27) にはワークブックがついている。

(29) 小川芳男ほか『現代の英語教育 第 3 巻 英語教授法各論』研究社、1978.

日本における 5 つの教授法について、理論とそれを具体化した授業案を示す。「グレイデッド・ダイレクト・メソッド」の章（pp.68-84）を吉沢美穂が、「教案の実際—グレイデッド・ダイレクト・メソッドの場合」（pp.160-169）の章を升川潔が執筆している。

(30) 根古谷常雄『Graded Direct Method と教科書教材の接点』GDM Publications, 1977.

実践をもとに、GDM を中学校で教える場合の、検定教科書との調整の仕方およびカリキュラムを具体的に示す。

(31) 伊藤嘉一『英語教授法のすべて』大修館書店、1984.

英語教授法の概念、歴史、種類などを概観し、22 の教授法を個々に取り上げている。GDM について 9 ページを費し、客観的に解説している。

(32) 五島忠久監修『Q&A 形式による児童英語指導ハンドブック』杏文堂、1990.

児童英語の意義、カリキュラム、教材、評価、指導法について書かれている。東山永執筆の「GDM (Graded Direct Method) の考え方に基づく授業の

進め方」が収められている。

(33) 田崎清忠編『現代英語教授法総覧』大修館書店、1995.

27 の英語教授法・指導法を紹介している。GDM については山田初裕が執筆している。

(34) 片桐ユズル・吉沢郁生編『GDM 英語教授法の理論と実際』松柏社、1999.

GDM の理論と背景を説き、実際編では GDM の指導技術についてそれまでの研究と実績の成果を紹介している。

(35) 此枝洋子『英語教師のための「わかる、できる」授業からの出発』燃焼社、2003.

GDM での学生自立育成指導を通し教師のための実践的な指針を示している。

(36) 佐藤正人「GDM から英語学習を考える」、伊達民和監修『実践的な英語の学び方・教え方：通訳修業、GDM 教授法、イントネーションの視点から』の第 2 部に掲載。大阪教育図書、2021.

(37) 小高一夫『英語の基本を教えるための、授業の基本』2007.

(38) 小高一夫『日本語母語者のための英語教育』2008.

＊GDM Publications　扱い

神戸松蔭女子学院大学学術研究会発刊。リチャーズの言語観に基づき初期の英語学習で何が大切かをコンパクトにまとめている。

意味論、その他の理論

(39) C.K.Ogden & I.A. Richards, *The Meaning of Meaning*, Harcourt Brace Jovanovich, Publishers, 1989.

(40) オグデン／リチャーズ（石橋幸太郎訳）『意味の意味』新泉社、1967.

(41) オグデン／リチャーズ（床並 繁訳述）『意味の意味』研究社、1958.

意味論の古典的名著。特に Referent － Thought—Symbol の「意味の三角形」は、意味を考える原点として有名。(39) には外山滋比古の解説がついている。　(41) は原著を約 3 分の 1 に圧縮したもの。

(42) 片桐ユズル『意味論入門』思潮社、1965.

第 2 章をのぞいて落語スタイルで書かれていて読みやすく、笑って読み進むうちに、意味論の中心にふれられる。一般意味論、言葉の意味などについて、学問くさくなく書かれている。

(43) 片桐ユズル『英語・まちがいのすゝめ』季節社、1976.

　　GDM の骨となっている Basic English を中心にすえて、再び落語スタイルで英語の学び方を教える前半と、言語そのものを広く捉える後半とが互いに作用しあって連続している。

(44) 片桐ユズル『意味論と外国語教育』くろしお出版、1973.

　　筆者が 1971 年までに書いた GDM の理論・教材論・英語教育に関する主要な論文が網羅されており、又当研究会発行の「片桐 essays」もすべてこの中に吸収されている。

(45) Yuzuru Katagiri & John Constable, eds., *A Semantically Sequenced Way of Teaching English: Selected and Uncollected Writings by I.A.Richards*, 山口書店、1994.

　　語学教育に関する I.A. Richards の論文を集めたもの。未発表論文もおさめられており、Richards 自身の考えを知るうえで欠かせない。

(46) 片桐ユズル編『リチャーズ・ナウ』青磁書房、1993.

　　I.A. Richards 生誕 100 年を記念して編集された論文集。Richards をいろいろな角度から発掘し再評価する。野中 涼、相沢佳子、片桐ユズル、John Constable、柳沢康司、佐藤正人、原田 弘による論稿のほか、Richards の未発表論文 2 編をおさめる。

(47) 片桐ユズル編『I.A. リチャーズ生誕百年記念特集』京都精華大学紀要 6 号、1994.

　　評価の高いシンポジウム「リチャーズ・ナウ」を含む、リチャーズ生誕百年祭の記録。

(48) 升川 潔『言語理論の生かし方』開隆堂、1975.

　　言語学と心理学の両面から、Oral Approach, 生成変形文法にもとづく教え方、GDM の 3 つを考察している。

(49) 升川 潔『使える英文法へ』開隆堂、1982.

　　言語理論、特に生成文法や意味論を、英語教授法から見直すという視点で書かれている。文法のルールの底にあるものを掘り起こし、それを教え方に結びつけて述べている。

(50) 室 勝『意味論の 3 本柱』GDM Publications, 1969.

(51) 室 勝『Basic English の文体』GDM Publications, 1972.

(52) 室 勝『意味の定義』GDM Publications, 1972.

(53) 室 勝、*Basic English as a Sorting Machine*, GDM Publications, 1972.

いずれも Basic English の体系とその意味論を中心に、脈絡・隠喩・虚構の3点をてがかりに意味の問題をさぐる。

(54) 片桐ユズル『見てわかる意味論の基礎と BASIC ENGLISH』京都修学社、2002.
日本ベーシック・イングリッシュ協会 2000 年研究大会、2000 年 10 月の神戸松蔭女子大学における発表、片桐ユズル「言語における規則と不規則」をもとにしてつくった小冊子。イラストや写真を用いてやさしく紹介。

(55) 片桐ユズル『ふたつの世界に生きる一般意味論』京都修学社、2004.
筆者の一般意味論関係の文章をあつめた本。

(56) 片桐ユズル『外国語学習は創造的でありえるか』2007.
―I.A. リチャーズ『修辞学の哲学』を種本にして―
京都精華大学紀要第 32 号。＊GDM Publications　扱い

(57) 片桐ユズル『基礎英語の教え方』松柏社、2014.
GDM/BASIC の教え方をまず鳥の目のように高いところからメタ認知的に見てリチャーズの意味論、そして教室へと説いている。

Basic English 関係

(58) C.K.Ogden 監修、*The General Basic English Dictionary*,（『ベーシック英英辞典』）北星堂、1960.
約 20,000 語について Basic English で説明してある。教師が語の中心的意味を知るのに有益である。また GDM で英語を習った生徒が full English を読む際にも役に立つ。室 勝による解説付き。

(59) F.J.Daniels, *Basic Writers' Japanese-English Wordbook*（『英文を書くための辞書』）北星堂、1970.
Basic English で書かれた和英辞書。作文をするとき中心的意味を相手に伝えるのに役立つ。日本語の意味を再発見するのにもよい「読む」辞書である。日本語を習う外国人に評判がいい。

(60) C.K.Ogden, *The Basic Words*,（『ベーシック・ワーズ』）北星堂、1977.
Basic English の 850 語のそれぞれについて、基本的な意味から特殊な意味までを例文と共に示している。語義の中心的な意味を読みとるのによい。室 勝による解説付き。

(61) C.K.Ogden, *Basic by Examples*,（『ベーシック短文例 2784』）北星堂、1985.
Basic English で書かれた文例集。850 語の ABC 順に、7 〜 8 の短い文例

が配列されている。

(62) C.K.Ogden, *Basic Step by Step*,（『ベーシック 30 のステップ』）北星堂、1986.
30 のステップに分かれ、ステップごとに "The Body" "Food" などのトピックについての Basic の語彙と文章が学習できるように作られている。

(63) C.K.Ogden, *The ABC of Basic English*,（『ベーシック英語 ABC』）北星堂、1986.
Basic English の語彙および規則について述べている。

(64) L.W.Lockhart, *Basic Picture Talks*,（『ベーシック英語図鑑』）北星堂、1987.
Ogden の協力者であった著者が、Basic English の語彙の一部を絵にあらわし、視覚的に意味の広がりを示している。中心的な意味から比喩的な意味への広がりが、絵と英文とからわかるユニークな指導書であり、絵の利用と語の意味の導入にも役立つ本である。

(65) C.K.Ogden, *The Basic Dictionary*,（『ベーシック英英いい換え辞典』）北星堂、1990.
日常もっともよく使用される 7,500 語を、Basic English で言いかえている。手軽な英英辞典としても使える。

(66) L.W.Lockhart, *Everyday Basic English*,（『エブリデイ・ベーシック・イングリッシュ』）北星堂、1992.
Basic English で書かれたさまざまな文章を集めたもの。唐木田照代による解説と注がついている。

(67) 相沢佳子『ベーシック・イングリッシュ再考』リーベル出版、1995.
Basic English の概略、歴史、語彙、文法、意味論、英語教育との関係、今日的意味などについて詳細かつ理論的に書かれている。Basic に関する、現在最もまとまった研究書。

(68) 片桐ユズル『メディアとしてのベーシック・イングリッシュ』京都修学社、1996.
メディア史の流れという視点から、GDM、Basic English、その他外国語教育の問題を論じている。

(69) 牧　雅夫『自信をもって英作文を教える』北星堂、1980.

(70) 牧　雅夫『自分で使える英語：ベーシック・イングリッシュ』北星堂、1980.

(71) 室　勝『ベーシック・イングリッシュ入門』洋販、1985.
いずれも、Basic English のシステムを解説し、思考の仕方や表現の仕方を具体例をあげながらていねいに説明している。

(72) 室　勝『基礎単語 100 の表現』洋販、1991.

　　　Basic の基礎単語を知っていると、どれだけ広い範囲の内容をカバーでき
　　　るかを、それぞれの語について簡潔でしかも平易に説明している。

(73) 牧　雅夫『12 の動詞で話す英語・書く英語』北星堂、1986.

(74) 室　勝『新 850 語で書く英語』ジャパンタイムズ、1973.

(75) 室　勝・小高一夫『英文を書く本』洋販、1982.

(76) 室　勝『ベーシック・イングリッシュ一歩前進』北星堂、1986.

(77) 室　勝『500 語の英会話 1』洋販、1991.

(78) 室　勝『500 語の英会話 2』洋販、1991.

　　　英作文にせよ英会話にせよ、Basic English を使ってどのように自己表現す
　　　るかを豊富な文例によって示している。

(79) 升川　潔監修『ベーシック先生の基本動詞でこれだけ言える英語術』松柏社、
　　　1987.

　　　Basic の 16 の動詞と 23 の前置詞について、その意味と使い方をやさしく
　　　説明している。練習問題もついており、中学生にも使えるように作られ
　　　ている。

(80) 相沢佳子『英語基本動詞の豊かな世界』開拓社、1999.

　　　本書は give advice, have a drink, take a look などの基本動詞と名詞の結びつ
　　　きを扱っている。わずかな動詞が豊かな表現を生み出す仕組みがわかる。

(81) 相沢佳子『850 語に魅せられた天才 C.K. オグデン』北星堂、2007.

　　　ベーシック・イングリッシュの考案者 C.K. オグデンについて人物像や業
　　　績を多面的に捉えた書。

(82) 相沢佳子『英語を 850 語で使えるようにしよう』文芸社、2018.

　　　英語を身につけたい人のために Basic English の仕組みをわかりやすく説
　　　いた書。

(83) 相沢佳子『C.K. オグデン「ことばの魔術」からの出口を求めて』清水書院、
　　　2019.

　　　オグデン生誕 130 周年にあたり、オグデンの人物の魅力や逸話などと共に
　　　ベーシック・イングリッシュの背景を興味深く知ることができる。

(84) 後藤　寛『850 語で考える英語―ベーシック・イングリッシュ』松柏社、
　　　1997.

　　　膨大な英語の語彙を基本的にわずか 850 語に限定し、数個の原則を用いれ

ば、日常のほとんどの出来事、事柄は英語で描写できる。極小の英語体系
をわかりやすく紹介している。

(85) 後藤　寛『道具としてのベーシック教本―850 語の考え方と使い方』松柏社、
1999.

850 語のベーシック英語さえ知っていれば、どんなことでも表現できる。
ベーシック英語を応用しつつ、語句・文章・会話へと段階を追って学習し、
即戦力のある英語力を養成する。

(86) 後藤　寛『書き・話す英語のキーワード 850：基本語彙の使い方演習』松柏社、
2002.

Basic English の語彙の使い方をわかりやすい【考え方】を付した演習形式
でマスターできる 1 冊。

(87) 後藤　寛『基本語で考える英文整序法』松柏社、2009.

英語文がいかに構築されるか、どのように意味とのかかわりで各語が結合
し、1 つの文や段落として整った形となるかを学べる 1 冊。

(88) 後藤　寛『学び方を学ぶ 850 語プラス α の英語』松柏社、2014.

Basic English の方法の「学び方」を身近な＜実践例＞を豊富に示し解説。

(89) 後藤　寛『必携　最小限の語彙力で英語を読み、聴く方法』松柏社、2016.

850 語を基に語彙力不足でも「基本語からの類推」から「読めて、聴ける」
方法を提案する。

＊尚、高田力『ベーシック英語』1941、高田力『ベーシック英語教本』1936 は
下記ホームページで読むことができます。

日本ベーシック・イングリッシュ協会　basicenglish.undo.jp

＊Basic-English Institute (basic-english.org) のホームページでは Basic English で
書かれた本を読むことができます。

日本語教授法関係

(90) 寺村秀夫編『講座 日本語と日本語教育 第 13 巻 日本語教育教授法（上）』明
治書院、1989.

日本語教育の教授法と理論と具体的な方法を示している。「現代の教授法
理論―GDM 段階的直接教授法のばあい―」（pp.68-72）を片桐ユズルが執
筆している。

(91) 片桐ユズル『はじめてのにほんご　改訂版』大修館書店、1993.　［カセット

テープあり]

(92) 片桐ユズル『日本語もう一歩』京都修学社、1995. ［カセットテープあり］
　　　GDM で日本語を教えるためのテキストブック。練習問題もついている。
　　　他の方法で教えている教師がワークブックとして使ったり、読み方の入門
　　　書としても使える。(91) の続編が (92) である。

(93) 片桐ユズル『「はじめてのにほんご」のおしえかた』（その 1、その 2、その 3）
　　　GDM Publications, 1995-6.
　　　『はじめてのにほんご』を使って教えるための指導の手引きである。

(94) 鎌田　修・川口義一・鈴木　睦編著『日本語教授法ワークショップ』凡人社、
　　　1996.
　　　別売のビデオとともに 11 の教授法を紹介し、GDM については片桐ユズ
　　　ルが執筆・出演した。

発音関係書

(95) 中郷安裕・中郷慶『こうすれば英語が聞ける』英宝社、2001.
　　　日本人にとって特に聞き分けにくい音を重点的に取り上げ、聞き取りのポ
　　　イントと発音のコツを体得するための教材。

(96) 中郷慶、柳朋宏、中川直志、二村慎一、樗木勇作、Beverly Curran 共著『読
　　　める英文法・聴ける英音法』（英宝社）、2008.
　　　reading skill ではつまずきやすい文法事項と文型を厳選、listening skill で
　　　はリズムやイントネーションなど英音法を学ぶことができる。

(97) 伊達民和『英語のリズム・イントネーションのトレーニング法―理論から実
　　　践へ―』青山社、1998.
　　　英語教育の立場から、プロソディーを論じた指導書兼研究書。とかく複雑、
　　　難解だと考えられる英語のストレス、リズム、イントネーションについて、
　　　映画やドラマの中のセリフを実証例として豊富に引用しながら、明解な解
　　　説を行っている。

(98) 伊達民和『映画・ドラマから学ぶ英語音法読本』青山社、2001.
　　　(97) と同様に実践的な情報が提供され、本書では特に個々の語についても、
　　　多くエピソードを織り混ぜて解説している。

(99) 伊達民和『教室の音声学読本』大阪教育図書、2019.
　　　英語イントネーションの学習に役立つパイオニア的教材。実践英語会話の

ための必読書。＜CD 付＞

DVD 教材

(1)『Graded Direct method: 外国語の体験的発見的学習法』

片桐ユズル、2005 年 6 月 18 日、すみだ産業会館での公開講演会。GDM とは何かをはじめてのひとに紹介するのに便利。

(2) *English Through DVD*

EP1, pp 4-51 の絵に音声をつけた最もスタンダードな AV 教材

(3) *English Through Television*

EP1 の後半にもとづきながら、単語と文型をいくらかふくらませ、アメリカの日常生活を描いている。各レッスンは A,B,C の 3 部分に分かれ、A は sound のみによる導入、B は音声のあとのリピートのときに caption があらわれ、C はテスト用で絵が先にあらわれ、caption/sound が後に来る。Lesson 13-23 (EP1.pp 58-112)

(2)(3): Permission given by Language Research, Inc., only for the purpose of education and research.

(4) *First Step in Spanish*

Spanish Through Pictures, Book 1, pp.1-40, Cartoons

(5)『「はじめてのにほんご」アニメ版』（はじめてのにほんご、pp2-51, 23 ステップ、40 分。）

(6)『ビデオはじめてのにほんご』（はじめてのにほんご、pp2-36, 13 レッスン 160 分、アニメ＋実演、書き順つき、DVD 2 枚組。）

＊DVD 教材は右記に連絡ください。https://yuzuru@yuzurukatagiri.net

＊GDM Publications の本の注文や他社の本の在庫のお問合せは下記へ。

GDM 英語教授法研究会　出版部　黒瀬るみ　e-mail: books@gdm-japan.net

Book List は右記 GDM ホームページでもご覧になれます。www.gdm-japan.net

GDM 英語教授法研究会について

目的

I.A.Richards と C.M.Gibson によって開発された、外国語としての英語教授法である Graded Direct Method によって、日本人の生徒に英語を教える方法、および関係のある理論などを研究し、日本の英語教育の改善に貢献する。

沿革

東京女子大学教授であった Constance Chappell 女史は、第二次世界大戦中、米国に戻りハーバード大学の I.A.Richards のもとで Graded Direct Method を学んだ。1947 年に再び来日し、東京女子大学の卒業生の子供たちに GDM で英語を教え始めた。そのクラスを見学に来ていた吉沢美穂ほか数名が、Chappell 女史の指導のもとに GDM の授業を始めた。

1951 年から 1 年間、吉沢美穂はハーバード大学に留学、I.A.Richards のもとで GDM を学んだ。

1952 年に帰国した吉沢美穂は、さっそく GDM 講習会を開催。以降毎年講習会を開くようになり、それが現在の Summer Seminar に発展した。

その頃から月例会の研究会も始まった。研究会発足当時は少人数の自然発生的な集まりであったが、次第に会員数も増え、1957 年に New Bulletin 第 1 号を発行する頃には、事務局、会計、プログラム委員などが必要になり、会としての形を整えるようになった。

1958 年、一般の人々を対象にした広報活動として、第 1 回公開講演会を開催、以降毎年開催する。現在は公開セミナーや教師養成コースの形で一般向けに毎年開催している。

1965 年、会員の片桐ユズルが東京から神戸に移ったのを機に、関西支部が作られた。以降、本部をおかないまま、東日本支部と西日本支部とに分かれて活動を続けている。

1981 年 11 月、吉沢美穂が死去。

1990 年には、GDM による日本語テキスト『はじめてのにほんご』が刊行され、日本語教授法の分野での実践も始まった。

組織・運営

英語を教えている人、および英語を教えることに関心のある人は、誰でも入会できる。年会費（2021 年度は 5000 円）をおさめると、毎月の Newsletter、年 1

回発行の機関紙 Year Book が送られてくる。

　特に正式の会則は定めず、会の運営に最小限必要な係を選んで活動にあたっている。

活動

　研究会全体としては、Summer Seminar を毎年開催している。1968 年より御殿場で合宿形式で行うようになり、2021 年で 53 回になる。2019 年より名古屋で 1 泊 2 日の形で開催している。

　また、年 1 回、会員の研究・実践の発表の場として Year Book を発行。2010 年より日本ベーシック・イングリッシュ協会と合同で発行するようになり、2021 年で 73 号になる。

　授業技術に関する指導書、会員による研究発表物、生徒のための reading materials, workbooks を出版し、実費で会員および希望者に販売している。

　この他、支部ごとに Newsletter を発行し、月例の研究会他、Teachers' Training Seminar、ベーシック・イングリッシュワークショップ、発音ワークショップを毎年開催している。また、各地に研究グループや勉強会があり、自主的に活動を続けている。

事務局

　入会、セミナー、研究会、出版物、その他の情報については、下記へ問い合わせください。

【東日本支部事務局】

　〒 226-0005 横浜市緑区竹山 3-1-8-3102-233 加藤准子方（2021 年現在）

【西日本支部事務局】

　〒 567-0034 大阪府茨木市中穂積 1-5-B-605 此枝洋子方（2021 年現在）

【GDM ホームページ】

　　www.gdm-japan.net

　　＊最新の情報はこちらでご確認ください。

　GDM、研究会、セミナー案内、各種勉強会、GDM 教室案内、参考資料を紹介している。

索　引

EP Book1 で指導する語について、その解説と関連するページを挙げている。

BASIC ENGLISH

OPERATIONS ETC. 100	THINGS — 400 General				THINGS — 200 Pictured		QUALITIES — 100 General	QUALITIES — 50 Opposites	EXAMPLES OF WORD ORDER
COME	ACCOUNT	EDUCATION	METAL	SENSE	ANGLE	KNEE	ABLE	AWAKE	THE
GET	ACT	EFFECT	MIDDLE	SERVANT	ANT	KNIFE	ACID	BAD	CAMERA
GIVE	ADDITION	END	MILK	SEX	APPLE	KNOT	ANGRY	BENT	MAN
GO	ADJUSTMENT	ERROR	MIND	SHADE	ARCH	LEAF	AUTOMATIC	BITTER	WHO
KEEP	ADVERTISEMENT	EVENT	MINE	SHAKE	ARM	LEG	BEAUTIFUL	BLUE	MADE
LET	AGREEMENT	EXAMPLE	MINUTE	SHAME	ARMY	LIBRARY	BLACK	CERTAIN	AN
MAKE	AIR	EXCHANGE	MIST	SHOCK	BABY	LINE	BOILING	COLD	ATTEMPT
PUT	AMOUNT	EXISTENCE	MONEY	SIDE	BAG	LIP	BRIGHT	COMPLETE	TO
SEEM	AMUSEMENT	EXPANSION	MONTH	SIGN	BALL	LOCK	BROKEN	CRUEL	TAKE
TAKE	ANIMAL	EXPERIENCE	MORNING	SILK	BAND	MAP	BROWN	DARK	A
BE	ANSWER	EXPERT	MOTHER	SILVER	BASIN	MATCH	CHEAP	DEAD	MOVING
DO	APPARATUS	FACT	MOTION	SISTER	BASKET	MONKEY	CHEMICAL	DEAR	PICTURE
HAVE	APPROVAL	FALL	MOUNTAIN	SIZE	BATH	MOON	CHIEF	DELICATE	OF
SAY	ARGUMENT	FAMILY	MOVE	SKY	BED	MOUTH	CLEAN	DIFFERENT	THE
SEE	ART	FATHER	MUSIC	SLEEP	BEE	MUSCLE	CLEAR	DIRTY	SOCIETY
SEND	ATTACK	FEAR	NAME	SLIP	BELL	NAIL	COMMON	DRY	WOMEN
MAY	ATTEMPT	FEELING	NATION	SLOPE	BERRY	NECK	COMPLEX	FALSE	BEFORE
WILL	ATTENTION	FICTION	NEED	SMASH	BIRD	NEEDLE	CONSCIOUS	FEEBLE	THEY
ABOUT	ATTRACTION	FIELD	NEWS	SMELL	BLADE	NERVE	CUT	FEMALE	GOT
ACROSS	AUTHORITY	FIGHT	NIGHT	SMILE	BOARD	NET	DEEP	FOOLISH	THEIR
AFTER	BACK	FIRE	NOISE	SMOKE	BOAT	NOSE	DEPENDENT	FUTURE	HATS
AGAINST	BALANCE	FLAME	NOTE	SNEEZE	BONE	NUT	EARLY	GREEN	OFF
AMONG	BASE	FLIGHT	NUMBER	SNOW	BOOK	OFFICE	ELASTIC	ILL	DID
AT	BEHAVIOUR	FLOWER	OBSERVATION	SOAP	BOOT	ORANGE	ELECTRIC	LAST	NOT
BEFORE	BELIEF	FOLD	OFFER	SOCIETY	BOTTLE	OVEN	EQUAL	LATE	GET
BETWEEN	BIRTH	FOOD	OIL	SON	BOX	PARCEL	FAT	LEFT	OFF
BY	BIT	FORCE	OPERATION	SONG	BOY	PEN	FERTILE	LOOSE	THE
DOWN	BITE	FORM	OPINION	SORT	BRAIN	PENCIL	FIRST	LOUD	SHIP
FROM	BLOOD	FRIEND	ORDER	SOUND	BRAKE	PICTURE	FIXED	LOW	TILL
IN	BLOW	FRONT	ORGANIZATION	SOUP	BRANCH	PIG	FLAT	MIXED	HE
OFF	BODY	FRUIT	ORNAMENT	SPACE	BRICK	PIN	FREE	NARROW	WAS
ON	BRASS	GLASS	OWNER	STAGE	BRIDGE	PIPE	FREQUENT	OLD	QUESTIONED
OVER	BREAD	GOLD	PAGE	START	BRUSH	PLANE	FULL	OPPOSITE	BY
THROUGH	BREATH	GOVERNMENT	PAIN	STATEMENT	BUCKET	PLATE	GENERAL	PUBLIC	THE
TO	BROTHER	GRAIN	PAINT	STEAM	BULB	PLOUGH	GOOD	ROUGH	POLICE
UNDER	BUILDING	GRASS	PAPER	STEEL	BUTTON	POCKET	GREAT	SAD	
UP	BURN	GRIP	PART	STEP	CAKE	POT	GREY	SAFE	
WITH	BURST	GROUP	PASTE	STITCH	CAMERA	POTATO	HANGING	SECRET	WE
AS	BUSINESS	GROWTH	PAYMENT	STONE	CARD	PRISON	HAPPY	SHORT	WILL
FOR	BUTTER	GUIDE	PEACE	STOP	CARRIAGE	PUMP	HARD	SHUT	GIVE
OF	CANVAS	HARBOUR	PERSON	STORY	CART	RAIL	HEALTHY	SIMPLE	SIMPLE
TILL	CARE	HARMONY	PLACE	STRETCH	CAT	RAT	HIGH	SLOW	RULES
THAN	CAUSE	HATE	PLANT	STRUCTURE	CHAIN	RECEIPT	HOLLOW	SMALL	TO
A	CHALK	HEARING	PLAY	SUBSTANCE	CHEESE	RING	IMPORTANT	SOFT	YOU
THE	CHANCE	HEAT	PLEASURE	SUGAR	CHEST	ROD	KIND	SOLID	NOW
ALL	CHANGE	HELP	POINT	SUGGESTION	CHIN	ROOF	LIKE	SPECIAL	
ANY	CLOTH	HISTORY	POISON	SUMMER	CHURCH	ROOT	LIVING	STRANGE	
EVERY	COAL	HOLE	POLISH	SUPPORT	CIRCLE	SAIL	LONG	THIN	

								WHITE WRONG	RULES
NO	COLOUR	HOPE	PORTER	SURPRISE	CLOCK	SCHOOL	MALE	NO VERBS	ADDITION OF 'S'
OTHER	COMFORT	HOUR	POSITION	SWIM	CLOUD	SCISSORS	MARRIED	IT	TO THINGS WHEN
SOME	COMMITTEE	HUMOUR	POWDER	SYSTEM	COAT	SCREW	MATERIAL	IS	THERE IS
LITTLE	COMPANY	ICE	POWER	TALK	COLLAR	SEED	MEDICAL	POSSIBLE	MORE THAN ONE
MUCH	COMPARISON	IDEA	PRICE	TASTE	COMB	SHEEP	MILITARY	TO	
SUCH	COMPETITION	IMPULSE	PRINT	TAX	CORD	SHELF	NATURAL	GET	FORMS ENDING
THAT	CONDITION	INCREASE	PROCESS	TEACHING	COW	SHIP	NECESSARY	ALL	IN 'ER','ING','ED'
THIS	CONNECTION	INDUSTRY	PRODUCE	TENDENCY	CUP	SHIRT	NEW	THESE	FROM 300 NAMES
I	CONTROL	INK	PROFIT	TEST	CURTAIN	SHOE	NORMAL	WORDS	OF THINGS
HE	COOK	INSECT	PROPERTY	THEORY	CUSHION	SKIN	OPEN	ON	
YOU	COPPER	INSTRUMENT	PROSE	THING	DOG	SKIRT	PARALLEL	THE	'LY FORMS
WHO	COPY	INSURANCE	PROTEST	THOUGHT	DOOR	SNAKE	PAST	BACK	FROM
AND	CORK	INTEREST	PULL	THUNDER	DRAIN	SOCK	PHYSICAL	OF	QUALITIES
BECAUSE	COTTON	INVENTION	PUNISHMENT	TIME	DRAWER	SPADE	POLITICAL	A	
BUT	COUGH	IRON	PURPOSE	TIN	DRESS	SPONGE	POOR	BIT	DEGREE
OR	COUNTRY	JELLY	PUSH	TOP	DROP	SPOON	POSSIBLE	OF	WITH
IF	COVER	JOIN	QUALITY	TOUCH	EAR	SPRING	PRESENT	NOTEPAPER	MORE AND 'MOST'
THOUGH	CRACK	JOURNEY	QUESTION	TRADE	EGG	SQUARE	PRIVATE	BECAUSE	
WHILE	CREDIT	JUDGE	RAIN	TRANSPORT	ENGINE	STAMP	PROBABLE	THERE	QUESTIONS
HOW	CRIME	JUMP	RANGE	TRICK	EYE	STAR	QUICK	ARE	BY CHANGE OF
WHEN	CRUSH	KICK	RATE	TROUBLE	FACE	STATION	QUIET	NO	ORDER,
WHERE	CRY	KISS	RAY	TURN	FARM	STEM	READY	VERBS	AND 'DO'
WHY	CURRENT	KNOWLEDGE	REACTION	TWIST	FEATHER	STICK	RED	IN	
AGAIN	CURVE	LAND	READING	UNIT	FINGER	STOCKING	REGULAR	BASIC	FORM-CHANGES IN
EVER	DAMAGE	LANGUAGE	REASON	USE	FISH	STOMACH	RESPONSIBLE	ENGLISH	NAMES OF ACTS,
FAR	DANGER	LAUGH	RECORD	VALUE	FLAG	STORE	RIGHT		AND 'THAT','THIS',
FORWARD	DAUGHTER	LAW	REGRET	VERSE	FLOOR	STREET	ROUND		'I','HE','YOU',
HERE	DAY	LEAD	RELATION	VESSEL	FLY	SUN	SAME		'WHO,AS IN
NEAR	DEATH	LEARNING	RELIGION	VIEW	FOOT	TABLE	SECOND		NORMAL ENGLISH
NOW	DEBT	LEATHER	REPRESENTATIVE	VOICE	FORK	TAIL	SEPARATE	A	
OUT	DECISION	LETTER	REQUEST	WALK	FOWL	THREAD	SERIOUS	WEEK	
STILL	DEGREE	LEVEL	RESPECT	WAR	FRAME	THROAT	SHARP	OR	
THEN	DESIGN	LIFT	REST	WASH	GARDEN	THUMB	SMOOTH	TWO	
THERE	DESIRE	LIGHT	REWARD	WASTE	GIRL	TICKET	STICKY	WITH	MEASURES
TOGETHER	DESTRUCTION	LIMIT	RHYTHM	WATER	GLOVE	TOE	STIFF	THE	NUMBERS
WELL	DETAIL	LINEN	RICE	WAVE	GOAT	TONGUE	STRAIGHT	RULES	DAYS, MONTHS
ALMOST	DEVELOPMENT	LIQUID	RIVER	WAX	GUN	TOOTH	STRONG	AND	AND THE
ENOUGH	DIGESTION	LIST	ROAD	WAY	HAIR	TOWN	SUDDEN	THE	INTERNATIONAL
EVEN	DIRECTION	LOOK	ROLL	WEATHER	HAMMER	TRAIN	SWEET	SPECIAL	WORDS
NOT	DISCOVERY	LOSS	ROOM	WEEK	HAND	TRAY	TALL	RECORDS	IN ENGLISH
ONLY	DISCUSSION	LOVE	RUB	WEIGHT	HAT	TREE	THICK	GIVES	FORM
QUITE	DISEASE	MACHINE	RULE	WIND	HEAD	TROUSERS	TIGHT	COMPLETE	
SO	DISGUST	MAN	RUN	WINE	HEART	UMBRELLA	TIRED	KNOWLEDGE	
VERY	DISTANCE	MANAGER	SALT	WINTER	HOOK	WALL	TRUE	OF	
TOMORROW	DISTRIBUTION	MARK	SAND	WOMAN	HORN	WATCH	VIOLENT	THE	
YESTERDAY	DIVISION	MARKET	SCALE	WOOD	HORSE	WHEEL	WAITING	SYSTEM	THE
NORTH	DOUBT	MASS	SCIENCE	WOOL	HOSPITAL	WHIP	WARM	FOR	ORTHOLOGICAL
SOUTH	DRINK	MEAL	SEA	WORD	HOUSE	WHISTLE	WET	READING	INSTITUTE
EAST	DRIVING	MEASURE	SEAT	WORK	ISLAND	WINDOW	WIDE	OR	LONDON
WEST	DUST	MEAT	SECRETARY	WOUND	JEWEL	WING	WISE	WRITING	
PLEASE	EARTH	MEETING	SELECTION	WRITING	KETTLE	WIRE	YELLOW		
YES	EDGE	MEMORY	SELF	YEAR	KEY	WORM	YOUNG		

監修者・執筆者紹介

監修者

伊達民和

大阪市立大学卒業、関西外国語大学大学院修士課程修了。大阪府立高校教諭として在職中、日豪政府間交流プログラムによりキャンベラ大学に派遣留学。帰国後、指導主事として大阪府教育委員会に転勤。プール学院大学（現在、桃山学院教育大学）に転職し定年退職。名誉教授。日本実践英語音声学会顧問、日本英語語教育音声学会副会長。GDM セミナー及び発音ワークショップ講師

執筆者

片桐ユズル

早稲田大学卒業、同大学院修士課程修了。フルブライト・プログラムによりサンフランシスコ州立大学留学。京都精華大学名誉教授。専門は、Basic English や一般意味論、外国語教育。身体を再教育することを目指す心身技法であるアレクサンダー・テクニークの推進者。吉沢美穂の直系の弟子であり、セミナーの講師をはじめ GDM の推進において先駆的役割を果たしてきた。神戸松蔭女子学院大学及び京都精華大学で GDM による授業・講義を行う。GDM セミナー講師。

相沢佳子

津田塾大学卒業。フルブライト・プログラムによりミシガン大学留学。英国レディング大学修士課程修了。元東京造形大学教授。専門は、Basic English。1960 年代後半、自宅で小中学生数人に GDM を使って英語を教える。勤務大学において 1990 年から 2005 年まで英語習熟度が不十分な 1 年生に GDM を使って教える。学生の反応はすばらしく、GDM の威力に驚かされる。GDM サマーセミナ講師。

松浦克己

京都府立大学卒業。公立中学校で 22 年間 GDM を活用した授業実践を行う。2015 年より愛知文教大学の教員免許状更新講習で「GDM 入門講座」を担当。小牧市教育委員会夏季研修会と愛知県教育委員会の「10 年目研修」の講師。GDM セミナーなどの企画と講師。2010 年、文部科学大臣優秀教員として表彰される。

唐木田照代

東京女子大学卒業。東洋英和女学院小学部で小学生に GDM を使って英語を教える。個人教室で小中高生、大学生、成人に GDM で指導。現在、朝日カルチャーセンター、早稲田大学エクステンションセンターで GDM による授業を実施。GDM セミナーなどの企画と講師。

黒瀬るみ

　津田塾大学卒業、YMCA や個人教室などで小中学生に GDM で指導。現在は朝日カルチャーセンターで成人向けに GDM での授業を担当。教師向けの GDM セミナーなどの企画と講師。

松川和子

　同志社女子大学卒業及びテンプル大学大学院修了。プール学院大学で教科教育法を担当、実習として近隣小学校での学生の GDM 英語授業を指導。奈良育英小学校、甲南中学・高校、梅花女子大学短期大学部、生涯学習センター成人クラス、個人の英語教室において GDM で指導。GDM 夏期セミナー企画及び講師。京都スプリングセミナー企画。

吉沢郁生

　国際基督教大学卒業、神奈川県立高校、甲南高校・中学校を経て、現在、平安女学院中学校・高等学校非常勤講師。GDM 英語教授法研究会、四国英語教育学会に所属。1980 年以降、小学生、中学生、高校生、社会人のクラスで GDM の授業実践。GDM セミナー講師（1985 ～ 1989）。

中郷　慶

　名古屋大学卒業、同大学院博士後期課程単位取得満期退学。愛知淑徳大学グローバル・コミュニケーション学部教授、英国レディング大学客員研究員（2004 ～ 2005）。教員免許状更新講習で英語音声学を担当。GDM 英語発音ワークショップ講師。

近藤ゆう子

　国際基督教大学卒業及びエジンバラ大学大学院修了（Ph.D.）。津田塾大学及び青山学院大学非常勤講師。大学在学中、吉沢美穂の英語教授法を受講。都内私立中学で 3 年間 GDM を実践、朝日カルチャーセンターで GDM による授業を実践。GDM 発音ワークショップ講師。

GDM で英語の授業が変わる
── 英語脳を育てる理論と実践 ──

2021 年 11 月 12 日　初版第 1 刷発行

監修・執筆　伊達民和

執　筆　　片桐ユズル・相沢佳子・松浦克己・唐木田照代・黒瀬るみ
　　　　　松川和子・吉沢郁生・中郷　慶・近藤ゆう子

発行者　　横山哲彌

印刷・製本　西濃印刷株式会社

発行所　大阪教育図書株式会社
　　　　〒 530-0055　大阪市北区野崎町 1-25
　　　　TEL 06-6361-5936　　FAX 06-6361-5819
　　　　振替 00940-1-115500

ISBN978-4-271-41027-0 C3082　　　落丁・乱丁本はお取り替え致します。